海 关 概 论

（第 2 版）

王意家　编著

中国海关出版社

2011 年 4 月

图书在版编目（CIP）数据

海关概论/王意家编著．—2 版．—北京：中国海关出版社，2011.4

ISBN 978-7-80165-805-0

Ⅰ.①海… Ⅱ.①王… Ⅲ.①海关－概论－中国 Ⅳ.①F752.5

中国版本图书馆 CIP 数据核字（2011）第 047107 号

海关概论（第 2 版）

HAIGUAN GAILUN（DIERBAN）

王意家　编著

策划编辑：胡　菡
责任编辑：胡　菡
责任监制：王岫岩
出版发行：中国海关出版社
地　　址：北京市朝阳区东四环南路甲 1 号
邮政编码：100023
电　　话：（010）65194242-7554（图编部）　（010）65194239（发行部）
网　　址：http：//www.hgcbs.com.cn
社办书店：010-65195616
经　　销：新华书店
印　　刷：北京京都六环印刷厂
开　　本：710mm×1000mm　1/16
字　　数：239 千字
印　　张：18.75
版　　次：2011 年 4 月第 2 版
印　　次：2011 年 4 月第 1 次印刷
定　　价：36.00 元

第二版前言（海关版）

拙著《海关概论》由中山大学出版社于 1997 年出第一版，2000 年修订再版，至 2002 年改由中国海关出版社出版，更名为《中国海关概论》。从 2009 年底开始，笔者对该书做全面修订。此次修订的原则是：吐故、纳新、增光、减赘。

一、吐故

对于一些没有史料价值的旧内容和失去生命力的论述予以删除，对原稿和印刷校对中的错漏予以订正。

二、纳新

2002～2010 年的 8 年间，新制定或修订的海关法律和行政法规有：《海关关衔条例》、《海关关衔标志式样和佩带办法》、《海关对出口加工区监管办法》、《进出口关税条例》、《知识产权海关保护条例》、《海关行政处罚实施条例》、《海关统计条例》、《进出口货物原产地条例》等。参照这些新的海关法规，对有关章节的内容进行了修订。同时，现代海关制度第二步发展战略、准军事化海关纪律部队建设、海关精神、海关科技、海关机构设置、教育培训以及国外海关发展和国际海关交流等都有较大变化，均作了修订。

三、增光

按照从实践到理论的发展规律，有着悠久历史的海关管理，应有其丰厚的理论支撑，然而由于种种原因海关理论还是一个发展中的、年轻的综合性学科，即使诞生较早的海关高等教育，也是到

2007年才得以真正全面恢复。因此，本书在修订中对海关理论和海关学科建设也作了适当增补，意在添柴加薪，着色增光。

四、减赘

本书1997年于中山大学出版社第一版26万字，2000年中大二版29万字，2002年中国海关出版社第一版31万字，按照这一趋势，本次修订可能要达到35万字左右。无形中陷入了书“越修越厚”的怪圈。在策划修订时，笔者决心实现新书字数“零”增长或负增长，尽量恢复中大版的篇幅。在修订中，反复斟酌、大胆删改，对“有之无所补，无之靡所缺”的无庸赘述，一律删去。这样，印张减少了，有利于环保，更主要的是节约了读者的宝贵时间。

为了避免与同类书混淆，恢复原书名《海关概论》。本书内容凡涉及国家有关政策法规和统计数据，截至2010年底。本书初版时由孙国权教授编写第一、二、三章，甄鸣副教授编写第四、六、八章，其余各章均由笔者编写。自2000年中山大学第2版后，均由笔者负责编写和修订。本版中，我对第一、二、三章做了少量修改，对第四、六、八章做了较大删改和补充。

本书修改后，既是高等院校涉外经济专业先行教材和执业报关人员提升专业素质的自学用书，也是社会各界学习和了解海关的综合入门书籍，还是理论界研究公共行政管理，特别是海关行政管理发展规律的核心参考书。

感谢上海海关学院图书馆为本书的修订所提供的方便和良好服务，感谢黄埔海关黄欣湖、王伟两位先生收集了大量资料。

本书在修订过程中，参考、借鉴和引用了前人和时贤的一些著作和研究成果。在此，一并表示感谢。

王意家

2010年12月

于广州·退思轩

第一版前言（海关版）

《中国海关概论》构思、酝酿于20世纪80年代末90年代初。开始是在中国海关管理干部学院内部油印试用，1993年海关总署组织评审了该书的教学大纲，并以此为依据，开始了该书的编著工作。20世纪90年代中期，本书成稿，并经一定的审订程序定稿。为了满足社会上多方面的需要，初版由中山大学出版社公开出版（简称“中大版”）。至2001年，出第二版，第5次印刷，共发行两万册，受到海关内外广大读者的厚爱，产生了较大的影响。乘与中大出版社的合同期满之机，又对全书作了较全面的修订，补充了部分新内容，并改由中国海关出版社出版发行（简称“海关版”）。

由于事务缠身，成书仓促，加之又时时为开学用书所迫，前5次印刷出版，难免有措手不及之感。随着工作岗位的变动，难得清静，使我有机会坐下来，系统地思考和研究一些问题；有可能对旧作进行比较系统、全面地修改和补充。另外，近年来对公共关系的研究，已经突破了交际学、沟通学和传播学的范围，进入了研究管理学、行政学的新领域。在现代社会里，公共关系已发展成为职业化的社会活动，是一种内求团结、外求发展的经营管理艺术；是一种管理职能、管理哲学。与此同时，人们对政府公共关系和国际公共关系也有了新的认识。近年来，海关正反两个方面的实践经验表明，加强海关系统公共关系的研究和建设，有助于加强海关管理。为此，在前几年研究的基础上，增写了“海关公共关系”一章。

海关是一个古老的行政管理机构，海关学科是一个新兴的边缘交叉学科。一项专业性的成功、有效的实务管理，必须有它相应的理论支撑，必须善于不断地进行系统总结和深入研究。先人的经验告诉我们，一个理论体系的逐步形成，一部教科书的不断完善，要经过几十年，乃至上百年、几代人的努力才能完成。我愿为此而做一个小小的铺路石。

王意家
2002 年 4 月

第二版前言（中大版）

《海关概论》自 1997 年问世以来，得到了海关内外广大读者的厚爱，前后 3 次印刷，发行逾万册。

3 年多来，我国政治、经济形势发生了一系列变化，与此相适应的海关工作也发生了重大变化，主要有 5 个方面：①1998 年 4 月，遵循党的十五大精神和全国人大第九次代表大会通过的国家机构改革方案，海关总署机构升格，调整增加了部分职能。②1998 年 7 月，党中央、国务院召开全国打击走私工作会议，对现行缉私体制进行了重大改革，组建国家缉私警察队伍，专门打击走私犯罪活动；实施联合缉私、统一处理、综合治理方针；改革现行缉私罚没收支管理办法，坚持收支两条线。③1998 年 9 月湛江特大走私案件的暴露，给我们以深刻的警示：严重的走私犯罪必然与严重的执法腐败相联系，反走私必须反腐败；对海关队伍中存在的执法腐败的严重性不能低估，要充分认识海关职业的“高风险”性。④1999 年 1 月 25 日，根据党的十五大确立的依法治国的基本方略，在全国海关关长会议上，提出了“依法行政，为国把关”的海关工作新方针。⑤2000 年 7 月 8 日，第九届人大常委会第十六次会议通过了关于修改《中华人民共和国海关法》（以下简称《海关法》）的决定。这次修改，是自 1987 年《海关法》实施以来，对海关管理的法律总结，对海关工作将产生深远的影响。

根据以上变化，以及广大读者的意见和要求，第二版对全书作了比较全面的修订。另外，还增加了有关香港、澳门、台湾海关的内容。在修订写作过程中，参考和借鉴了前人和时贤的一些研究成果。在此，一并表示感谢。

王意家

2000 年 10 月

前言（中大版）

本书是根据海关总署 1993 年组织评审的教学大纲编著的。在编著过程中，结合几年来的教学实践，特别是教学对象的变化（1993 年我院新创设贸易经济专业——进出口业务和报关方向）等情况，作了一些补充和修订。

在编著过程中，参考了近年来海关内外的一些出版物，采用了其中的一些最新研究成果。在此，一并向有关人员表示感谢。本书的编著者为：孙国权教授（第 1 章、第 2 章、第 3 章）、王意家副教授（绪论、第 5 章、第 7 章、第 9 章、第 10 章、第 11 章）、甄鸣副教授（第 4 章、第 6 章、第 8 章）。并由王意家总纂，李松坤院长审订。参加本书审稿的专家教授有（按姓氏笔划为序）：于申、李柱国、李振山、吴云、吴明祥、郑俊田、罗俊华、张宗元、夏斯顺、蔡渭洲、戴惠民等。

本书主要作为我院海关管理专业和贸易经济专业《进出口业务和报关方向》的专业课教学用书，也可以作为新关员入关教育、海关业务岗位培训和自学业务用书。

中国海关管理干部学院

教材工作委员会

1997 年 5 月

目　录

绪 论

一、海关的概念

海关是一个国家进出关境的监督管理机关，是依据法律对进出关境的运输工具、货物、行李物品、邮递物品及其他物品进行监督管理，征收关税和其他税、费，查缉走私，并负责编制海关统计和办理其他海关业务的国家行政管理机关。

国家机关包括享有国家立法权的立法机关，享有司法权的司法机关和享有行政管理权的行政管理机关。海关对内、对外代表国家行使行政管理权，是国家的行政管理机关。

国家行政管理机关的职能是多方面的，包括指挥、组织、协调和监督管理等职能。国务院、各级人民政府以及各政府机构所属的民政、计划、经济、文化、科技、交通等行政部门，都是享有指挥、组织、协调等行政管理权的国家行政管理机关。海关是在行政管理权中享有监督管理权的国家行政管理机关。

国家的行政监督管理活动涉及社会生活的各个方面。享有行政监督管理权的国家行政机关不仅有海关，还有环境保护、工商行政管理、公安行政管理等行政管理部门。海关属于专门对进出境活动实施监督管理的国家行政管理机关。

二、海关的产生和发展

海关是一个历史范畴，是在一定的历史条件下产生和发展起来的。

（一）海关产生的条件

1. 政治条件

海关是国家建立并发展到一定时期的产物。在人类社会的发展过程中，原始社会没有阶级，没有国家，自然也就没有海关。由于生产力的发展和社会分工的发生，到原始社会后期，逐步发生了阶级分化，产生了国家。国家为了维持其统治，就需要设置各种国家机关来管理军事、政治、外交和经济等事务，并征收赋税。

海关的出现以国家的产生为前提，但并不是在国家产生初期就有海关。海关是国家发展到一定时期的产物，即由于国家事务的增多和国家机构分工的日益发展，才有了设置海关机构的必要。同时，海关工作又与该国的对外政策有密切联系，按照对外政策的需要执行着自身的任务。由此可见，近代海关不但是阶级性很强，而且也是政策性很强的国家行政管理机关。它在为本国统治阶级的利益服务中，日益发挥着十分重要的作用。

2. 经济条件

海关又是随商品生产的发展和对外商品交换的需要而逐步形成和发展起来的。在原始社会里，社会生产力水平极其低下，人们共同劳动，全部劳动成果仅能维持自身的生存，没有剩余产品实行平均分配，尚无形成海关的条件。进入原始社会末期，由于社会分工、交换的发展，社会生产力有所提高，产生了剩余产品，并有了简单的商品交换。这就具备了海关产生的基本条件。到19世纪，世界市场的形成，促进了资本主义生产方式的迅速发展和国际贸易不断发展。随着进出国境的货物、运输工具、人员、物品空前增多，海关的监督管理和征税工作也日益繁重起来。一国的海关政策及其监管制度，便成为该国对外贸易政策和措施的重要组成部分。

3. 地理条件

海关的产生和国家的地理交通环境有着密切的关系。从一个国家来说，为了便于管理进出境事务，海关通常建立在沿海、沿江和沿边的港口、城市或交通要道。地理交通条件的变化，如港口的开发、河流的改道、道路的兴建等，都会影响海关的设立或裁撤；交通工具的飞速发展和运输方式的改变，也会影响海关的发展。

（二）海关的发展

在不同历史时期和不同社会制度的国家中，海关虽然都是管理进出境事务的国家行政机关，但是，随着国家性质、职能的不断变化和发展，海关的性质有着不同的阶级内容，海关的职能也在不断地发展变化，并且发挥着不同的作用。

1. 奴隶社会海关

由于生产力水平低下，对外贸易往往同战争、抢劫交错进行，加之国境不稳定、交通工具落后等原因，奴隶社会的海关机构和海关制度都是不健全的。如欧洲古代希腊、罗马和我国西周、春秋时期的海关为奴隶主服务，主要任务是防止奴隶逃亡和外敌入侵；虽有管理重点物品和征税任务，但不占重要地位。海关机关带有强烈的军事色彩，侧重于政治保卫。

2. 封建社会海关

随着社会生产力的发展，对外贸易和国际交往的范围也在不断扩大。但由于自然经济仍占主要地位，进行对外贸易主要是为了取得奢侈品。封建统治者为了本阶级的需要，逐步健全海关机构，海关在经济方面的作用有所加强，但主要任务仍是为了巩固封建制度，同时也为满足封建统治阶级的奢侈消费服务。在漫长的封建社会，各国除继续在沿海、沿边设置海关外，在内地水陆交通要道也设置了许多关卡。在封建社会早期和各个朝代的初建时期（如西汉、盛唐和公元七八世纪时的阿拉伯帝国），由于统治阶级一般能接受历史教训，制定比较正确的对内、对外政策，因而海关机关和海关制度一般有利于生产力的发展，客观上起着积极的作用。但到了封建社会的中后期或一个朝代的后期（如15世纪后欧洲的一些国家，我国明、清的后期），往往是国内关卡林立，苛捐杂税丛生；对外限制往来，闭关自守，海关起着阻碍社会生产力发展和不利于对外正常交往的消极作用。

3. 资本主义社会的海关

资本主义时期，由于国际贸易和工业、交通的空前发展，海关的工作量和重要性，不论对物、对人都大大增加，各国都建立了周密的进出境管理制度，主要执行保护关税政策，海关成为推动资本主义生产方式发展的有力工具。

在资本主义发展前期（17～18世纪），各国海关严格执行保护关税政策，重视关税的征收（海关一般隶属财政部），并建立了一套周密而繁琐的征税制度。

到19世纪，为了发展对外贸易，欧洲各国先后撤除了内地关卡，废止了内部关税，并且基本停止了出口税的征收。尽管当时在政策上有自由贸易和保护贸易之争，但各国对进口关税的作用始终是重视的，继续执行保护关税政策，利用关税壁垒进行着激烈的关税斗争。即使英国由于工业发达，率先鼓吹自由贸易，但也仅在19世纪后半期实行过自由贸易，而且当时对奢侈品和有竞争力的进口货物仍征收高关税。如对我国运往英国的茶叶，税率高达200%。仅此一项，每年即征收关税数百万英镑，海关起到重要的限制作用和财政作用。工业落后于英国的德国、美国等更是长期推行保护关税政策。列宁说过："资本主义愈发达，原料愈缺乏，竞争和追逐全世界原料来源的斗争愈尖锐，那么占据殖民地的斗争也就愈激烈。"（《帝国主义是资本主义的最高阶段》）在整个资本主义时期，资产阶级利用海关为其经济利益服务，对内通过征收进口税，保护国内市场，加紧对本国劳动人民的剥削；对外通过不平等的关税贸易协定，掠夺原料，开辟市场，推销商品，奴役殖民地和弱小国家的人民。总之，海关在为本国资产阶级征收大量税款，获取高额利润，以及占领殖民地和干涉、控制弱小国家的内政外交等方面起了重要作用。

资本主义在20世纪初过渡到帝国主义时期，资产阶级的垄断统治使资本主义的矛盾进一步激化。第二次世界大战以后，国际形势由于中国革命的胜利和第三世界各国力量的发展，以及资本主义各国发展的不平衡而有了很大的变化。在这种形势下，各主要资本主义国家的海关和海关工作出现了一些新的特点。海关从主要执行保护关税政策，转变为便利垄断资本对外侵略扩张，关税的作用相对下降，但关税方面的斗争仍很激烈。各主要资本主义国家为了扩大资本输出、垄断和争夺原料市场，签订了各种新的关税贸易协定（如关贸总协定、欧洲共同体关税同盟等），关税呈逐步降低的趋势。海关的监督管理职能不断扩大，对进出口货物，除继续发挥关税壁垒的作用外，还大量采用了种种非关税壁垒的手段。如欧洲各国，一般均由海关统一对外进行进出境事务的监督管理；美国海关监督执行的进出口法令达400种。随着旅游、交通的发展，海关对非贸易性物品的监管工作日益增多。各国之间走私和反走私的斗争日趋尖锐，尤其是毒品、文物、武器的走私。海关所面临的反走私斗争形势也愈加严峻。

4. 社会主义社会的海关

20世纪也是无产阶级革命的新时代。不少国家走上了社会主义道路，尽管历史可能还会有反复，但这种历史潮流是不可抵挡的。然而，正如社会主义制度在前进中遇到许多新问题、新困难一样，如何建设社会主义海关也没有现成模式，而只能在马克思主义普遍真理和社会主义基本原则的指导下，结合各国具体情况，不断进行探索和改进。

我国历史悠久，地广人众，物产丰富，早在15世纪中叶的明朝，资本主义生产方式就开始萌芽，工场手工业在封建社会内部逐步发展。但是，由于明清两朝采取了海禁闭关政策和其他一些封建专制措施，特别是西方资本主义国家的侵犯，使我国的社会发展进程被扼杀，所以没有发展为资本主义社会，而是沦为半殖民地半封建社会。作为这种转变的一个重要标志——封建性质的海关，也在鸦片战争之后，因海关的主权旁落而转化为半殖民地半封建海关。虽然洋人税务司控制的海关名义上仍是中国海关，并在形式上和某些业务制度上也带有资本主义色彩，但实质上，它始终是为帝国主义、封建主义和官僚资本主义服务的，从对外关系来说，它始终是半殖民地性质的。

中国人民为收回海关主权，进行了长达百年的斗争；但只有在中国共产党领导下，才实现了自己的愿望，建立起独立自主的、社会主义性质的、为人民服务的海关。

三、海关学和海关概论

海关学是以进出境货物、物品各项管理活动的规律为研究对象的一门交叉管理学科，又称海关管理学；[①] 是酝酿于 20 世纪五六十年代、在八九十年代初步形成、本世纪初相对成熟的独立的综合性的新兴学科。

我国的海关学是海关老前辈、我国著名社会科学理论家、国际问题专家宦乡同志于 1985 年 6 月 30 日在中国海关学会成立大会的讲话中正式提出来的。他说："海关学现在已成了一门交叉的科学。不是我在海关时那样，查验货物只用扦子扦一下就行了。从学术上讲，是一个交叉的科学，是社会科学、自然科学、技术科学都掺杂在一起的一门科学。它的交叉涉及各个方面。""既然把海关当做一门科学来研究，我就希望，今后，一方面，从历史的角度来研究中国海关的发展，揭露帝国主义在中国横行霸道的侵略行为；另一方面，从现代的情况来讲，希望能够对当前一些迫切的问题，像参加国际经济斗争、中国的开放等问题进行研究。既然是开放，就要参加国际经济体系的一系列斗争。这个斗争，很大一部分就是从税则、税率、税制、价格、质量等方面进行斗争，而这些问题都和我们的海关工作有关系。所以，不能把海关工作看成纯技术性的工作，要突破'国之锁钥'这个概念来认识我们的海关学。作为一个老海关工作者，这就是我对海关学会的希望。今后海关工作越来越发展，海关学的发展将指引海关工作不断进展。"[②]

海关学是在总结了海关管理悠久的历史经验和所积累的丰富知识，并广泛吸收、运用政治学、经济学、管理学和法学等多门社会科学理论的基础上，建立起来的介乎财政和政法学科之间的边缘学科或交叉学科。海关学的研究

---

① 中国海关百科全书，北京：中国大百科全书出版社，2004 年 8 月，第 171 页。

② 宦乡：《积极开展海关学的研究》，载于《海关研究》，1989 年 4 月 20 日增刊。

对象，是进出境货物和物品的各种管理活动及其规律性，即研究在海关管理领域中的监管与反监管、缉私与走私、征税与逃漏税的特殊矛盾，从而不断提高海关管理水平，维护国家利益。海关学所需知识结构应是金字塔型的、而不是宝塔型的特征。金字塔的知识结构是由海关专业知识、基础专业知识和基础文化知识组成。海关专业知识即为海关管理学科的主体，是金字塔的塔尖部分；中间部分是基础专业知识的学科，有国际贸易、法学、政治学、商品学、财政税收学、审计学和经济地理学等；基础学科有政治经济学、哲学、历史学、语言学、外语、计算机知识和某些数理化等自然科学文化知识。海关专业知识必须与基础专业知识和基础文化知识等多门学科之间做到互相渗透、互相启迪和彼此借鉴，从而不断地丰富和提高海关专业学科的水平。海关学的研究方法，有历史总结法、抽象概括法和比较分析法。作为一门独立的学科，海关概论是该学科的综合性基础理论分支学科。它以马列主义的观点和历史唯物主义的方法分析、研究海关的产生、演变和发展，以及在各个社会历史阶段的性质和作用，从而探索海关管理的规律性，总结历史经验，推动海关事业的发展。其他分支学科还有关税学、缉私学、通关管理学、海关稽查学、海关管理商品学、海关统计学，以及海关科技应用与管理等。

海关学和海关行政管理学是两个既有联系又有区别、相互独立的学科。联系，主要表现在两者都是研究海关的。区别，前者主要研究海关对外行政管理交叉学科的总称，下面还有诸多分支学科；后者主要研究海关内部行政管理的学科，是行政管理学下面的一个按国家行政管理业务部门来研究的分支学科。如国防行政管理学、公安行政管理学、对外贸易行政管理学等。

四、海关概论的研究对象和学习研究方法

（一）海关概论的研究对象

海关概论是海关学的综合性基础理论课程。它以马列主义的观点和历史唯物主义的方法分析、研究海关的产生、演变和发展，以及在各个社会历史阶段的性质与作用，从而探索海关管理的规律性，总结历史经验，推动海关事业的发展。

从海关管理专业课程配套体系看，海关概论是海关管理专业课程体系中的先导课。该课程以史为主线索，横向又涉及海关的性质、任务、体制和方针政策等。横向内容与海关管理专业的监管、征税、缉私、统计等实务课有着衔接和延伸的关系，相互组成一个完整的学科体系，对学习其他专业课具

有引导和铺垫作用。

通过对海关概论的学习，使学生既掌握现代海关基本理论知识，也了解海关的历史发展；既掌握中国海关的性质、任务、体制和方针政策等，也了解国际海关组织、国外海关制度以及发展趋势等，借鉴国际海关管理经验，丰富我国海关管理内容，不断扩大视野，改善学生的知识结构，端正和树立海关专业思想。

海关概论是概括地阐述海关起源与演变发展，海关的本质及其在历史上的作用，海关的基本原理、总的指导思想和原则，以及海关管理中具有规律性的一门专业课程。海关概论中必须要涉及历史的内容，但不是单纯地讲授具体的历史，而是在历史唯物主义的指导下，运用历史资料来证明某个原理、某个论点。即使讲到某些历史内容，也与历史课程中讲具体的历史事件、历史人物不一样。它的侧重点在于“论”，不在于“史”。

海关概论是在广泛吸收政治经济学、国际贸易学、政治学、法学、经济史等学科部分内容的基础上建立起来的一门课程。

在马列主义、毛泽东思想的经典著作中，关于关税问题、国家的管理职能、改革海关制度等方面，都有深刻的论述和科学的分析。这是我们研究海关概论的理论基础。我们必须以马列主义、毛泽东思想的立场、观点和方法为指导，在认真总结我国海关管理实践经验的基础上，把它上升为理论，努力探索和揭示我国海关管理的规律性。

（二）海关概论的学习和研究方法

1. 历史总结法

如前所述，海关概论以史为线索，横向再涉及其他内容。因此，我们对大量的史料要进行去粗取精、去伪存真的加工。对新中国建立前后的海关历史，全盘否定与全盘肯定，都不是马克思主义正确对待历史的科学态度。回顾过去是为了展望未来，我们要对历史进行科学地总结与借鉴。

2. 抽象概括法

研究海关概论，应和研究政治经济学一样，使用科学的抽象法。我们要透过对进出境货物、物品和运输工具等在活动过程中各种反监管、反缉私和反征税的复杂现象的分析观察，揭示出具有内在联系的海关管理的规律，将具体的管理经验概括上升为理论。

3. 比较分析法

比较法是古老的分析研究问题的方法。因其行之有效而沿用至今。为适应当今世界形势的发展，对传统的海关监管模式进行改革，是各国海关研究的热门话题。通过对我国及几个主要世界大国海关的改革做比较，找出异同，对深化我国的海关改革颇有启发。

研究和学习海关概论必须多读书、勤练笔，使自己具有比较广泛的知识；要加强调查研究，搜集和占有资料，提高甄别资料和分析问题的能力。论从史出，史论结合；不能唯资料论，也不能以论代史。在研究中，以研究当代问题为主，从易到难、从近到远，从专题到全面，从本关到全国。

我国的海关学是一片正在开拓的“学科园地”，海关概论也是一门新创建的年轻课程。可喜的是，通过50多年的努力，不论是在学科的理论建设方面，还是在教材建设方面，都取得了很大进步，但发展仍不快。这次修订出版的教材，虽然在结构、体例和内容上有了较大的突破，但今后仍需不断地研究、发展、充实和提高。

第一章　中国古代海关机构

中国是世界上文明发达最早的国家之一，疆域广阔，有着悠久的历史和优秀的文化遗产，以及宝贵的革命传统。我国的海关也具有悠久的历史。它的产生和变化发展，经历了一个漫长的历史过程，积累了丰富的管理经验。从公元前 11 世纪的周朝开始，即出现了海关管理机构的雏形，后来逐步由内陆关、边境关向沿海关（市舶司）发展，直到清朝出现了以“海关”命名的海上对外贸易管理机构，继而又出现了中国海关西化和半殖民地化的洋关阶段，期间延续了 3000 多年。

第一节　古代陆地边关

一、中国海关的起源

海关起源问题是海关管理学基础理论的重要组成部分。中国的海关起源于何时，什么时候产生海关的雏形，有各种不同的说法。主要有 3 种：一是“西周说”，认为 3000 多年前西周的内陆关是中国海关的雏形；二是“唐朝说”，认为起源于 1200 多年前的唐朝，当时的市舶司才是管理海上贸易的海关的前身；三是“清朝说”，认为 300 多年前清朝建立的海关，才算是真正的海关。

认为中国海关起源于 3000 多年前的西周，当时已存在海关的雏形，是有根据的。这从历史文献到考古发掘的文物，均可以证明，海关是国家出入境的监督管理机关。海关的出现是以国家的产生为前提的。国家为了维护其统治，就需要设置各种国家机关，管理军事、政治、经济和文化事务；进出境事务，征收赋税，也是国家必须管理的事务，海关一类的机构就应运而生。但历史上并非国家产生初期就有海关。海关是国家发展到一定时期的产物。海关还必须随着这个国家商品生产的发展和对外商品交换的需要而逐步形成和发展起来。一个国家社会生产的发展，必然会出现对外贸易的需要，国际贸易关系也随之发展。进出境的货运、运输工具、人员等日益增多，就需要进行监督管理和征税。海关的产生固然与国家的对外贸易有密切关系，但也与国家的外事活动、国际交往息息相关。为了管理国与国之间的人员来往，也需要建立海关。因此可以说，海关是国家形成后的产物，是随着对外贸易及国际交往的发展而逐步建立和发展起来的。

（一）西周建关

中国历史上的原始社会，生产力低下，没有阶级，没有国家，也没有国家性质的行政管理机构，当然更没有海关之类的机构。公元前 21 世纪，我国建立了第一个奴隶制国家夏朝。夏与旧的部落联盟组织不同，已有了国家的特征，建立城郭沟池，有强大的军队，进行行政管理的官僚机构已具雏形，也有刑法、监狱等奴隶主阶级的专政工具。但这一国家是在原始社会母胎中形成，不免保留了某些原始氏族制的残迹。在夏朝的“百官”中，有地方行政长官，也有“牧正”、“车正”、“疱正”等管理畜牧、造车等事务的官员，但不见有“关”的名称和官吏。继夏而起的商朝，是个奴隶制的文明大国，经济有较大发展，国家机构也较前完备，同周围的各国、部落也有一定交往。但从现有的历史文献和考古发掘的历史文物来看，不见记载商朝海关事务的资料。

到了公元前 11 世纪的周朝，史书上出现了“关”字，还记载着“关市之战”、“司关”、“关人”等资料。对“关”字的含义、关所在的位置和性质，古书中也有不少解释，如“古者境上为关”①，“关，界上门”②，“关，要塞也”③，“关者，诸侯之陬燧”④。总的来说，“关”是指进出国境的关口，是国家的门户。

为什么西周时期会出现“关”呢？这有政治上和经济上的原因和条件。

在政治上，西周时期奴隶主势力强盛，国家机构和行政管理制度也进一步完善。周武王伐纣灭殷商以后建立周朝，接着，周公旦辅助周成王平定叛乱，国势日盛，向周称臣的有 600 余国。于是营建洛邑，作为东部地区的政治和军事中心，分封诸侯，使同姓贵族和部分异姓贵族“受民受疆土”，对地方分区管理，以“蕃屏周”。周初共分封 71 国，如武王弟康叔封卫国，即今河南北部和河北南部一带，管辖殷民七族。姜太公（尚，即师尚父）封于齐

① 引自《仪礼·聘礼》。
② 引自《札记·王制》。
③ 引自《吕氏春秋·仲夏》。
④ 引自《管子·问》。陬燧，来往通道。

国，建都营邱（今山东临淄），统治原来蒲姑（今山东临淄、博兴）的殷民。当时分封的尚有鲁、宋、晋、燕等诸侯国。西周通过分封，不仅加强了对原来殷商地区的统治，而且扩大了势力范围，密切了同周边各少数民族的关系，成为疆域空前广阔的奴隶制强国。强大的国家及其日益完善的行政管理制度，是建立“关”的必要条件。诸侯国之间，日子一长，难免发生政治、经济等各种矛盾，出现利害冲突，为了保护本诸侯国的利益，就会在各自的国境线上设置关卡相互牵制。

在经济上，西周奴隶制经济有了很大发展。在当时生产力比较低下的情况下，奴隶们的集体劳动对社会生产起着积极的促进作用。西周时使用的工具除了石器、骨器和蚌器之外，出现了青铜器的生产工具。生产技术也有所改进，生产的主要农作物有稻、粱、黍、麦、菽（豆）、稷、粟及桑麻、瓜果、蔬菜等。手工业以青铜冶铸业为主，生产的青铜器物在种类和数量上均超过商代。陶器、漆器、玉器、牙骨雕和纺织等手工业，均有不同程度的进步。在商品交易中，西周贝币的流通，反映了西周商品交换的发展。商品交换发生在诸侯国内，当时称之为“市”，发生在诸侯国之间，或发生在诸侯国、周朝与边境外少数民族之间，称之为“关”，同时出现了“关市之征”、“关市之赋”的记载。

到了春秋前期，已有了冶铁业和使用铁制工具。铁农具的使用和牛耕的推广，标志着生产力提高到新的水平。由于商品交换的需要，各诸侯国都有自己铸造的金属货币，齐燕有刀币，韩、赵、魏有布币，楚国有铜贝。各国都征收商税，并有自己的铜尺、铜量和铜权。

春秋时期出现了从事商品交易的新兴商人。他们贱买贵卖，获利最多，成为巨富。“阳翟大贾”吕不韦，“往来贩贱卖贵”以致“家累千金”。[①] 他们也在诸侯国之间，以其所有，易所无。这种诸侯国之间的贸易，虽属地区之间的贸易，但在当时条件下，已具有国与国之间的贸易雏形。诸侯为分占私商的丰厚赢利，运用政权力量，设立关卡，征收“关市之赋”，成为统治者的一大财源。

（二）周代关卡管理职能

古书《同礼·司官》[②] 中记载着周代关卡的职责：

---

① 见《史记》，第85卷，《吕不韦传》。

② 《周礼》：古书名，据近人考证，该书为战国时期的作品，该书搜集周朝王室官制和战国时期各国制度。全书有《天官家宰》、《地官司德》等六篇，其中有关于关税方面的记载。

1. “司关，掌国货之节以联门市，司货贿之出入者。”① 明确规定司关要监督管理进出关卡的货物（包括钱币等财宝）。检查的凭据是玺节，关卡凭玺节进行监管。这段记载还有考古发掘的文物可以佐证。1957 年 4 月在安徽寿县出土“鄂君启金节”共 4 枚，该金节用青铜铸制，其中车节 3 枚、舟节 1 枚，每枚刻有篆字 100 多个，规定楚国贵族鄂君启在楚国经商通过关卡时，凭节验放，并可凭节享受关税优待。

2. “掌其治禁与其征廛。”② 关卡要惩罚进出境的犯禁行为，征收货物通过关卡的赋税（包括征收存放在边关仓库的费用）。当时尚无“关税的概念，但已习用了“关市之赋”。“国凶札，则无关之征，犹讥。”③ 遇到荒年或者瘟疫流行，则可以不征，予以免税优待，但尚要稽查。

3. “凡货不出于关者，举其货，罚其人。”④ 这说的是查禁走私。凡是货物不从指定的关卡进出，就要没收货物，处罚货主。

4. “凡四方之宾客扣关，是为之告；有外内之送令，则以节传以内之。”⑤ 边关尚要对进出境的人员进行检查管理。凡是各诸侯国的宾客、内外使臣及有公事需要通过关卡，要向上级机关报告，并依据他们的证明文书，让他们通过。

（三）周代的“关市之征”与税率

“关市之征”是国家规定货物通过边境的“关”和国内的“市”，要进行检查和征收赋税。周朝中央规定征收 9 种赋税，即土地物产、矿业、渔业、林业等赋税，关市之赋就是其中之一，是征商旅税。这种“关市之赋”可以说是我国关税的起源。

周代设置边关的目的，春秋以前和春秋以后有所不同。春秋以前“关市讥而不征”，“将以御暴”。⑥ 那时的边关主要不是征税，而是对进出关口的人员、货物进行稽查以防止外界的侵犯，政治、军事方面的作用比较明显。春

---

① 掌：执掌，管理的意思。国货：指出入境的货物。节：指出入境的凭证。门市：门指边境的关卡，市为国内的市场。司：意为管理。货即货物，贿为钱币。

② 治禁：治，有惩罚的意思；禁为犯禁之意。征：征收货物的关税。廛：原意为仓库，这里廛是指征收货物存放于仓库的费用。

③ 凶札：凶指荒年，札指瘟疫。犹讥：意为还要检查。

④ 不出关者：意为货物不从关卡出入，逃避关卡监督管理。举，意为没收。

⑤ 扣：叩的异体字。节传：节，玺节，凭证；传，是证明文书。送令：指贡物、公文。为之告，意为向上级报告。

⑥ 《孟子》，“关市讥而不征”：意为边境的关、国内的市，对通过的货物只作稽查而不征税。御暴：御，防御；暴：暴虐，这里指外界侵略。

秋以后，各国在边界和交通要道设立关口，对进出境的货物实行“关市之征”，起了增加财政收入的作用。到了战国时期更加发展，关口成为国家的“外财之门户”。

至于关税税率，春秋时期一般都是比较低的。如在管仲为相的齐国，曾实行过出口渔盐免税，进口货物“五十而取一”的轻税政策。当时齐国还向各诸侯国提出“关赋百取一”的建议。到了战国时期，各诸侯国增设关卡，税率也提高，往往成为苛政，不利于经济的发展，遭到商旅的反对。因而春秋末期和战国时期一些政治家和思想家，多数主张薄赋节用，轻税富民。如在管仲之后100多年的齐国，另一名政治家晏婴仍继续主张“关市省征”。战国时期的荀卿要求“轻田野之税，平关市之征”。孟子则各处游说“去关市之征”，“关讥而不征”。他们的活动和言论，反映了新兴地主阶级支持设关立禁，维护本国安全和利益，但又反对检查过繁，征税过重，以利封建经济发展的愿望。

以上的叙述，说明中国的海关和海关管理制度的雏形，在周代已经初步形成；并对以后历代王朝制定边境陆关和沿海海关的政策、管理制度都产生了重大影响。

二、秦汉至南北朝的陆地边关

（一）秦朝的边关

公元前221年，秦王政消灭了战国末期的最后一个诸侯国，结束了封建割据的局面，建立了中国历史上第一个统一的中央集权的封建国家。秦统一中国后，诸侯国界消失了，有些撤销成为内地关，陆地边关仍继续存在，如陇关（在今甘肃）、萧关（在今宁夏）等。关设关都尉，主要负责边防，也执行管理进出境人员、货物等海关职责。

（二）汉朝的“丝绸之路”与玉门关、阳关

公元前202年，刘邦在消灭了项羽和各地割据势力，统一中国后，即皇帝位，国号汉，都长安。汉统一后，撤除关卡，开放关津，不收关税，商品交换空前繁荣。在边境上与境外少数民族，与外国的贸易，也开始兴盛。我国古代文献上，称汉代中外贸易为“互市”，也叫“关市”。史书上有汉朝与南越、匈奴互通关市的记载。

汉初，北方匈奴势力强大，经常骚扰汉朝北部边境。刘邦曾采取“和亲”政策，开放关市，划定以长城为界，各自管辖，这虽然促进了两族人民的往

来，但是不能满足匈奴贵族的贪欲。他们还是在北方边境地区掠汉人为奴，破坏生产，影响边境安宁。到了汉武帝时，国力增强，多次派兵征讨。汉武帝为了联合西域各国共同攻打匈奴，曾先后两次（公元前 139 年和公元前 119 年）派张骞出使西域，分赴乌孙、大夏、大宛、康居、大月氏、安息等国，进行广泛的接触。张骞出使西域虽未达到预期的目的，但汉朝与西域的关系从此日趋密切，打开了我国和中亚、西亚的通道。各国使臣、商旅随之而来，西域的葡萄、胡瓜（黄瓜）、大葱、苜蓿以及毛毯、骏马和音乐舞蹈传入中国。汉人的铸铁、凿井技术也传入西域。特别是内地的丝织品，不断运往西域各地，一直输入中亚、欧洲的商路，就以“丝绸之路”驰名世界。

随着丝绸之路的开辟，国际交往日益频繁，对外贸易有较大发展，汉朝政府决定开放武威、张掖、酒泉、敦煌四郡，作为对外通商的都市，长安是东西交通的中心，也是汉代国际贸易的中心。汉朝中央政府设立“少府”主管对外贸易，由“大鸿胪”、“蛮夷邸”负责接待外商、外宾。汉朝在乌垒城（今新疆轮台东北）设西域都护府，推行汉朝政令，管理西域行政事务，保护中西交通商路的畅通。

汉朝政府在敦煌郡设立了玉门关和阳关，监督管理与西域、西方各国的贸易。玉门关因西域进入玉门取道于此而得名，故址在今甘肃敦煌西北小方盘城。关城方形如盘，北、西两面有门。玉门关是当时西域各地的交通门户，出玉门关是通往西域的北道。阳关故址在今甘肃敦煌西南古董滩附近，因在玉门关之南，故名阳关。出阳关为通往西域的南道，关设都尉，下有侯官、侯长、燧长等官员。玉门关都尉之下设 4 个“侯”，15 处“燧”（类似今之分关）。关、隧的任务主要有二：一是防守和传递自古以来消息，保卫屯田和支援附近的郡县防务；二是检查和保护来往客商、使节及其所带货物。这两个关对发展中外交往和社会经济文化均有促进作用，在我国海关史上占有重要地位。

汉代采取鼓励对外通商的政策，开放边境关市，实行免税贸易，凡政府规定允许贸易的货物进出边关，均不征税。但对输出贸易实行严格的管制，严禁兵器、铁器、铜钱输出边关，不许官民持兵器出边关。禁止铁器、铜钱的输出，也是为了防止改铸兵器。在京师，不准中国商人向住在蛮夷邸的外商出售兵器、铁器。如有违犯，罪至处死。至于金银和丝绸则由政府控制，用以向外商交换马匹和珠宝。汉朝政府规定，货物出境，须经官府允准，取得符传。上述禁令与管理制度，由地方官员和边关关都尉负责执行。

汉代对边境关市也实行严格管制。关市只允许在规定的地点和时间内进行，定期市场大抵在边境关门。每值交易之期，匈奴等外族商旅驱牛马牲畜而来，汉族官员、商人则驾车载丝绸等货物与之会合，进行交易，故又称“合市”。汉族官员和商人参加合市者，必须持有汉朝政府发给的符传，由边关官员执行检查符传和管理关市的任务。

（三）三国两晋至南北朝的边关

自三国两晋至南北朝的近400年间，政局动荡，战乱频繁。东晋以后，淮河成为南北分界线，禁止通行，但实际上南北互市一直在进行。互市点主要为寿春（今安徽寿县）和襄阳。北方的敕勒、柔然，西北的吐谷（音裕）浑及西域诸国的“绢马贸易”，这时在边境关市继续进行。南北互市和“绢马贸易”仍主要由官府掌握，政府设市令、互市令来管理商业和对外贸易，征收出入境税。

三、隋唐时期的陆地边关

隋统一中国后，统治时期不长。继之而起的唐朝，经济繁荣，文化发达，政府对国际交往和对外贸易采取鼓励、保护的政策。当时的长安、洛阳、凉州（武威）、敦煌，号称四大贸易城市。从长安出发的“丝绸之路”仍畅通无阻，可达西域各国。西北边境关市也很繁荣。唐政府专设“鸿胪寺”管理互市和接待外国使者。

安史之乱后，唐失西域，“丝绸之路”受阻，甘肃河西一带地位显得重要。唐设“互市监”（或“通市监”）管理对外贸易，由少府领导，每监设监、丞各一个，下设录事、府、史、介、掌国等员役。另在北方的朔方郡、西受降城（均在包头附近）等处设马市，在陇州和赤岭（在青海）设互市场（对吐蕃），以丝茶换马匹。唐时全国称“关”的有26个，其中有些是边境关，有些是国内关。

唐对进出境事务建立了比较周密的陆关管理制度。互市监、马市和边境的关，都是管理进出境事务的机构，对行人车马出入，“必据过所以勘之”。“过所”就是通行证，由唐朝中央政府的刑部司门管理发给。互市监进行检查，凭“过所”放行，还规定经一关检查放行的，其他关不再检查。

对边境上的绢马贸易和茶马贸易不征关税，实行免税优待政策。但对一些重要货物严格控制，不准出口，如锦绫、罗縠、绸绢、丝布、牦牛尾、珍珠、金、银、铁，不得出口西边、北边诸关及边境诸州。私自与外人交易，处徒刑；特别是兵器，严禁私相交易，违者处死。《唐律疏议》中规定："越度缘边关塞，将禁兵器私与化外人者，绞。"

唐朝后期，边防空虚，政局动荡，国势衰败，吐蕃连年骚扰，丝绸之路受阻。为防外族入侵，朝廷严加防范，颁布禁令，实行闭关政策，陆关制度遭到破坏。此后，中国经济中心逐渐南移，海上交通和海上对外贸易不断发展，对沿海口岸进出境的管理日趋重要，市舶司就在这种条件下产生了。

四、宋元明三朝的陆地边关

宋朝的陆路贸易已经退居次要地位，但与北方的辽、西北的夏、东北的金尚有贸易来往，因此在各个边境上设置"榷场"，稽查进出口货物和商旅，征收商税，查禁走私，执行边关任务。宋朝的边境榷场时兴时废，经常宣布绝市，全由当时双方的政治、军事斗争需要而定。类似榷场的，有设于西南沿边的市易司、买马司和博易场等机构。

元朝建立后，结束了长期军阀割据和辽、金、宋、西夏等民族政权并立的分裂局面，加强了国内各民族之间的经济文化联系。东西方的商人和使节、旅行家、传教士等来中国的很多，对外贸易也很兴旺。元政府除在沿海城市设置市舶提举司外，在内陆沿边设"抽分场提领"或"税务提领"，在京师（北京）设大都宣课提举司，管理陆地边境贸易。元政府实行官营专卖政策，盐、茶等商品由政府专卖。对沿边的关市管制很严，防止民间走私牟利。元律规定："沿边应禁物货，无得私相贸易，及奸细人等不致偷漏过界，如所在官司防禁不严仰究治施行。其关津因而故将行旅刁蹬阻滞，亦仰究治。""诸关讥不严，受财故纵者，罪之。"元代对陆边关实行严加管制的政策，主要是出于巩固边防的需要。

明朝建立后，商品经济发达，资本主义生产方式开始萌芽，经济中心移至东南沿海。但在东北、西北边境，为了防止蒙古的侵扰，明朝派驻重兵把守，并重修长城，加强防卫力量。还在张家口、大同等地设置"马市"，按期交易，以棉布、茶叶、铁器、粮食等货物换取马匹、牛羊、皮毛等土特产品。在四川、甘肃等地设有茶马互市，以茶、盐等内地日用品换取藏族人民的马匹、犀角等物品。另在青海（西宁）等地也设有"茶马市"。但边关互市都在官府严格控制下进行。明律规定："私茶出境与关隘不讥者，并论死。"还规定："凡将马牛、军需铁器、铜钱、缎匹绸绢丝棉私出境外货卖及下海者杖一百，挑担驮载之人减一等。货物船东并入官，于内以十分为率，三分付告人充尝。着将人口军器出境及下海者绞，因而走泄事情者斩。”

明自1429年（宣宗宣德四年）起，于京师至南京运河沿线及一些地方设“钞关”十余所，征收船钞。关设御史监督，属户部，又称户关。明之钞关均设于内地，是内地税关。

清朝在沿海一带建立海关，管理海上对外贸易；还在与沙俄、朝鲜、尼泊尔、暹罗、缅甸、安南接壤的边境上进行贸易；也有随外交使者而来的随贡贸易；边民在边境上也有互市贸易。这些贸易都是免税的，管理事务都由地方官员和边防军官负责。清政府在内地一些交通要道设关，称为“户关”、“工关”，类似明代的钞关。关设监督，管理对内对外贸易，征收关税。设关地点共有20多处，包括多伦、归化、张家口、山海关、伊犁、嘉峪关、打箭炉、镇南关、北京（崇文门关）等。

在中俄边界上的恰克图（中国境内称买卖城）是双方互市地点，清政府理藩院派员驻扎管理，两国均不收税。但因俄人常有侵扰，清政府曾多次闭关停市。

中国古代陆地边关，自周代产生雏形以后，在3000年的漫长历史过程中，一直存在于陆地边境。综合起来看，中国古代陆地边关的管理制度有以下特点：①重视进出境的检查，往往既是边关，又是军事要塞，既管货物进出，又管边防。②与外事活动有密切关系。边关的重要作用之一，是管理、接待出入境的外交使节和外事人员。③管理对外贸易。既是海关管理机构，又是边境外贸管理机构。④征收关税不占重要地位。初期的关不征关税，以后有了征税任务，也不占政府财政收入的重要地位。加上大宗陆路贸易主要由政府经营，因此是免税的。允许私商经营及边民之间互换货物的品种和数量均有限，只收很低的关税。

第二节 古代沿海海关

到了唐代，中国古代经济中心南移，中外交通和对外贸易的中心也由内地转到沿海，管理对外贸易的机构随之由边境关、内陆关发展到沿海关，产生了中国海关历史上一个崭新的事物——市舶司。到宋朝时，市舶司已建立了完善的管理对外贸易的规章制度。

一、唐宋元明的市舶司

（一）唐代沿海贸易的发展和市舶司的建立

为什么会在唐代出现市舶司呢？这是唐代海上贸易和国际交往发达的结果，也是唐朝政府鼓励、促进海上国际贸易的重要措施。唐代经济繁荣，文化发达，国势强盛，国际交流密切。随着海上交通的兴起，开辟了海上“丝绸之路”：北通朝鲜半岛（唐初是新罗、百济、高句丽三国鼎立，后为新罗所统一）、日本，南从广州出航经南洋、波斯湾可达西亚。唐朝与朝鲜经济文化交流频繁，来唐的新罗商人，在北起登州，南至楚（江苏淮安）、泗（安徽盱眙北）的沿海一带经商。唐政府专设“新罗馆”、“新罗所”接待他们。长住的新罗商人则聚居在“新罗坊”。新罗以人参、牛黄、金银、海豹皮、工艺品等换取唐朝的金银器、瓷器、丝织品。史书记载：新罗王子金士信乘船来唐，在海上遇风险，船漂至楚州盐城县，唐朝也以厚礼相待。日本则多次派来“遣唐使”，每次人数多达200至500人。著名的阿倍仲麻吕（汉名晁衡）和鉴真和尚，在唐代中日友好交往中起了重要作用。

海上“丝绸之路”开辟以后，唐朝与波斯（伊朗）、大食（阿拉伯）的关系更加密切。许多波斯商人来唐经商，遍布各个大城市。他们将宝石、珊瑚、玛瑙、香料、药品和一些动植物输入中国，有的还在长安开设波斯店。公元651年（唐永徽二年）～798年（贞元十四年）近一个半世纪内，大食曾37次派来使臣。有的大食人长住中国，终老不归，在泉州曾发现唐永徽元年刻制的阿拉伯文墓碑石；在西安发现了唐代流传的阿拉伯金币。一名唐朝的军卒杜环留大食10年，公元762年（唐宝应元年）始经广州回国，著有《纪行记》，其中说到大食名城亚俱罗（库法）的周围有一批汉人绫绢匠、金银匠和画匠等。大食是亚非交通的枢纽，唐通过大食同东非、北非和东欧发生经济文化联系。

唐朝与拂林（东汉时称大秦，即东罗马，拜占庭）也相互通好。拜占庭曾先后5次遣使来唐朝。拜占庭商人将珊瑚、琉璃、玳瑁、玛瑙等输入中国，将中国的丝绸运往拜占庭。

此外，唐与印度、尼婆罗（尼泊尔）、林邑（越南中部）、狮子国（斯里兰卡）、真腊（柬埔寨）、诃陵（印度尼西亚的爪哇）、骠国（缅甸的卑谬一带）等，都有经济、文化往来。

频繁的国际交往和兴旺的经济贸易，使进出口的船舶日益增多，当时广州进出口的船舶最多时每天有10多艘。

唐代的造船技术和航海技术都有长足的进步，能造长达 20 多丈的大船，可载数百人，相当于今天千吨级的海船，可以远航。由于海运成本低，运量大，使海上交通和海上贸易比陆上交通更为有利。加上唐代有一段时期内陆“丝绸之路”不安宁，不畅通，陆上贸易受阻，不得不改走海路，转向海上贸易。

由于上面所讲的这些条件，唐代的中外交通和对外贸易的中心由内地转向沿海；而广州和扬州则成为当时最重要的国际贸易市场。面对中心转移的形势，为了加强对海运进出境事务的管理，唐朝就设立了市舶使。

714 年（唐玄宗开元二年）已有“市舶使”的名称。《唐会要》中有一条史料：“开元二年十二月，岭南市舶使右威卫中郎将周庆立、波斯僧及烈等广造奇器异巧以进”。[①]《新唐书》中也有类似记载：“开元中……市舶使右威卫中朗将周庆立造奇器以进”。[②]“开元中”指的是唐玄宗开元年间，即公元 713 年至公元 741 年。这条史料且说明在此期间曾有市舶使的名称，也不能说明在此之前是否存在市舶使。因此，在找到更确切的史料以前，只能说市舶使在 714 年（唐玄宗开元二年）就已经存在了。

唐朝对海舶往来中外各通商港口，管理较宽。唐玄宗曾指令对“南海蕃舶”要“接以仁恩”，“常加存问”，“不得重加税率”。对其所带货物，“除舶脚、收市、进奉外，任其来往通流，自为交易”。舶脚，即下碇之税，外国商船靠岸时要征收关税；“收市”，即优先收购皇室所需的货物；“进奉”是指珍奇异物要贡献皇室，不得私相买卖。蕃商如有欺诈行为，要处罚入牢。唐人李肇写的[③]《国史补》中有一段记载：“南海舶，外国船也，每岁至安南、广州。师子国（斯里兰卡）舶最大，梯上下数丈。皆积宝货。至则本道奏报，郡邑为之喧阗，有警长为主，领市舶使籍（登记）其名物，纳舶脚，禁珍异，蕃商有以欺诈入牢狱者。”描述了市舶使管理蕃舶的状况。

（二）宋代市舶司的官制和设置地点

到了宋朝，海上对外贸易更加发达，进出口商品种类也增多，市舶司的收入成了中央政府财政的重要财源。因此，宋朝十分重视市舶司。

---

① 《唐会要》，第 62 卷。本书系北宋王溥撰，共 100 卷。唐人苏冕曾编辑高祖至德宗九朝史事，为《会要》40 卷。宣宗时杨绍复续修 40 卷。宋初王博重加整理，并补收唐末史事，编成定本。本书共 514 目，记叙唐代各项制度的沿革变迁。

② 《新唐书》，第 112 卷。本书为宋代欧阳修、宋祁等撰，共 220 卷，为纪传体唐代史。

③ 《图史补》，唐人李肇撰，记唐开元至长庆年间史事。

宋代市舶官员一般由皇帝派亲信的京官、宦官充任，有时由各路（省）转运使或知州兼任市舶使，而由宦官任副职，掌实权。1068年，宋神宗改市舶司为“市舶提举司”（或称提举市舶司），其官员称市舶提举。提举之下尚有监官（重要副职）、专库（管理税收，专卖货物的保管处理）、手分及杂役等。历代市舶司或直属中央，或归各省领导，或受中央、地方双层领导。隶属关系，常有变化，但不管如何变化，皇帝必定要派亲信掌握市舶司实权。

宋代设置市舶司的地点增多，主要的有广州、泉州、明州、杭州四处，还有温州、秀州（松江）之华亭（上海）、江阴、澉浦（浙江海盐）、密州（山东青岛附近）等处。

（三）市舶司的主要职责

市舶司的管理，唐时、宋初均无统一的法令条例等规章制度。至1076年（宋神宗熙宁九年）下令修订统一的条例，后朝多次修改。现存最完整的我国市舶司条例是元朝世祖至1293年（元三十年）颁布的（市舶则例），共22条，是参考南宋海船管理办法而订立的。根据这些资料，市舶司的职责有六条。

1. 管理海船

中国商船须先向地方官和市舶司登记申请，须有3个殷实富户的担保。经审查合格，大船发给“公凭”，小船发给“公据”。公凭、公据上写明船属谁，航行目的地，货物名目、数量、有无武器，担保人是谁，还印上政府的禁令。无凭出海，擅自发船，犯者治罪，船物没官，并以货物的1/3给报告者充赏。船舶入港，先由市舶司派员登船封存兵器，检查登记货物，然后办理其他手续。船舶离港也须经市舶司官员检查，无违禁方准开航。对外国“贡舶”还须查验表文或“勘合”，并派员护送“随贡贸易”的外国使者。对外国商船，进口时没有先行登记的制度，但须交验证件；如欲往我国沿海其他设关口岸贸易，则须向市舶司另行请领“公凭”、“公据”。

2. 征收关税

对进口货物征税，当时称之为“抽解”或“抽分”。“凡舶至，帅漕与市舶监官，莅阅其货而征之，谓之抽解。以十分为率，珍珠、龙脑，凡细色抽一分，玳瑁、苏木，凡粗色抽三分。”① 宋代的税率，一般为1/10，最高可达

① 《萍洲可谈》，第2卷。帅漕：帅，宋代各路设安抚司，掌军事及民政，称帅司；漕，宋设转运司，掌财赋及谷物转运等事务，称漕司。帅漕即安抚、转运两司的简称。

4/10，历年有所变化。

宋代所收关税，以广州、明州和杭州三处市舶司最多，其中尤以广州市舶司为全国之冠，占 9/10 以上。《粤海关志》一书中记载："神宗熙宁十年（公元 1077 年），三州市舶司所收乳香三十五万四千零四十九斤，其中明州所收惟四千七百三十九斤，杭州所收惟六百三十七斤，而广州所收有三十四万八千六百七十三斤。是虽三处设司，实抵广州最盛。"

对外来船舶、货物征税，唐朝征收舶脚，即吨税；宋朝、元朝改征货物税，明朝中叶以后开始征收"水饷"（船钞）、"陆饷"（货税）。明隆庆五年（1571 年）又改按船只大小征税（即船钞、货税合并征收）。

对进口货物征收的关税，唐宋各朝均以实物为主，称为"实物税"，到了明代，以改征银两为主，称为"货币税"。这是一种历史性的进步。从"实物税"转变为"货币税"，是商品交换、商品经济发达的结果，有利于促进对外贸易的发展。

3. 禁榷博卖

进口货物中有一部分为禁榷物品，是由国家收购，政府专卖。《宋史・食货志》载："宋太宗太平兴国初年（公元 976 至 977 年）京师置榷易院，乃诏诸蕃国香药宝货，至广州、交趾、泉州、两浙，非出于官库者，不得私相市易，违者重处。"禁榷的范围，因时而异，历代不同。宋初定玳瑁、象牙、犀角、珊瑚、玛瑙、乳香等 8 种进口货为禁榷货物。至南宋，禁榷物扩大至 200 余种，都是些利润丰厚的商品。凡列入禁榷的物品，由市舶司全部给价收购（一般偏低）。禁榷的物品只能是朝廷专利，规定市舶司及知州通判等，今后不得收买蕃商杂货及违禁物色，如违当重置之法。另一类为非禁榷物品，即进口除交税和禁榷物以外的货物。这类货物，市舶司也可收购一部分，称为"抽买"。抽买的比率可占蕃货的 3/10～6/10。剩余部分货物准许国内商民购买，由牙人（又称舶牙）评定价格后在本地市场上出售。若要去外地出售，则要另外申请。

各地市舶司收受的进口货物：包括抽解所得的实物，收购所得的禁榷物，抽买所得的部分非禁榷物，将其分成"起发"和"留州"两部分。起发部分送京师中央政府，除供皇室享用和朝廷公尝外，其余部分交京师榷易院高价出售，以得厚利。留州部分是一些粗重的进口货，留在本地，由市舶司高价售予当地商民，其售款交纳国库。

4. 执行禁令

宋代铜币大量外流，东亚、东南亚、西亚以至非洲均有宋朝铜钱散布，造成国内钱荒。宋朝政府规定禁止铜钱外流，并制定法例，非法出口铜钱者“二贯徒一年，三贯以上弃市，募告者尝之”。船舶出港，市舶司要遣官检之，观其搭载铜钱与否。到了南宋，规定与外商交贸，禁用金银、铜钱。元代的“食货律”规定金银、铜钱、铁器、男女人口等均不得私自下海，如有特别原因，须在“公据”上写明，方可酌情放行；违者，船物没收，并处杖刑。及至明代，实行海禁，禁令更严：“私自贩卖硫磺五十斤、焰硝一百斤以上者问罪，硝磺入官。卖与外夷及边海贼寇者，不拘多少，比照私将军器出境因而走泄事情律，为首者处斩，为从者俱边卫、充军。”①

海船、商人违反市舶管理规章要受处罚。北宋太平兴国初（976年）诏令：“私与蕃国人贸易者，计直满百钱以上论罪，十五贯以上黥面流海岛。”宋律还规定：“贾人由海道往外蕃……毋得参带兵器或可造兵器及违禁之物”，“擅乘船由海入界河及往高丽、新罗、登莱州境者，罪以徒，往北界者加等。”② 及至元朝，为了防范海商将货物以多报少，中途转移或抛售，令市舶司派人在航线上拦截海船，封堵和检验货物，并以此为准，至岸抽解。

宋代还禁止政府官员和市舶司官员经商，不得直接经营外贸，规定政府官员让外商捎带钱物，过蕃卖物者、私买舶货者、偷漏关税者，均要处罚。

5. 管理外商

唐宋时来华经商的以阿拉伯人为多，有些长期住在中国。广州、泉州等通商口岸有他们的聚居地，称为“蕃坊”，置蕃长一人，管理蕃坊公事，招邀蕃商。市舶司会同地方政府官员对蕃坊加以管理。

唐宋政府曾多次颁行诏令保护外商货物财产。对于遇险的外船外商的财产，也予以保护，保存其财产，待其家属认领。

宋绍兴年间，每年外商返国时，由市舶司专用官钱宴请一次，以示优礼。若外商在海上受风浪袭击，以致船破樯坏的，来港时可免予“抽解”。

6. 主持典礼

市舶司还每年举行两次祈风祭神典礼，一次是在4月、5月，一次是10月、11月。祈风目的是船舶出海祈求顺风，保佑旅途平安。此项典礼由地方官吏和市舶司主持，以示隆重。

① 《大明会典·兵律·关津》。

② 《宋史·食货志》。

（四）元代市舶管理条例

元朝统一中国后，中西交通顺畅，对外贸易发达。元朝采取鼓励海上通商的政策。“每岁召集船商于蕃邦，博易珠翠香货等物，及次年回帆，依例抽解，然后听其货卖。”① 忽必烈曾宣布：“诚能来朝，朕将宠礼之，其往来互市，各从所欲。”② 为了促进海上对外贸易，元朝特地任用蒲寿庚为福建行省尚书左丞、福建市舶提举。蒲寿庚原籍阿拉伯，居泉州。拥有大量海船，为沿海地方势力首领。宋末做市舶提举 30 年。他上任后，招东南亚各国商人，恢复沿海贸易。

元朝为垄断海上贸易，实行政府经营海上贸易的政策，禁止私人下海，对汉人限制更严。在泉州、上海、澉浦、温州庆元（宁波）、广东、杭州等地设立市舶司，管理海上贸易。

1293 年（元至元三十年）颁布了《市舶抽分则例》，比较周详地规定了输出入货物的征税、船舶监管、走私违章处理等管理办法，可以说是我国古代最完备的一部海关法规。这部法规是参照宋朝市舶司管理办法，结合当时需要制定的。其中不少条例、办法与宋朝的大同小异，只是稍有增减，这里不再详细叙述。

（五）明代市舶司的衰落

明初，在宁波、泉州、广州设置市舶司，允许朝鲜、安南、爪哇、三佛齐等 20 来个国家和地区进行朝贡贸易。不久，因将主要力量用来防御蒙古，便废除市舶司，并实行海禁政策，禁止私人海上贸易。1403 年（明永乐元年），恢复上述三处市舶司，增设云南市舶司，以管理西南诸国的朝贡贸易。明朝实行的是朝贡贸易，市舶附于贡船，朝贡附至蕃货。“凡外夷贡者，我朝皆市舶以领之……是有贡船，即有互市，非人贡者，则不许其互市。”③ 朝贡的货物，免征关税。可见当时市舶司主要是管理外国朝贡贸易。这种朝贡制度不利于中国与各国的经济交流，致使明朝的对外贸易日益衰落。

到了明成祖朱棣即位时，北方边防问题趋于缓和，社会经济也有所恢复和发展。为了发展对外关系，扩大国际贸易，明成祖放宽了海禁，并派人出使西域、南洋诸国，以扬威海内和招徕贡国。其中最著名的是郑和下“西

① 《续通考》，第 26 卷。
② 《元史》，第 10 卷。
③ 《续通考》，第 26 卷。

洋”。从1405年至1433年的29年间，他率领大规模的武装贸易舰队7次出使“西洋”。郑和船队非常壮观。他最后一次航行，随同人员达2.7万多人，分乘63艘大船，最大的船长44丈4尺，宽18尺，可容1000多人，是当时航行海上的最大船只。7次航行中，访问过亚非37个国家，到过60多个地方。郑和每次出海，都满载着金银、绸缎、瓷器、铁器和茶叶等货物，与亚非各国交换。归来时，则满载着象牙、香料、宝石、硫磺和珍禽异兽等各国的土特产品。

明朝政府对贡舶限制得很严。对朝贡各国都规定了人贡期限，大多数国家定为3年一贡，日本限为10年一贡。贡道也有限制，“凡外夷贡者……在广东省专为占城、暹罗、诸蕃而设，在福建省专为琉球而设；在浙江省专为日本而设”。贡舶来华必须持有“勘合”。勘合是一种贸易凭证，一份发给入贡国政府，一份明政府留底，外国贡舶来华时，由市舶司会同地方官员检验勘合和贡舶的真伪，然后方准朝贡和贸易。这种严厉的限制，造成了海上贸易的萎缩。明朝实行海禁政策，除了政府可以经营朝贡贸易外，严禁私人从事海外贸易。明代海禁政策的目的，与宋、元时期保证政府经营对外贸易的垄断专利不一样，主要在于严防海寇入侵。

明代所严防的海寇主要是指“倭寇”。他们在东南沿海活动，“时载方物戎器，出没海滨，得间，则张其戎器而肆侵掠；不得，则陈其方物而称朝贡”。当时在宁波曾发生日本来华贡使之间因互争真伪、互争宴会席位和行贿市舶司官员而大起冲突。结果，未取得贡使资格的一帮人对宁波一带大肆劫掠，造成祸乱。朝廷认为“倭患起于市舶，遂罢之”。1523年（嘉靖二年）下令撤销浙江、福建二路市舶司，仅留广州一司。直至1560年（嘉靖三十九年），才恢复浙闽二路市舶司。

限制严苛的朝贡贸易和严厉的海禁政策，使得明朝海上对外贸易萎缩，而市舶司也就逐渐衰落了。加上当时我国资本主义生产方式已开始萌芽，商品生产日益发达，商品交流日趋兴盛，处于海禁政策下的市舶司已不能适应经济发展的需要。

市舶制度自唐朝产生，经过宋、元两朝的发展完善，直至明亡后废止，前后历经千余年，经久不衰，连绵不断，说明市舶制度是适应封建社会政治、经济的需要的，是我国封建社会一项重要的制度。市舶制度是封建社会政治、经济发展的产物，也促进了当时政治、经济的发展。市舶司是随着我国经济发展中心的南移、中西交通由陆地“丝绸之路”转变为海上“丝绸之路”、中国对外贸易中心由内地发展到沿海的时候产生的。它反映了这种政治经济的客观需要，促进了海上对外贸易和国际交往的发展，在历史上起过一定的积极作用。

市舶制度在历史的演变过程中不断完善，逐步形成了一套管理办法。历代市舶的规章条例，从总体上来说，是起了促进我国商品生产和国际商品交流的作用的。到了市舶制度发展的后期，封建统治者严格限制海上对外贸易，实行海禁政策，甚至撤销市舶司，使市舶制度走向衰落。清代前期的海关机构，虽然还沿用了市舶制度的一些规章条例，但市舶的名称已从政府机构的行列中消失了。

二、清朝初期建立的海关

1644 年，清兵入关；10 月，顺治帝迁都北京，开始了对全国的统治，继明朝之后建立起统一的清帝国。清朝初期即实行海禁政策，直至平定了沿海反清势力以后，才解除海禁，建立海关。

（一）清初的海禁政策

清帝国建立之初，东南沿海一带，以郑成功为领袖，继续坚持抗清。他们以厦门、金门为根据地，不断向东沿海各地出击，并联合浙江的反清力量向北反攻，曾一度打到江南一带。后被清兵打败，退回厦门。1661 年 4 月，郑成功率战舰 300 多艘，将士 2.5 万人，由金门跨海东征，先后进攻荷兰侵略者的据点赤嵌城和台湾城，最后赶走了窃踞在那里的荷兰殖民者，使沦陷了 38 年的台湾重新回归祖国。台湾光复后，郑成功设置府县，实行屯田，并招徕大陆移民去台开垦，促进了台湾社会经济的发展。台湾成了抗击清朝贵族统治的重要基地。

清朝政府为了断绝东南沿海郑成功等抗清武装力量的物资供应，实行了“海禁”政策，颁布了“禁海令”。在此期间，市舶司已经废除，海关尚未建立，互市限于贡舶，口岸只有澳门一地。外商人贡者，至京师会同馆开市。

（二）开放海禁，设立海关

清朝政府在平定了内地各股反清势力以后，即着手解决台湾的统一问题。1683 年（康熙二十二年）清兵自福州攻取澎湖。郑军大败，逃归台湾。经此一战，郑军精锐丧失殆尽，郑克塽镇（郑成功之子）率众投降，清军进驻台湾。

清政府统一台湾后，海疆安定，于 1684 年（康熙二十三年）废除“禁海令”，指定广东澳门、福建漳州、浙江宁波、江南云台山4处为对外通商口岸。1685年（康熙二十四年），设立“粤海关于广州之澳门，闽海关于福建之漳州，浙海关于浙江之宁波，江南关于江南云台山（在镇江城西门外）”，准许外商来华贸易。清朝初年的海关，有些方面是前朝市舶司制度的继续，也是清朝对外贸易管理制度上的一大进步。在我国海关历史上，第一次出现了以“海关”命名的海上对外贸易的管理机构。

（三）一口通商

当时，不少西方国家经过产业革命，商品经济获得巨大发展，特别是英国，纺织业发展更快，迫切需要销售市场。为了取得更大的通商优惠权益，英国便以东印度公司在广州建立的商馆为据点，派遣商船出没于中国东南沿海，猖獗地进行海盗式的非法活动，搜集情报，劫掠财富。清政府为了巩固海防，于1757年（乾隆二十二年）下令关闭闽、浙、江南3个口岸，限定广州一处为外国商船来往口岸。原设的4个海关，只保留粤海关1处管理对外通商的贸易事务，其他3处海关虽仍存在，但只管理本国的出口贸易和沿海贸易的本国商船的进出港口。粤海关的管理范围包括了广州、澳门等处。整个广东沿海，设有省城大关、澳门总口、惠州口、潮州口、雷州口、琼州口、高州口7个管辖区，及总口下辖小口50多处。粤海关制定了对外国商人和商船的管理办法，禁止和限制外商活动，实行闭关政策，束缚了对外贸易的发展。

（四）对外来船舶和外商的管理

清朝各地海关设有“监督”，鸦片战争后改为“海关道”或“海关监督”，辛亥革命后，一律称“海关监督”。“监督”由皇帝从各部资深官员中选任，但实际上多由“内务府”满族司员派充；有时由各省督抚或将军兼任监督，而实权仍操于内务府所派专任监督之手。监督辖下属官有笔贴式（意为写字人，即书办）课税大使，关大使以及税吏、巡役等。各海关行政直属中央，由内务府和户部领导，与理藩院、礼部、兵部、刑部等也有密切关系。

清代海关对外商的管理有一个特点，即海关官吏与外商不直接交往，而由“公行”统一经营对外贸易。“公行”也称“牙行”、“洋行”，由清政府特许一些中国商人来经营，是一种封建性的享有特权的外贸垄断组织，兼有商务和外交双重职责的半官方机构。这些商人为避免彼此竞争，于1720年（康熙五十九年）在广州组成13个商行，通称“十三行”（最多时有26家）。清政府为了避免海关官吏与外国商人之间的直接接触，规定“公行”为两者之间的正式媒介。一切进口货物和船只统一由“公行”向粤海关办理报关完税手续，并向清政府承保税饷。为了避免外商与中国民间商人的直接接触，规定“公行”为两者之间的正式媒介，一切进口货物由“公行”经营，一切茶丝等出口货物，由“公行”统购后售给外商。为了避免政府官吏与外商直接接触，规定”公行”负责经办一切中外交涉及事宜，海关等官方机构对外商的一切命令、公文等由“公行”经手转达，外商的要求和书信等也由“公行”向海关等官府转递。行商制度是清政府实行“闭关政策”的一项重要制度。

外国商船到了广东，须先在澳门停泊，向海防衙门申报，经批准后方可由中国引水员导入海口。船至虎门，先起炮位，经海关检查、丈量，交纳船钞后，方准驶入黄埔下碇。外商须将装船清单交给行商，由行商代付码头费用后将货物运至商馆，外商则住在商馆内进行交易。船舶停港期间，由海关会同清军官兵进行监督防范。护送商船的外国兵船一概不许驶入内港。船舶出口，先向海关申报，经查验无违禁情事，方可驶离。对外国船舶的管理，基本上都是为维护国家主权所必须办理的。

为了限制外商活动，清政府还制定了许多规章，1755 年（乾隆二十年）颁布了“防范外夷规条”；1831 年，又颁布了“防范夷人章程”，其目的是千方百计地防止中国人与外商接触。

这一时期清朝海关对出口货物也严加管制。禁止输出的商品有粮食（米、谷、麦、豆、杂粮）、五金（黄金、白银、黄铜、铁器、白铅）、军火（硫磺）、书籍（史书、地图等）。限制输出的商品有丝、茶、大黄等。如茶叶出口不得超过 50 万担，大黄不得超过 1000 担。丝出口也有限制，如 1764 年（乾隆二十九年），只准琉球“多买上丝五千斤，二蚕湖丝三千斤”。海关在口岸严加稽查，以杜绝走私。

（五）船钞、货税与规礼

清代的关税制度规定海关征收的关税有船钞和货税两种，另外还有名目繁多的规礼。对外国船舶征收船钞。船钞也称船税，即明代的水饷，近代的吨税。船钞税率分三等：一等船征银 3500 两，二等船征银 3000 两，三等船征银 2500 两。1762 年（康熙二十七年）后改按丈量计征，以船的长度与宽度相乘为征税标准。船钞由海关直接征收。

对进出口货物征收货税，按货物的精粗从量计征，由行商代征。康熙年间，进口正税税率一般为 16%，出口正税税率为 4%。1735 年（雍正十三年）的税则，进出口税税率有所降低，如折成从价仅有 2%～4%。税款以银两交纳，为货币税。

除了船钞和货税，商人还要交纳各种附加税，称“规礼”。清代海关腐败，受贿贪污，弊端百出。规礼往往超出正税一二倍，甚至五六倍。虽然如此，洋商仍有利可图。各种规礼，不直接向外商索取，由公行交纳，但最后还是转嫁于货价上，由消费者负担。

清政府规定各地海关每年应交一定数额的税款，实行“包税制”。1799 年（嘉庆四年）户部规定各海关的税额为：粤海关 85.5 万两银子，闽海关为 11.3 万两，浙海关为 3.9 万两，江海关为 4.2 万两。粤海关每年还要向内务府送贵重的进口物品，当时改为交银 30 万两。

鸦片战争以前的清朝海关是维护封建统治的独立海关。清初实行严厉的海禁政策，后来虽然解除海禁，设立海关，开放对外贸易，但采取了严格的限制政策，实际上是一种“闭关政策”。封建统治者害怕人民接触国外先进事物，力图限制人民与海外交往，竭力维护封建专制制度。这一时期的海关是落后保守的封建主义经济的产物，维护封建政权的工具。

第二章　中国近代半殖民地海关

第一节　第一次鸦片战争和关税自主权的丧失

一、第一次鸦片战争和《南京条约》

鸦片战争以前，中国处于封建社会末期，长期的封建剥削制度、封建专制政治和封建礼教的禁锢，使社会生产力停滞不前。正当清朝国势江河日下时，英、法、美等国的资本主义却在迅猛发展。世界资本主义因积累资本的需要，疯狂地向外扩张，掠夺殖民地，开拓更多的商品市场，抢占更多的工业原料。被西方人喻为"东方黄金世界"的中国，便成为资本主义国家掠夺的对象。

因此，打开中国的大门，控制中国的海关，也就成为世界资本主义的目标。

1840年，英国侵略者对中国发动了蓄谋已久的鸦片战争，强迫清朝政府于1842年8月29日（道光二十二年七月二十四日）签订中英《南京条约》，这是中国近代史上第一个不平等条约。马克思指出，这个条约"是在炮口威逼下订立的"①。第二年7月22日和10月8日先后订立中英《五口通商章程》和《五口通商附粘善后条款》，作为对《南京条约》的补充。通过这些条约，英国侵略者从中国攫取了许多特权，主要有：强占香港，勒索巨额赔款，控制关税，获得五口通商、领事裁判权、片面最惠国待遇等。美国、法国接踵而来，分别与清政府签订《望厦条约》和《黄埔条约》，取得与英国的同等权益。其他一些西方国家，如葡萄牙、西班牙、比利时、荷兰、丹麦、瑞典、挪威等也纷至沓来，要求"共同分享"侵略权益。清政府抱定"一视同仁"的政策，统统给予满足。

---

① 《英中条约》，《马克思恩格斯全集》第12卷，第600页。

资本主义国家对中国的侵略和一系列不平等条约的订立，一方面，促使中国封建社会解体，促使中国发生了资本主义因素，把一个封建社会变成了半封建社会；另一方面，它们又残酷地统治中国，把一个独立的中国变成了一个半殖民地的中国。鸦片战争后，中国由一个封建社会变成了半殖民地半封建社会。中国海关的性质也随之发生变化，由独立的封建性质的海关变成半殖民地半封建的海关，外国侵略势力开始渗进海关，操纵和把持中国海关的管理大权。

二、片面的协定关税制度

一个独立的主权国家是根据本国的利益和需要自主制定海关的税则、税率的，中国历代的政府也是这样做的。但外国侵略者为了打开中国的大门，恣意掠夺，强迫中国接受片面的协定关税制，使中国的关税自主权遭到破坏。中英《南京条约》第10条规定：英国商人在中国通商口岸经商“应纳进口、出口货税、饷费，均宜秉公议定则例”[①]。中美《望厦条约》除了订明美商享受英商在中国的同等权益外，还规定“中国日后欲将税例更变，须与合众国领事等官议允”[②]。一个主权国家的海关税则、税率竟然要与外国领事“议定”、“议允”，不能自行增减变更，那还有什么关税自主权可言呢?！这还是原则性的规定，在中英《虎门条约》中具体地“议定”了进出口货物的税则、税率，详尽地分类，开列了各种进出口商品的税率。这个税率比清政府原定的税率要低很多。在出口货物中，草席、南京棉布、黄白糖，约减75%。土伏苓、铜器、黄薑，约减80%。在进口货物中，棉花由原定的按价抽24%，降低为5.6%，头等洋布由原定的按价抽30%，降低为6.9%。同时，在《海关税则》各类进出口货物税率表之末，规定“凡属进口新货，例内不能赅载者，即按价值若干，每百两抽银五两”[③]。“值百抽五”虽然在这个条约中还没有作为一个原则定下来，但已经提出了这个问题。《虎门条约》规定的税率是当时世界上最低的关税税率之一。

另外，中英《五口通商章程：海关税则》还规定减轻英商船舶入口的船钞（吨税）。该条约废止了清政府原定的“丈量船身，按丈输钞”的办法，规定“凡英国进口商船，应查照船牌开明可载若干，完输税之多寡，计每吨输

① 王铁崖编：《中外旧约章汇编》第1册，第32页（以下简称《汇编》）。

② 《汇编》第1册，第51页。

③ 《汇编》第1册，第50页。

银五钱”[①]。后来《天津条约》更将船钞改为每吨四钱，而且一次交付后，4个月内不再重征。

《南京条约》等一系列不平等条约的严重后果之一，是使中国丧失了关税自主权。片面的协定关税制代替了独立的自主关税制，只要缔约国不同意，中国就不能自行增减海关税率，摧毁了关税应起的对国内工农业、商业的保护作用。从此，中国的国门洞开，大大便利了外国资本主义对中国的商品倾销和原料掠夺，加速了中国社会的半殖民地半封建化的进程。

三、外国领事干预中国海关管理

《南京条约》等不平等条约，不仅破坏了中国的关税自主权，而且其中有许多条款还规定外国领事可以干预中国海关管理，破坏了中国海关的行政自主权。

1. 废除“行商”制度，干预报关

鸦片战争以前，英国商船到达广州，要由清政府核准的“行商”作担保，所有进出口货税饷费，均由“行商”代纳。战后，英国强迫清政府废除“行商”制度。《南京条约》第4条规定：“英商民在粤贸易，向例全归额设行商，亦称公行者承办”，“嗣后不必仍照向例，乃凡有英商等赴各该口贸易者，勿论与何商交易，均听其便。”[②] 行商制度废除后，英国侵略者与清政府订立了一整套侵犯中国海关主权的规章制度。其中关于英商的报关，《虎门条约》中规定，英国商船一到口岸停泊，船主在一日内，赴英国管事官署，将船牌舱口单、报单等送交该口岸英国领事。领事根据这些申报单，把船只大小、装运货物种类、数量等项通知该口岸中国海关。这项条款，使英国领事可以干预报关事务。

2. 干预进出口货物的查验

英商进出口货物的查验，也要英商“先期通报英官，由英官自雇通事，转报海关，以便共同查验”[③]。验货如有争执，海关要“暂缓填簿”，不能自行定夺。根据这项条款，英国领事可以干预中国海关查验英商魄进出口货物，侵犯海关主权。

3. 中国海关的缉私活动以及没收走私货物，英国领事也要干预

① 《汇编》第1册，第41页。
② 《汇编》第2册，第31页。
③ 《汇编》第2册，第41页。

中英《五口通商附粘善后条款》中规定：英国领事可以“查察”英商进出口货物，“倘访闻有偷漏走私之案，该管事即时通报中华地方官，以便本地方官捉拿。”[①] 这项条款，一方面反映了清朝政府面对外商猖獗的走私活动，束手无策，不得不仰仗于外国领事的助力；另一方面也反映外国侵略者干预中国的缉私主权。中法《黄埔条约》规定：中国海关查获走私货物，“未定入官之先，速宜知会附近驻口之佛兰西领事”。[②] 这就是说，中国海关要没收走私货物，必须事先通知法国领事，并取得同意。英国驻上海领事阿礼国，本人虽不是商人，但他包庇和鼓励走私。1850年春，上海英商洋行老板浩格上书阿礼国，说他走私规模不大，获利不多，并表示今后“要和任何人一样大事走私了”。阿礼国复信说：“实行走私，否则你就根本不必做生意。”[③]

甚至连英国船舶的放行，也要经过英国领事。条约规定：英国商人要将海关发给的完税红单“呈送英国管事验明，方准发还船牌，令行出口”[④]。

鸦片战争后订立的《南京条约》等一系列不平等条约，在海关方面造成的恶果，不仅仅是丧失了关税自主权，而且损害了中国海关的整个主权，为以后侵略者控制中国海关创造了条件。关税自主权的丧失给中国社会造成了严重危害。19世纪中叶，世界各国纷纷建立关税壁垒，对进口货物征收重税，以保护本国经济。当时工业最发达的英国，虽然标榜自由贸易，但为限制我国茶叶进口，竟每担征收进口税50两银子，折成从价税（当时每担茶叶值银20两左右）在200%以上。而我国的关税自主权却被西方侵略者夺去，不仅进口税很低，而且出口税、吨税的税率也受条约限制，不能自由调整，这就使海关关税失去了保护本国工业商业发展的作用。外国商品的倾销，使本国产业受到严重摧残，加速了中国社会半殖民地半封建的深化过程。

第二节　第二次鸦片战争和海关行政管理权的丧失

外国侵略者并不满足于第一次鸦片战争后所攫取的海关特权，企图获得更多的权益。英国驻沪领事阿礼国就认为，当初不应该让清朝皇帝保留关税

① 《汇编》第1册，第41页。
② 《汇编》第2册，第58页。
③ 宇靖编：《鸦片战争论文专集》，北京人民出版社1984年出版，第188页。
④ 《汇编》第1册，第41页。

征收权。现在皇帝保留了这个权利，就必须由洋人来帮忙，否则他就不能适当地运用这个权力。他认为中国海关官员不能做到诚实有效，因此，要行使海关职权，非得请外国人帮忙不可。[①] 而这个所谓外国人帮忙，就是要把中国海关置于外国人的有效控制之下，实际上是让外国侵略者来把持中国海关。

一、英、美、法三国领事控制上海海关管理权

1854 年，英、美、法三国领事利用上海小刀会起义占领上海县城的时机，迫使清朝政府同意他们控制上海海关管理权。1851 年 2 月，洪秀全领导发动了金田起义，爆发了中国历史上规模最大的农民战争——太平天国革命运动。1853 年，太平军攻克南京，定为首都，定国号为太平天国。在太平天国革命运动的影响下，以刘丽川为领袖的小刀会，响应太平天国革命运动，在上海及附近几个县发动起义，于 1853 年 9 月 7 日占领上海县城，击毙知县。苏松太道、上海海关道吴健彰在洋人的庇护下逃进英租界。这时，上海已无清政府官吏治理，上海海关也处于瘫痪状态。上海外商立即将他们库存的全部茶叶和生丝等货物装船运走，借以逃税。当时上海港内有 26 艘船只，未缴清关税便自行离港。一时无人缴关税，也无人收关税，海关业务停顿。

在此混乱之际，英国领事阿礼国借口无人收关税，与英国商人拟定了一个代征关税的办法，并征得美国副领事金能亨的同意，于 1853 年 9 月 9 日公布了《海关行政停顿期间船舶结关临时规程》。规定：英美商人的进出口货物分别向英美领事馆办理一切报关、纳税手续，所有进出口货物的税饷，均向英美领事缴纳；税款可以用现款，也可以用见票 40 天后付款的保单。而后来的事实证明，这种保单是一张废纸，根本没有兑现。

阿礼国等各国驻沪领事为了达到控制上海海关管理权的目的，曾多次拒绝和阻挠清政府在上海恢复海关业务活动。

1. 1853 年 10 月 10 日，吴健彰曾通知上海各国领事，他自即日起恢复海关职权，但遭到阿礼国的拒绝。阿礼国在复照中说："本领事认为需俟大清官军收复上海县城，阁下到江海关复职视事之日，本领事始准备与阁下进一步谈判征收关税事宜。"10 月 30 日，吴健彰带了一支军队，企图进入设在租界的江海关原址办公，但英国领事派驻该处的卫兵拒绝他们进入租界。当时江海关的房子已遭战争破坏，根本无法办公；而且，各国领事以保持租界"中

---

① 见魏尔特：《赫德与中国海关》第 101 页，转引自《社会科学战线》1983 年第 3 期。

立”为名，拒绝在租界中设立海关，不让吴健彰在租界恢复海关业务。

2. 吴健彰进入江海关原址办公被阻后，就在浦东陆家嘴（与江海关隔江相对）附近黄浦江上的两艘旧军舰上设立临时海关，准备行使海关职权。但是英、美、法等国领事拒绝承认这个“水上的”、“浮动的”海关。英国军舰“斯巴达人”号认为，这两艘征税船是“危险的邻居”，用武力把它们赶到苏州河。水上不行，只好迁往陆地。吴健彰在上海虹口设立临时海关办公处。并通知各国领事，于1854年2月9日起，办理船舶结关手续。这时，阿礼国等各国领事表面上不得不承认这个海关，但附有一个条件：这个海关对来往船只的监管，“必须平等地实施于每一个国家、每一条船”。这个条件，临时海关是无法做到的。临时海关设在苏州河北端，远离贸易口岸。外国商航逃避海关监管，公然卸货上货，不缴分文关税。3月17日，一艘布勒门船“亚里斯泰茨”号，只缴纳半税的保单就驶离上海。阿礼国以此为借口，要援例拒纳关税。在这种情况下，吴健彰的临时海关根本无法行使海关职权。[①]

3. 清政府在口岸收不到关税，就设法在从口岸通往内地的路上设立关卡收税。1854年3月25日，清政府通过吴健彰通知英、美、法三国领事，清政府暂时在内地河道设立两处关卡：一个在苏州河上的白鹤渚，查验北面来往货物；一个在黄浦江上的闽行镇，查验南面来往货物。这两个关卡向中国商人征收出口税。各国领事认为这种关卡是潜在的征收关税的机构，将征收与关税相等的税款，而他们又无法节制或约束。这对外国侵略者的利益是一个巨大的威胁。因此他们就提出抗议，说是不在公认的通商口岸，而在内地征收关税，是违反条约的行为。外国侵略者为什么一而再、再而三地阻挠上海海关行使职权呢？他们的目的究竟是什么？他们的阴谋是要夺取上海海关的控制权，他们企图进入海关内部来管理上海海关。1854年5月1日，阿礼国上书英国驻华全权公使，透露了这个阴谋：这就是要把上海海关“置于三个条约国的有效管辖之下”。驻沪英国副领事还提出一个“募用外国人帮办税务”的备忘录。6月15日，又提出建议，由英、美、法三国领事与上海道台会同提名，各派一名外籍税务司驻上海海关办公，海关华人公事房发出一切文件，如港务结关单、装卸货物准单、税款收据等须经洋人副署，始能生效。[②]

---

① 见中国科学院上海历史研究筹委会编：《上海小刀会起义史料汇编》，上海人民出版社1958年版，第305～306页。

② 见《阿礼国致文翰》，原载《海关文件汇编》，第6卷，第48～49页，转引自《社会科学战线》1983年第3期。

6月22日，美国驻华公使麦莲在昆山会见两江总督怡良，要求裁撤两个内地税关，条件是允许清政府在上海开征关税，并可以解决过去9个月内欠下的关税税款。清政府正值财政困难，而镇压太平天国又需大量军费。怡良在可以得到一笔外商所欠税款和可以在上海开征关税的双重诱惑下，同意裁撤内地两个税关，并授权上海海关监督与英、美、法三国领事协商解决办法。

1854年6月19日，吴健彰、阿礼国、美国领事墨菲、法国代理领事爱棠在昆山举行会谈，商议改组上海海关及制定新的海关章程。这次会议商定了8条办法，其要点是：①在上海海关机构中引用外国人才；②由英、美、法三国领事各指派一人，建立海关管理委员会，海关各级中外属员由委员会选用；③海关监督所发一切文书，如无外籍税务委员签署，不生效力；④船舶进口，必须由领事报关；⑤备办武装缉私船一艘，由外籍船长指挥。通过这个章程，上海海关的行政管理权开始被外国人组成的税务管理委员会所控制，开创了外国人直接管理中国海关的恶例。

1854年7月4日，吴健彰通知三国领事，清政府决定改组上海海关，于1854年7月12日起按新章程办理。当时组成海关管理委员会的外国成员有：英方的威妥玛、法方的斯密司、美方的卡尔。后两人仍在领事馆任职，实权则操在威妥玛手中。7月6日，三国领事向全体外商发出公告：清政府已裁撤两个内地税关，以后办理海关手续，均在苏州河新关；等租界内的江海关修理完毕即行迁回办公。1855年，李泰国由英国领事指派，代替威妥玛掌管上海海关管理委员会。

外国人掌管的海关管理委员会成立之后，所谓"归还欠税"的诺言，根本没有兑现。自1853年9月7日至1854年6月1日，总计外商所欠关税税款，有账可查的为117.3万两银子，其中美商欠税35.4万多两，其余几乎全部为英商所欠。美商欠税以所谓"商情苦累"为借口，实付1/4，计8.1万多两。至于英商的100多万两欠款，分文也不曾归还。

外国侵略者控制上海海关行政管理权以后，发现这是一种大大有利于他们利益的制度，他们就要将这一制度推行到全中国海关，夺取整个中国海关的行政管理权。

二、《天津条约》和海关行政管理权的丧失

《南京条约》等一系列不平等条约订立以后，英国资产阶级以为很快即可将大量商品倾销到中国，结果事与愿违，到1850年底，英国输入中国的商品

比1844年底还少75万英镑，尚不及在荷兰销售商品的一半。造成这种情况的原因，不但由于中国自然经济结构对外国商品具有抗拒性，更因为战后英国等国大量运入鸦片，使中国出口丝、茶收入的大半被其抵消，无力再多购英国的工业品。可是，英国资产阶级既要维护给其带来巨大利益的鸦片贸易，又要扩大对华的工业品销售，为此就要迫使中国开放更多商埠，进一步控制中国海关，加强对清政府的控制。自1851年5月以后，英国多次向清政府提出要求修改已订立的《南京条约》等有关条款，要求中国开放内地和沿海城市，准许英国军舰自由航行长江，鸦片贸易合法，废除子口税，公使常驻北京等。清政府只同意减轻上海关税，拒绝了其他各条。英国掀起的“修约”交涉未达目的，就转而准备用发动侵华战争来实现其各种无理要求。

1856年10月23日，英国海军向广州进攻，战争正式开始。1857年12月，英国和法国组成联军，在美国、俄国的协助下，发动了第二次鸦片战争。28日英法联军炮击广州，30日广州陷落。英法侵略者在广东度过冬天后，于1858年4月各率军舰陆续北上。5月20日，英法联军大举进攻大沽炮台，当天大沽被占。5月26日，英法联军侵入天津郊外，威胁北京。清政府急派大学士桂良、吏部尚书花沙纳到天津，分别与英、法等国代表谈判。在英法代表的威逼下，清政府全部接受了他们的条件，于6月26日和27日，分别与英、法订立《天津条约》。

《天津条约》的主要内容有：①外国公使常驻北京。这就改变了以往只能在香港、上海活动，而不能与清朝政府中央直接打交道的惯例。②开放牛庄、登州、台湾、潮州、淡水、琼州、汉口、九江、南京、镇江为通商口岸，外国人可在各口租房居住。后来在实行时，牛庄改营口，登州改烟台，台湾选台南，潮州改汕头。③外国个人可以自由进入内地传教、通商、游历，外国商船、军舰可驶入长江各口。④扩大领事裁判权，规定外国人之间的任何纠纷、犯罪，中国官员不得过问；中外人民之间的案件，由中外双方官员在外国领事的监督下“会审”。⑤对英赔款400万两，对法赔款200万两银子。⑥减低关税。随即，桂良、花沙纳在上海会同两江总督何桂清等，于11月8日和24日，分别与英、法订立《通商章程后善条约：海关税则》各10条，内容主要有：承认鸦片贸易合法，每百斤征税30两；一般商品抽时价5%的关税；洋货运到内地只要抽2.5%的子口税，即可通行全国；各海关邀外国人帮办税务。

中英《天津条约》的附约《通商章程善后条约：海关税则》第10条规

定：通商各口收税，“划一办理”，“邀请英人帮办税务”。英国人以此条约为根据，开始了夺取各地海关行政管理权的活动。他们把各口“划一办理”，解释为各地口岸海关，都要统一按上海海关管理委员会的办法办理，让外国人操纵海关管理。他们把“请英国人帮办税务”，解释为要由英国人来担任各地口岸海关的税务司，建立税务司制度。腐朽的清政府同意了这种解释。1859年9月，南五口通商大臣何桂清委任李泰国推广上海海关的外国人管理制度。

李泰国把他在上海海关管理委员会的职位交给英国人戴维斯以后，于1859年10月跑到广州，设法组织由洋人控制的海关。24日，他任命英国人费子洛为广州海关税务司，赫德为副税务司，任命孖地臣为黄埔海关税务司。1860年1月，他去汕头组织洋关，任命华为士为汕头海关税务司。这几个海关的管理权就这样落到了外国人手里。

1861年1月，清朝政府设立“总理各国通商事务衙门”（简称总理衙门），由总理衙门委派海关总税务司，在名义上总税务司署是总理衙门属下的一个机构。接着，总理衙门任命李泰国为海关总税务司。但李泰国因病回英国休养，未去北京就职。总理衙门委派费子洛和赫德代理总税务司。在赫德的精心策划下，由洋人税务司控制的洋关制度得到了进一步推广，1861年推广到镇江、宁波、天津、福州。1862年推广到厦门、九江、汉口。1863年，烟台、淡水和高雄（台南）也实行洋关制度。牛庄也于1864年建立了洋关。他先后扩展洋关30多处。

1863年，李泰国被解除总税务司职务，由赫德继任。赫德就任总税务司以后，于1865年把总税务司署由上海迁往北京。当时，海关名义上是中国政府的一个行政机构，但实际上各地海关监督只能管理原设的常关（也称户关、工关，管理中国帆船及其货物），而管理外商船舶及其货物的新关（洋关），则控制在总税务司及各口岸海关的税务司手中。洋人控制的税务司制度的建立，标志着中国海关的行政管理权被外国侵略者夺走，外国侵略势力从过去的在海关外部操纵进入到海关内部的控制，使海关成为清朝政府中最早被外国侵略势力控制的半殖民地行政机构。

三、“值百抽五”和子口半税的半殖民地税制

订立《天津条约》时，英国认为《南京条约》定的进出口货税“今已较重，拟将旧则重修”，要求清政府派大员赴上海，会同英国官员，商定新的章程。接着，清政府派遣大学士桂良、吏部尚书花沙纳赴沪，会同两江总督何

桂清分别与英、法订立《通商章程善后条约：海关税则》，订立了新的税则。新税则规定，中国进出口货物，除茶、丝、鸦片等，一律按时价交纳关税5%，还规定："倘有货物名目，进、出口税则均未赅载，又不在免税之列者，应核估时价，照值百抽五例征税。"这一新的税率，比1843年订定的税率又降低了13%～65%。鸦片贸易"合法化"。在新税则中，鸦片以"洋药"之名允许"合法"进口。《通商章程善后条约》第五条订明："向来洋药……等物，例皆不准通商，现稍宽其禁，听商遵行纳税贸易。"议定每百纳税银30两，还规定以后不得修订，"嗣后遇修改税则，仍不得按照别定货税。"每百斤鸦片收税银30两，约合值百抽八。许多商品，包括烟酒、金银、纸张、西药、玻璃器皿、钟表以至化妆品，以洋人"自用"名义，进出"通商各口，皆准免税"。同时对内地税也作了严格限制，规定只交一次子口税2.5%，就可不再交纳内地税。《天津条约》规定："其内地货，则在路上首经之子口输交，洋货则在海口完纳，给票为他子口不另征之据。所征若干，综算货价为率，每百两征银二两五钱。"子口即内地关卡，海关所在口岸为母口；子口税率相当于进出口税率之半，故又称子口半税。凡进口洋货运销内地，或出口土货从内地远销国外，除在口岸海关完纳值百抽五的进出口税外，另交2.5%的子口税，即可一次纳税，遍运天下。而华商则处于"逢关纳税，遇卡抽厘"的苛征重负之下，"任意增加，毫无定额，不顾商人之血本，不顾市价之轻重，徒令贸易皆为洋商所夺"。值百抽五的进出口税率和值百抽二点五的子口税都是外国侵略者强加给中国的片面协定关税，完全是便利外国资本掠夺的一种半殖民地税制。

《天津条约》及其附约通商章程条约订立以后，中国海关的行政管理权被外国侵略者夺走，进一步丧失了关税自主权，加深了中国海关的半殖民地化，也使中国社会进一步向半殖民地半封建社会转化。

四、关税税款充作战争赔款和外债款的抵押

中国海关的关税自主权和行政管理权被外国侵略者夺走，使中国海关主权遭到严重破坏。但是，外国侵略者并不满足已经取得的权益，他们还企图控制海关税款的支配权。迫使清朝政府把关税作为战争赔款的抵押和向外国借债贷款的担保，最终将其全部从清政府的国库里转出来，存进外国银行里，收支、保管、使用都要通过洋人总税务司和外国驻华公使团的同意。

清朝政府以前也向外国借债，但总数不大，随借随还，尚可应付。但自

1894年甲午战争后，情况发生变化。战后订立的中日《马关条约》，中国除了割让台湾、澎湖列岛，开放沙市、重庆、苏州、杭州为通商口岸外，还要赔偿日本军费银子2万万两。因此，清政府财政日益拮据，为了偿付战争赔款，不得不大量向外国借款。而这些贷款都是附有许多政治、经济条件的，其中一条就是规定要以关税作担保，到期不能还本付息，各债权国可以直接在各口岸海关行使征税权和监督权。

1895年7月5日，驻俄国公使许景澄代表清政府，在俄国首都圣彼得堡正式签订《四厘借款合同》，规定中国向俄、法银行团借款4亿法郎（约合银1亿两）。“合同”第9条订明：“此项借款以中国海关所入税项及存票作为押保。”双方还发表声明：这项借款还清以前，其后所借的不论何种借款，“不能取用海关税项兑付”，这就使俄国取得了参加中国海关行政管理的特权，并且不允许其他国家享有管理和监督中国海关税收的权利。

为了对抗俄、法银行团的借款，英、德银利团于1896年3月迫使清朝政府《英德两国借款草合同》和《英德借款详细章程》，规定借款1600万英镑（约合9700多万两银子），年息5厘，36年还清。借款以中国关税作担保，“合同”订明，“以1600万镑之借款，全应以中国通商各关之税银为抵偿还”。为了对抗沙俄控制中国海关管理权的企图，英德借款中特别规定。36年内中国总理海关事务应依旧由英国人来担任，即允许英国取得长期担任总税务司的特殊权利。而清朝政府也同意这一要求，“英国在华贸易既已超过他国，本国政府认为，海关总税务司将来仍照以前办法，应由英人担任”。由于英国（连香港在内）的对华贸易常居第一，故海关的实际统治权总在英国人手里。1898年3月1日，在北京签订英、德《续借款合同》，规定借款给清政府1600万英镑（约合银1.1亿两），年息4厘半。这次借款的条件，除了订明“以中国通商各关之洋税……为抵偿还”以外，出现了一个新的条件，即要以长江中下游内地常关的关税收入来抵押，这些内地关包括苏州、松沪、九江、浙东等地常关。还出现另一个新的条件是要以湖北、安徽两地口岸的盐税作担保。“合同”还规定内地常关的关税应“委派总税务司代征”。就这样，英人总税务司取得了上述几个内地常关的管理权、英国势力伸展到内地常关。

1900年，八国联军入侵，打到北京，清政府被迫签订《辛丑和约》，其中正约12款，附件19个，外国侵略者夺取了中国大量政治、经济、军事等方面的权益。其中一条是清政府向参战各国赔偿军费白银4.5亿两，分39年还清，加上年息4厘，共达9.82亿两。“和约”规定这项战争赔款由以下3个方面作担保：一是洋关的关税收入；二是所有常关的关税收入；三是所有的盐税收入。附件十二规定：“付款之事，仍由总税务司经理。”《辛丑和约》还规定，有关赔款的“一切事宜，均在上海办理”，“诸国各派银行董事一名，会同将所有由该管之中国官员付给之本利总数收存，分给有干涉者，该银行出付回执”。另外，还规定通商口岸50里以内的常关，“均归新关管理”，由总税务司管辖。从此，外国侵略势力进一步控制了中国海关，控制了关税税款。清政府的海关，成了替外国侵略者收款的代办机关。

第三节　半殖民地的洋关制度

旧中国的洋关是依照列强迫使中国政府订立的不平等条约的要求建立起来的，是一个执行不平等条约的工具。在赫德等洋人的悉心经营下，旧中国的洋关制度终于完全确立。

一、洋关的性质

旧中国的洋关是半殖民地半封建的海关。旧中国的海关与当时沦为殖民地的印度、朝鲜等国的海关不同，不是由一个宗主国直接统辖的，而是由几个帝国主义国家，通过它们的代理人（总税务司、税务司等）实行间接统治的。当然，旧中国海关也与具有完整主权的独立国家的海关不同，它不能独立自主地行使国家的海关主权，只是在不平等条约的制约下，为外国侵略者的利益服务。但又不是殖民地海关，还挂着中国政府一个行政机构的招牌，洋税务司在名义上还是中国政府雇用的。说旧中国海关是殖民地海关，或者说是独立自主的海关，都是不符合历史实际的。

旧中国海关之所以是半殖民地海关，与旧中国的特殊国情有着密切关系。旧中国不是一个帝国主义国家直接统治的殖民地，而是几个帝国主义国家间接统治的半殖民地。中国资源丰富，市场广大，列强视为“肥肉”，垂涎三尺，都把魔爪伸进来掠夺，加上旧中国统治者的腐朽无能，投降卖国，中国确有沦为殖民地的危险，海关也有沦为殖民地海关的可能。其中有的帝国主义国家也曾企图独吞独占中国。抗战期间，中国沦陷区及其海关一度成为日本帝国主义的独占殖民地，海关也成为殖民地海关。但曾几何时，日本侵略者的美梦破碎了。历史证明，无论哪个帝国主义国家想要把旧中国由几国间接统治的半殖民地变为一国直接统治的殖民地，把海关变为一国支配的殖民地海关，都是注定要失败的。

世界列强在侵占旧中国海关权益问题上是一致的，但在如何瓜分这些权益时，他们是不一致的。权益上的矛盾，使谁也不愿被人挤走，也不允许谁来独占，这就出现了权益分配、调整、平衡的问题。在这种特殊的历史条件下，旧海关就成了所谓的“国际性组织”，履行“奇特的混合国际职务”，“代表主要的缔约国”利益（以上引语均出自赫德之口）。

在税务司制度建立初期，英人李泰国在设置新机构、订立新章程、选用人员等方面独断独行，企图由英国人包办一切。结果，遭到了其他国家的反对。美国驻黄埔领事培理就曾拒绝承认李泰国一手包办的黄埔新关，认为这些新章程触犯了美国公民的治外法权，拒绝受它们的约束。当时的美国国务卿也向英国明确表示：同意税务司制度，对李泰国也无异议。但“除非所有各关系国都在其中获得公平的代表权，并在章程方面受到适当的咨询，这个机构绝不能顺利地或圆满地推动……美国舆论也绝不会允许美国政府同意美国公民受排斥的情形”[①]。洋关制度就是在这种殖民者权益的分配与平衡中建立起来的。谁也不能独占，说明这个海关没有沦为由一个宗主国主宰的殖民地海关。大家都占有一份权益，各个殖民国家都要保持它在旧海关中的份额，说明这个海关是不能独立自主的，而是由几个帝国主义国家间接统治的半殖民地海关。

二、洋员控制的税务司制度

当时，以英国为首的外国侵略者是通过洋人总税务司和各关税务司作为他们的代理人，控制旧中国海关的一切人事、行政、业务等大权的。他们用这一制度将海关变成中国国土内的“特殊王国”。总税务司赫德以1858年订立的通商章程中“邀请英人帮办税务”作为所谓的条约根据，于1864年拟定《通商各口募用外国人帮办税务章程》，由清政府总理衙门批准推行。该章程共21条，主要内容为：总税务司属总理衙门管辖，各口岸海关名义上仍由海关监督负责，但税务司并非海关监督属员，而且只对总税务负责。洋员的征募、调派和撤换，均由总税务司决定。以这个章程为依据，赫德在旧中国海

① 转引自《中国关税沿革史》，北京三联书店1958年版，第143页。

关建立起由总税务司专断的半殖民地海关行政人事制度。此后不仅沿海、沿江海关，而且内地、边境海关，凡根据不平等条约新设的海关，均由洋税务司控制。总税务司一职历年均由外国人担任，主要是由英国人把持，且任职时间最长。具体如下：

1859～1863 年　英人李泰国

1863～1911 年　英人赫德

1911～1927 年　英人安格联

1928～1941 年　英人梅乐和

1941～1945 年　日人岸本广吉（日占区）

1942～1949 年 4 月　美人李度

从 1859 年至 1949 年，前后有英国人、日本人、美国人担任过总税务司，英国人在任的时间最长，其中又以赫德任期最长，达 48 年之久。

各口岸海关的税务司，几乎全是洋人；海关中高级关员，也大多是洋人。1925 年是海关内洋人最多的一年，达 1690 人，分属 20 个国家，其中英籍人员超过半数，美、法、日、德、俄籍人员也各占有重要位置。

1901 年清政府将总理衙门改为外务部，各地海关形式上受外务部管辖。1906 年，外务部设置税务处，专管海关事务。税务处对海关行使监督权的途径有：一为直接命令地方海关监督；一为通过总税务司间接命令各关税务司。但各关税务司对总税务司以外的一切命令，都可以拒绝执行，总税务司对税务处的命令也可以拒绝下达。所以中国政府的税务处和地方海关监督实际上都被架空，实权控制在洋人手中。

洋人控制的税务司制度有以下特点：①海关在名义上是总理各国通商事务衙门（后来是税务处、财政部）及各地海关监督负责，实际上是洋人总税务司和各关税务司专断。②名义上是中国海关，实际上是以英国为主的各国共管。抗战时期，随着美国势力在中国的上升，美国人在海关占据主要地位。③海关内部等级繁多，层层控制。

三、洋员控制的海关行政权

赫德等洋人总税务司，在海关内部经营建立了一套严密的组织机构，把握了海关的行政大权。

清朝政府时期海关的组织机构简述如下：

最高机关：总税务司署，设总税务司 1 人，总管全国关务。

下设总文案、汉文案、稽核文案、船钞文案（海务）、同文馆总教习、总邮政司、邮政总办。

以上均驻北京。只有造册文案、邮政副总办驻上海。

另有驻伦敦文案，负责招募洋员、购买海关需用物资，也代表总税务司办理“业余”外交。各文案由税务司级人员充任，也称税务司。

民国以后，基本照旧，略有更动，设5科3处：总务科、机要科、统计科、汉文科、铨叙科；造册处、驻外办事处、内债基金处。科处各设主任1人。

各口岸海关，设3个部门。

（一）征税部门

征税部门管理征税行政，下分三班：

1. 内班（内勤）在海关内部办事，办理关税、船钞的征收、统计、会计、总务等事宜。

设税务司、副税务司、帮办、供事。

内班设课，课下设台：验单台、进口台、内地单台、结关台、出口台等。

2. 外班（外勤）管理检查船舶、查验货物、估定货税，设总巡、验估、验货、稽查员等。

3. 海班，管理缉私，设有缉私巡船。

征税部门由税务司管辖。

（二）船钞部门

船钞部门负责管理灯塔、浮标、船舶停泊及引水等海务行政，下设营造司、理船处、灯塔处。以巡工司为首。

（三）邮政部门

邮政部门主管邮政境界内的邮务，设邮政司、副邮政司、供事处。以邮政司为首。

民国以后，各口岸海关在原有基础上作了调整，主要是增设了工程处。

海关的这三大行政范围，都受总税务司一人指挥。他通过命令的方式指挥各口岸海关。他的行政命令有以下几种：

1. 通信：各关带有共同性质的事项。

2. 训令：各关带有特定性质事项。

3. 指令：用于专门事项。

4. 私函：前两项的补充事项或秘密事项。

5. 密函。

6. 绝密函。

海关秘密文件，规定只有高级关员才能阅读，即是说，只有高级关员才能真正了解海关内情，对中国关员是绝对保密的。这种“海关秘密行政”是外国侵略者统治中国海关的一种方式。

旧中国的海关在中国政府的行政体系中自成一系，是一个“国中之国”、“独立王国”。总税务司统领全国的海关行政。全国各关的行政组织、征税章程、人事管理、财务制度都是统一的。洋人总税务司厉行“一人统治”，海关华洋人员全部要服从总税务司的决定，包括各关的税务司均由总税务司任命。英人赫德任总税务司长达半个世纪，海关的制度、方针、政策与他的“一人统治”有密切的关系。旧中国的行政是不统一的，海关能够做到“统一行政”，是由当时海关所处的特殊环境和特殊条件决定的。

旧中国海关的这种“统一”，能不能称之为历史的进步？

统一和分裂是一种历史现象，要确定它们在历史上起了一种什么作用，就得分析它的内在本质。笼统地说从不统一到统一就是进步，是难以成立的。要评判某种统一是否进步，一是要看它统一到谁的手中，是统一到社会进步势力，还是反动势力手中；二是要分析这种统一是不是促进社会生产力的发展，是不是有利于社会进步。

旧海关的统一行政，并不是在中国社会内部萌发的，即不是由清政府主动实行的，也不是在清政府所有行政机构中实现的。它是在外国殖民主义者操纵下直接进行的，而且只是在通商口岸的洋关中单独实现了统一。统一确实是统一了，但是统一到了洋人手里，统一到了殖民主义者的手里。这种统一，并不是为中国人民利益服务的，而是为殖民主义者的利益服务的。在分析这种统一现象时，不可忽略当时的西方资本主义还在用野蛮的手段积累资本，带有强烈的贪婪性，超经济的剥削，海盗式的掠夺，拼命地搜刮中国的财富、资源，对中国社会生产力造成极大的破坏。所以，旧海关的这种统一，不能不是阻碍社会进步的一种消极力量。当然，对这种统一过程中采取的某些具体管理制度，进行历史的分析，有批判地借鉴某些历史经验，倒是可以的。

四、干预我国内政外交，夺取更多特权

赫德等总税务司和各地海关税务司凭借不平等条约，勾结清政府的官吏，

干预中国的内政外交。他们以海关为据点，不断扩大侵略特权。

（一）取得对中外轮船的航务管辖权

1856年的中英《天津条约》规定了英国商人可以在中国内河航行和内地通商。依据这一不平等条约的规定，1862年订定了《长江通商章程》，具体规定了外国商船经海关税务司发给的“内江照”，即可在长江通商口岸来往贸易和装卸货物。从此，外国侵略势力便可深入中国的腹地。1898年订立的《华洋轮船驶赴中国内港章程》规定，华洋轮船只要向海关申领“关牌”后，均可驶入内港。通过这一章程，取得了对中外轮船在内江的航务管辖权。这在实际上超越了海关的业务行政管理范围。海关成了执行不平等条约、为外国侵略势力攫取中国内河航行权的工具。

（二）设立船钞部门，取得在中国管理海务的特权

船钞部门于1868年设立，负责助航设备的管理使用，主要工作是管理船舶进出港口，沿海沿江的测绘，建立各种助航设备等事项。因其经费来自船钞，所以称做船钞部门。这个部门的具体工作是建筑和保养灯塔、灯船、浮标和信标，疏浚河道，安排船舶的停泊等。

船钞部门还操纵了中国的引水权，外籍船舶进港都雇用外籍引水员，侵犯了中国管理港口的主权。

船钞部门还设置了气象站，为航船提供气象情报。它还取得了船舶检疫和通过地方官吏宣布传染口岸的权力。

（三）税务司在征税工作上，有行使准领事的权力

中法《天津条约》规定：“遇有领事等官不在该口，大法国船主、商人可以相托与国领事代为料理；否则迳赴海关呈明，设法妥办，使该船主、商人得沾章程之利益。”这就是说，税务司可以依据无领事的缔约国或非缔约国商人的请求，代替领事办理商务上和公证人的职务。

（四）办理“业余外交”（秘密外交）

从19世纪70年代到80年代，这一二十年间，发生了多起重要外交事件。赫德和德璀琳（德国人，天津海关税务司）大多插手了这些外交事件。1861年，赫德建议清政府购买轮船洋炮攻打太平军。1865年，赫德提出“局外旁观论”，劝告清政府必须遵行不平等条约。1876年赫德参与拟定中英《烟台条约》；1885年派税务司金登干和德璀琳参与拟定中法条约。1887年金登干还赴葡萄牙签订《里斯本条约》。1893年，税务司赫政（赫德之弟）参与拟定《藏印条约》，《香港洋药管理章程》则是赫德一手经办的。诸如此类，不

胜枚举。

此外，清政府的历次出使外国和商务谈判，大多委派税务司会同或陪同办理，就连条约文字的译校工作也委派诸海关的洋员。

（五）代购军舰，协办海军

1874年，日军入侵台湾，总税务司倡议办海防。清政府批准由总税务司经办购买船舰事宜。从1875年到1880年，总税务司通过海关驻伦敦办事处税务司金登干，向英国阿姆特朗兵工厂定造了兵船两批共8艘，费银90万两。还由金登干募用了一批英国海军人员，以训练华员。这是中国北洋海军的创始，也是中国近代海军的起源。

（六）管理内债、外债与战争赔款

凡是清政府举借大笔外债，或者对外战争赔款，债权国都要求以海关关税作为抵押，总税务司成为代征关税、代付债款的代理人。

（七）办理出国展览

世界各国常举办各种博览会，邀请中国参加，清政府不知博览会是什么，只好把展出事宜交给海关洋员去办。从1867年至1905年，海关主办出国展览不下25次。当时的中国人把世界博览会称为："炫奇会"或"赛奇会"。1873年，赫德派英国人包腊代表中国参加维也纳博览会。

（八）搜集情报

总税务司利用各口岸海关，搜集了大量有关中国社会、政治、经济、军事、文化、特别是商业贸易方面的情报，还在上海设立了造册处，配备了先进的印刷机器，编印了大量出版物，前后出版的书刊图表达350种以上，有的期刊连续出版了数十年而不间断。

（九）办学校

总税务司从1863年起，就开始参与培养外语人才的同文馆的管理工作。同文馆的经费是由海关征收船钞所得税款的三成提供的。它的总教习（校长）是由赫德推荐的，外国教习是赫德从外国聘来的。同文馆是总税务司署的一个部门。1908年4月29日设立北京税务学堂，1913年改名为北京税务专门学校，简称"税专"，是清朝末年和中华民国时期培养海关专门人才的高等学校。税专开设内勤班、外勤班和海事班。1949年5月，税专停办。前后40余年，该校毕业生共2000多人，为海关培养了一批高级华员和专门人才。

（十）兼办邮政

1865年，总税务司署开办书信馆，第二年在总税务司下设邮务办事处，办理收寄信件业务。1896 年，赫德被清政府任命为总邮政司，在海关总税务司署内设邮政总局。各口岸的邮政局由海关税务司管理。1911 年，海关与邮局分开，邮政归邮电部管理。海关控制邮政业务达 40 多年。

综上所述，我们可以看到旧中国洋关建立的过程，同时也就是旧海关西方化和殖民化的过程。西方化和殖民化是同一过程的两个方面，是紧密联系在一起的、齐头并进的。在分析这一历史现象时，要看到西方化的一面，也要看到殖民化的一面；要分析西方化过程中洋关对清政府闭关锁国政策的冲击，更要认清列强使海关西方化的目的在于殖民化。

在清政府的海关逐步西方化的过程中，控制海关的洋人引进了西方国家那套管理制度，聘用了一批受过西方资本主义教育的“客卿”，购置了一些当时尚属先进的工具、设备，经过一番经营，使当时的洋关机构完备，人员精干，管理周密，效率较高，关税收入也有所增加。在腐朽没落的清政府的封建主义行政管理制度中，注进了一点当时还处在生机勃勃的西方资本主义行政管理制度，这就使洋关与清政府其他行政机构比较起来，显得先进、优越。但是，这一点能否作为判定洋关建立初期对历史、对社会起了进步作用的根据呢？还得透过历史现象分析它的本质。

在外国税务司控制下，中国近百年的半殖民地的海关制度，从中西文化传播层面看，对中西社会起到双重历史作用。一方面促进了中西文化间的对话、交流和相互沟通；另一方面没有摆脱早期全球化进程赋予了西方强权色彩。因此，既不能因文化传播方面的积极因素掩盖其对当时中国的侵略性和危害性，又不能因文化传播方面的消极因素而片面强调其文化侵略和霸权色彩；既不能将海关洋员等同于“文化侵略”，又不能将其美化成“文明使者”，而应视其为“桥梁中介角色”。①

第四节 北洋军阀统治时期半殖民地海关制度的深化

1911 年孙中山领导的辛亥革命，虽然推翻了清朝的封建帝制，但并没有完成反帝反封建的任务。袁世凯和北洋军阀窃取了革命的果实，实行独裁统治。他们对外投靠帝国主义，利用关税担保大借外债，对内疯狂镇压人民，因而海

① 詹庆华著：《全球化视野——中国海关洋员与中西文化传播》，北京：中国海关出版社，2008 年版第 482 页。

关在鸦片战争后形成的半殖民地性质，不仅没有改变，反而进一步加深了。

一、海关税款支配权的丧失

自从关税税款成了债款、赔款的担保和抵押以后，其支配权就已开始被外国侵略者操纵了。但是，这时税款还保存在清政府的国库里，尚有一部分“关余”可以由清政府支配。“关余”是指当年偿还债款、赔款和海关经费以外的关税剩余部分。外国侵略者为了最终控制全部关税税款，就在控制“关余”问题上动脑筋。1911 年，中国爆发了辛亥革命，外国侵略势力借口中国发生了内战，影响外债与赔款的按期偿付，决定扣留中国海关的全部关税，规定“关余”部分也必须经外国驻华使团的同意，由总税务司通知银行，银行方能拨款给中国政府使用，至此，“关余”的支配权落到了外国侵略者的掌握之中。1912 年，以英国为首的各国驻华公使团组成“海关联合委员会”，制定了《总税务司代收关税代付债款办法》，共 8 条，主要的内容有：指定汇丰（英国）、德华（德国）、道胜（俄）3 家银行为保管海关税款的银行；总税务司将各口岸海关的税款收入，每星期 1 次分别存入这 3 家银行，并报告海关联合委员会。总税务司按海关联合委员会决定的偿还外债、赔款的先后次序，将税款拨付各债权国。这个办法，最终完全剥夺了中国政府对海关税款的保管和支配权，使中国政府无权过问关税税款，严重损害了中国的主权。

海关税款支配权的丧失造成了严重的危害：①操纵中国政局。关税历来是中国政府的主要财政收入，如 1913 年关税收入 1697 万元，占财政总收入的 20.4%，1927 年占 51%，1934 年占 41%。北洋军阀统治时期的英人总税务司安格联，人称“太上财政总长”。②操纵中国的金融。关税收入是一笔巨款，失去了它就失去了巨额的流通现金，影响国内金融活动。而外国银行得到了这笔巨款，就可以操纵中国的金融。

至此，中国海关的三大权：关税自主权、行政管理权、关税税款支配权，全被外国侵略者夺走，海关变成一个洋人控制下的执行不平等条约的工具，中国海关由一个独立自主的海关变成了一个半殖民地半封建的海关。

二、华盛顿会议和中国的关税自主要求

1919 年 1 月，第一次世界大战结束后，英、美、法等战胜国在巴黎凡尔赛宫举行“和平会议”。北京段祺瑞军阀政府派出 5 名代表，以战胜国身份参

加这次会议。中国代表在会上提出了几项要求，其中有一项是要求关税自主。具体要求是：①出进口货物的税收应有区别，奢侈品征税要重，日用品次之，原料又次之，不能都是“值百抽五”。②日用品之税率不得轻于12%。③要求中国可以自由改订货物之价目，并可改订税率。但“和会”议长以其不在“和会”权限之内为由，拒绝讨论，让等以后有机会再说。

1922年2月6日，美、英、法等国为了对第一次世界大战后东亚和太平洋地区的殖民地及势力范围进行再分割，解决巴黎和会没有解决的各帝国主义之间的分赃问题，在华盛顿召开会议，共有9国参加，中国政府也派代表出席。中国代表又向会议提出关税自主的问题。主要建议是：①进口税从5%增加到12.5%；②中国实行裁厘，废止子口税；③5年以内，中国对进口货抽25%关税，在此最高限额内，中国自行制定税则。中国代表还“自愿声明，对于海关行政之现行制度，并无根本之变更，也无以业经抵押外债之关税收入移作他用之意”。可见，军阀政府的代表根本没有提出关税自主，只是乞求列强提高一点税率。

经9国共同商讨，议定了关于中国关税税则条约，主要内容：一是中国现行税则改正至切实值百抽五；二是裁厘加税办法，另外召开关税特别会议议决，在裁厘加税之前，对进口货物普通品增加2.5%的附加税，对奢侈品增加5%的附加税。而这种征收附加税的过渡办法，要推到召开关税特别会议再来解决。不难看出，帝国主义者和北京军阀政府都不想解决中国的关税自主问题，帝国主义允许给中国的不过是裁厘加税的一纸空头支票而已。

三、北京关税特别会议

1925年10月26日，在北京召开关税特别会议，共有13个国家的代表参加。关于关税自主问题，中国代表向会议提出5点意见：①与会国家尊重中国关税自主并承认解除条约中对关税之束缚。②中国允许裁厘与实行国定税率同时进行，并不得超过1929年2月1日。③在实行国定税率前，中国海关税则照行值百抽五税率外，加征临时附加税；普通品征值百抽五，甲种奢侈品（烟酒）征值百抽三十，乙种奢侈品（如丝毛、五金等）征值百抽二十。④临时附加税自签约日起3个月后生效。⑤前4项问题应于签字日起发生效力。此项提案，由于英、美、日等国的阻挠，未能通过。

会议期间，代表们吵吵嚷嚷，议论纷纷，例如关于中国海关征收附加税问题，即有3个提议，各执一词，互不相让，毫无结果。中国代表的提案是将进口货分为 7 类 138 目来征附加税，分为 27.5%、22.5%、17.5%、12.5%、10%、7.5%和 5%。英、美、日三国提案也将进口物品分成 7 类，但前三类的附加税税率各减 5%，后四类减 2.5%，即分别为 22.5%、17.5%、12.5%、10%、7.5%、5%、2.5%。法国代表对此提出异议，建议以两类的附加税率来代替 7 类的税率，即分为 7.5%和 15%两类税率。3 个提案均议而不决，没有结果。

由于会议期间中国人民的反帝运动不断掀起高潮，纷纷呼吁关税自主，使得各国代表不敢公开反对关税自主，但在关税自主的实行期限上兜圈子，日本代表提出 5 年后实行，美国折中改为 3 年，结果，会议通过的只是在原则上承认中国关税自主，而且要推迟到 1929 年元旦裁厘后实行。

1926 年 4 月，北京段祺瑞政府倒台，中国和各国代表先后离京，会议无法继续，至 7 月 3 日，不得不宣布会议停开。至此，吵嚷半年，耗资百万而又毫无结果的关税特别会议宣告结束。

第五节　国民党南京政府统治时期的殖民地、半殖民地海关

一、国民党南京政府的几次修改税则

北伐战争的胜利发展和工农运动的不断高涨，使帝国主义及其在华的代理人遭到空前的打击。面对这种形势，帝国主义国家施出种种手段来扑灭革命。其中一个手段，就是采取分化革命阵营的办法，以增加关税收入来引诱资产阶级右派脱离革命阵营。1926 年年底和 1927 年初，英、美先后发表声明，承认中国“应有关税自主”。到 1928 年，共有 14 个资本主义国家相继宣布承认中国“关税自主”。

1928 年，国民党蒋介石在南京建立了政府。蒋介石利用北伐战争，打倒了北洋军阀势力和北京军阀政府，镇压了人民革命运动，在帝国主义和江浙军阀的支持下，建立了南京政权。这个政权与旧军阀政府一样，是国际帝国主义统治中国的工具，但他们是新的军阀政府。他们与旧军阀不同的是：有一个政党，有一个主义。他们利用孙中山的废除不平等条约、关税自主等革命口号，欺骗群众，但并不准备真正付诸行动。

南京政府曾于 1929 年、1931 年、1933 年、1934 年都修订和提高进口税

率，先后颁布过4次进口税则，进口关税的平均税率有所提高：1928年为4%，1929年为10%，1931年为15%，1933年和1934年为25%。随着税率的提高，关税收入也有所增加，1929年为2.38多亿元，1934年提高到3.34多亿元。那几年，关税收入占国民党政府财政收入的40%～50%。这个税则、税率，非中国自主制定，是西方发达国家可以接受的。因为此时，西方发达国家已由前期的商品输出转到资本输出为主。它们在中国投资设厂，利用中国的劳力、资源，生产商品，直接销售。所以，增加一点关税，对他们的掠夺起不了多大的约束作用。

1931年，南京政府裁撤各地常关和厘金局，取消了这两个机构征收的常关税和厘金，取消了海关征收的子口半税和复进口半税。

南京政府为其自身财政利益考虑，对过去海关税款存放外国银行的办法，作了局部改变。1928年11月，"关余"部分税款由汇丰银行转到南京政府的中央银行，可由南京政府保管、支配。后来，还将超过值百抽五部分的税款改存南京政府的中央银行，值百抽五部分的税款仍存放在英国人的汇丰银行。

海关内部华洋关员的比例也发生了变化。虽然总税务司、税务司等高级职位还是由洋人把持着，但总的趋势是逐步在减少，担任低级职位的华人在增加。总税务司早在国民党执政以前就发过文件，说是大规模招聘洋人会遭致华人的反对，困难很大，以后扦子手、钤字员等可以雇用中国人来担任。1922年，洋员是1326人，华员是6241人；到1927年，洋员减少到1186人，华员增加到7540人，两者相比，洋员减少了140人，华员增加了1299人。1929年，南京政府作出决定，除技术专家以外，不再招聘洋员，原有的外籍职员可以工作到正常退休的年龄。从此，各关税务司、代税务司等高级职位逐渐由华人担任。以上这些变化是有限的，并非根本性的变化。但国民党政府却大吹大擂，说是实现了"关税自主"（也叫"海关自主"），是他们的一项辉煌的"德政"。历史的真相是他们根本没有做到关税自主。

1. 南京政府吹嘘实现关税自主的"国定税则"，还是片面的协定关税制。那个7.5%～27.5%的七级税率，并不是国民党政府自主修订的，是原税率5%，与1925年北京关税特别会议美、英、日三国代表联合提出的七级附加率（2.5%、5%、7.5%、10%、12.5%、17.5%、22.5%）合并制定的。而这个七级附加率则是北京军阀政府与英、美、日等国家代表协商制定的，只是当时的北京军阀政府很快下台，关税特别会议无果而终，这个七级附加率也没有付诸实施。现在，南京政府以这个七级附加税率为蓝本，提出的所谓“国定税则”实际上还是片面的协定关税制。

2. 海关行政权还是操纵在外国人手里。与清政府、北京军阀政府时期一样，总税务司一职一直是外国人担任的。南京政府也委派了一个海关监督，但不起实际作用，实权还是总税务司掌握着。1928 年南京政府任命英国人梅乐和（赫德的外甥）为总税务司，到 1942 年，美国势力在中国扩大了，总税务司一职改由美国人李度担任。各口岸海关税务司还是只听命于总税务司一人。而各口岸海关还是洋税务司把持着，并没有本质的变化，还是由洋人控制着实权。

3. 大量的海关税款还是存放在英国人的汇丰银行，南京政府没有自由支配的权力。南京政府借了许多的内债和外债，至 1936 年，共有 33 项之多，也是以关税作为抵押。所以关税税款的支配权还是控制在外国人手中。

综上所述，可以看到南京政府时期海关的关税自主权、行政管理权、税款支配权还是掌握在外国人手中。海关在本质上还是为帝国主义利益服务的。虽然发生了一点变化，但海关其受外国人控制的根本状况并没有改变。所以说，南京政府并没有实现关税自主。

二、东北伪满海关

1931 年 9 月，日本帝国主义发动“九·一八”事变，以武力侵占东北各省，接着炮制了伪满洲国，劫夺了哈尔滨、牛庄（营口）、安东、瑷珲（里河）、大连、龙井（延吉）、沈阳 7 个关和满洲里绥芬河、珲春等十多个分支关，改为伪满海关。

日本侵占东北各关后，派遣日籍关员充当负责人，一般关员也十之八九是日本人。接着，日本一方面，与伪满缔结所谓特惠关税协定，多次修改税则，大幅度减免日货关税，1944 年更全部取消了日伪之间的关税。另一方面，在邻近关内各地，遍设关、卡，对内地输往东北的货物非法征收高税，抑制内地货物进入东北。这样，东北各关就成为完全殖民地性质的海关。

此后，日伪以东北为基地，向华北及沿海猖狂走私人造丝、白糖等进口，私运白银、铜币出口。日伪私贩还以大连为据点，明目张胆地用大批帆船、轮船满载私货，在秦皇岛等处起卸，再由北宁路运到天津，转销全国，也有从大连由日舰护送直运天津、山东。除华北走私外，日本还以台湾为据点，向福州、厦门以至汕头、广州各地大规模走私。

日伪大规模走私，给中国的政治、经济造成极为严重的危害，也侵犯了英美控制的海关权限。国民党政府和海关当局，不得不采取对策，如制定《海关缉私条例》、《惩治偷漏关税暂行条例》和成立海关防止路运走私总稽查处等机构，扩充海关缉私舰队。但在当时条件下，这些措施已经不能发挥多大作用了。

三、沦陷区海关

1937 年 7 月开始，日寇发动全面侵华战争。国民党军队节节败退，天津、青岛、上海、南京、武汉、广州等大片国土相继沦陷。海关因受英美控制，自恃关系特殊，未随国民党政府撤退。在日本占领以后，华北、山东各关首先“东北化”，由日本人担任税务司等要职，改挂五色伪旗，税款改存日本正金银行，实行亲日税则等。上海海关因地处公共租界，日本帝国主义采取封锁码头、劫夺巡船等办法加以打击。1938 年 5 月，英日非法签订《关于中国海关的协定》，以维持“关税担保外债”为条件，将关税存放正金银行。同时修改税则，并由南京汪伪政府派汉奸担任海关监督。同年 11 月，江海关也改挂伪旗。至此，上海海关实际已为日寇劫夺。当时国民党政府已迁都重庆，命令总税务司梅乐和去四川。但他心存幻想，拖延不去。1941 年底太平洋战争爆发，梅乐和成为日军俘虏。日本占领上海租界，最后劫夺了江海关和海关的总税务司署，另委日本人岸本广吉为沦陷区海关的总税务司，各关税务司等主要官员也均由日本人担任。这样，沦陷区各关也和东北海关一样，为日本独占，成为完全殖民地的海关。

四、国民党统治区的海关

抗日战争爆发后，随着大片国土的沦丧，蒋管区海关逐步减少。1942 年 1 月，国民党政府在重庆成立总税务司署。当时，美国在中国的势力膨胀，为了进一步投靠美帝，国民党政府任命美国人李度为总税务司，结束了英国人长期把持总税务司一职的历史。抗战期间，蒋管区实施外贸、外汇管制，名义上是为适应战时需要，实则为官僚垄断资产阶级、四大家族借机搜刮，大发国难财。官僚买办利用特权，勾结日寇、汉奸，走私牟利。当时的海关和“战时货运稽查处”、“缉私署”等机构，名义上负有缉私任务，暗中无不互相勾结，贪污走私。

抗战初期，蒋管区海关征收转口税。这是对各通商口岸间转运货物征收的一种国内商业通过税，设关地方由海关征收；其他地方由税务局代收。1942年废止，改征战时消费税。战时消费税也是一种国内商业通过税，均由海关征收，内地未设关之处增设新关。税率分为5%、10%、15%、20%四级。由于战时消费税和转口税都与厘金类似，病商害民，遭致反对，国民党政府不得不于1945年停征战时消费税。

第三章　中国人民收回海关主权的斗争

第一节　近代早期中国人民收回海关主权的斗争

自从1840年鸦片战争失败起，先进的中国人、爱国的志士仁人、政治团体为收回海关主权，提出了许多正确的主张，并为其实现而奋斗。但他们的壮志难酬，没有实现宏愿。只有在中国共产党的领导下，经过艰苦卓绝的斗争，才能推翻“三座大山”，真正收回海关主权，建立独立自主的人民海关。

一、太平天国独立自主的海关政策

太平天国革命运动是中国历史上最大的一次农民战争。太平天国建都南京后，在革命政权管辖的范围内，建立了自己的海关机构和海关制度。洪秀全说：“如果上帝助我恢复祖国，我当教各国各自保管其自有之产业，而不侵害别人所有；我们将要彼此有交谊，互通真理及知识，而各以礼相接。”① 他还反对“以此国而憎彼国，以彼国而憎此国”。东王杨秀清在答复英国出使中国的全权代表文翰时，申述了“天下本一家，四海皆兄弟”，同意外人可来京“或效力，或经商，出入城门，均不禁阻，以顺天下”。后来他还指出：太平天国胜利后，“不惟英国通商，万国皆通商”②。太平天国不承认过去签订的不平等条约，欢迎各国平等交往，发展贸易。但“害人之物”，即鸦片则明确禁止，“贩卖者斩，吃食者斩，知情不禀者一律治罪”③。

根据革命战争和外交斗争的需要，太平天国在首都建立了天海关（初期也称天京关），并在长江沿岸的太平（今安徽当涂）、芜湖、安庆、九江、武

---

① 《太平天国》第6册，第854页。

② 《太平天国文书汇编》，第300页。

③ 洪秀全：《谕民戒诏》。

穴（在湖北）、武昌 6 处设立海关。太平军攻克宁波后，驱逐洋税务司，收回海关主权，改浙海关为天宁关，制定了独立自主的关税制度和严格的对外国船舶的监管制度。对外国商人违犯法令者，即予制裁。外国船舶不愿纳税的，太平军将船货扣留，维护了中国海关的主权。

太平天国在以苏州为中心的苏南、浙北一带，毗邻清朝统治区的一些水陆交通要道，也设立了海关机构，一般叫“关”，有的称“卡”，主要管理与上海的贸易货运，也有一般检查和军事保卫任务。

太平天国的海关有一套严密的检查制度。南京的天海关在建关初期，即规定一切通过长江的船舶，先由该关的头关（对上游来的船）、下关（对下游来的船）进行检查，然后由中关进行复查，货单相符并无违禁情事方予放行。对外商船只，同样检查征税，所有沿江贸易的外国商船，上行者在天海关纳税，发给通行证上驶。反之，下行者在龙江关（芜湖）纳税，亦发给通行证下驶，以免拘留延迟。

商人贩运货物进出太平天国辖区，必须申请“关票”，方准通过。一般官员、客商进出境，也须向地方军政长官请领“路凭”，由海关查验放行。太平天国对走私漏税，特别是偷越国境的行为，是严加禁止的。凡私盗关凭，混出城卡，一经盘获，定斩不留。

太平天国实行轻税政策，关税税率很低，仅收 2%～3%，而且从量计算，手续简便。过关的盐，每担（百斤）征税百文（当时盐价每斤约 50 文）。通过芦墟关的丝，每包（约价 300 元）课税 4 元。连敌视太平天国的英商怡和洋行也不能不承认“任何通过（宁波）海关的货物，都付少量的关税”。货物过关的，不仅税轻，而且纳税一次就可运到目的地，不再重征。

太平天国革命被中外反动派镇压下去了，但它的历史意义是重大的。太平天国独立自主的海关和海关制度，是在我国海关主权受到外国侵略者严重侵犯的时候，建立起来并加以实施的，给了外国侵略者以沉重打击，在中国海关历史上留下了光辉的一页。

二、郑观应等人关税自主的主张

19 世纪 70 年代以后，有一批先进的中国人，逐渐认识到外国侵略者侵占我国海关主权，将给我国社会政治、经济造成严重损害，纷纷要求维护国家尊严，收回海关主权，提高关税税率，保护民族工业。

郑观应（1842～1918年）[1] 在他的代表作《盛世危言》一书中十分重视关税的作用，提出采取保护关税，海关不用洋人，裁撤厘金等主张。他说：“洋货入中国，则输半税，土货出外洋，则加重征……颠倒错紊，华商安得不困，洋商安得不丰。”他主张“裁撤厘金，加征关税”，“凡我国所有者轻税以广去路，我国所无者重税以遏来源”。他还看到了洋员控制海关的危害，严厉斥责总税务司专权，主张撤换赫德和各地洋税务司、洋帮办，改用华人，“使权自我操，不致阴袒西人，阻挠税则，不特榷政大有裨益，而于中国国体所保全者为尤大也”。

薛福成（1838～1894年）[2] 曾担任浙海关监督，反对外国经济侵略，主张“重税外来之货，而减免本国之货税，以畅销路”。特别是他反对赫德专权，反对清政府总理衙门拟让赫德兼任总海防司。他上书说：“赫德之为人阴鸷而专利，估势而自尊，虽食厚禄，受高位，其意仍内西人而外国人。彼既总司江海各关税务，利柄在其掌握，已有尾大不掉之势，若复授为总海防司，则中国兵权饷权皆入赫德一人之手。”

陈炽（？—1900年）[3] 于1893年著成（庸书），主张学习西方，以求自强。他重视关税主权和反对洋员控制海关。他说：“税则者，国家自主之权也，非他国所得把持而借越者也。”他斥责赫德一手把持海关，说：“海关厘税，收入三千万，仰其鼻息，以为盈虚，引党类数百人，糜工资二百万……阻挠税则，左袒西商，貌类忠诚，心怀鬼域。”他把洋人总税务司专权现象斥之为“开门揖盗，受制于人”，主张涉及主权的部门应“专用华人”。

马建忠（1844～1900年）[4] 等人看到外国商品在协定关税的袒护下，以低价在中国市场倾销，严重打击和破坏了民间国产商品的销售，提出要加重关税和裁撤厘金的主张。他说：“洋商入内地持半税之运照，连樯满载，卡闸悉予放行，而华商候关卡之稽查，倒箧翻箱，负累不堪言状……将厘卡尽行裁撤，便商旅之往来，苏其隐困……将以前税则痛加改订，稍示中外商民之

① 郑观应：广东香山人，曾当英商宝顺、太古洋行买办。捐资得道员衔。历任上海机器织布局总办、轮船招商局会办、汉阳铁厂和粤汉铁路公司总办等，创办过贸易、航运等企业。提出“主以中学，辅以西学”的学习西方原则。著作有《易言》、《盛世危言》等。

② 薛福成：江苏无锡人，清末外交官，先后为曾国藩、李鸿章办外交。曾任浙江宁波道台、湖南按察使。曾出使英、德、法、比、意等国大臣。著作有《庸庵全集》。

③ 陈炽：江西瑞金人，举人出身，任户部郎中，主张仿行西法，设立议院，改科举，兴学校。著作有《庸书》。

④ 马建忠：江苏丹徒人，年轻时研究西学，后被派往法国留学，并任清使馆翻译。回国后入李鸿章幕办洋务，曾去印度、朝鲜处理外交事务。著作有《适可斋纪言纪行》、《马氏文通》。

异。华商为我国之民，故轻其税赋，洋商夺我国之利，故重其科征。中国转亏为盈，转弱为强之基，实在于此。”

以上这些主张，在中国民族危机日益沉重的条件下，具有明显的进步意义。这种改良主义的思想，虽对当时的社会起了深刻的影响，但终究是不能实现的，自然不可能收回海关主权。

三、辛亥革命前后孙中山的关税自主主张

孙中山是中国民主革命伟大的先行者，他在海关问题上，提出过取消一切不平等条约，实现关税自主，收回海关主权等进步主张。但在辛亥革命前后，孙中山虽也很重视关税自主和海关主权，但具有不彻底性和妥协性。他曾多次说过："海关税则须有自行管理之权，盖此乃所以保其本国实业之发达，当视中国利益为本位。"① "新政府应将海关税则重新编订，务使中国有益，不使西商独受其利。"② 上述主张体现了中国资产阶级革命派的要求。孙中山曾说："如关税等类，如有增改，必先与别国妥议而后行。"③ "重订税则亦须与西人和衷商议，决不使中国债主愤有烦言也。"④

辛亥革命时，长沙、武汉等地革命政府曾要求接管关税，但在遭到洋税务司的抵制和帝国主义的反对后，放弃了斗争。

第二节　中国共产党成立后收回海关主权的斗争

1921年中国共产党的成立，使中国革命的面貌焕然一新，中国人民收回海关主权的斗争也进入了一个新阶段。

帝国主义的侵略，威胁着中国的国家独立和民族生存。中国海关则控制在外国侵略者手中，成为他们操纵中国的工具。因此，收回海关主权，使其从帝国主义控制下解放出来、回到人民手中，就成为中国共产党领导下的人民群众反帝斗争的一个重要组成部分。

革命斗争历史证明，中国海关的主权，是全国人民在党的领导下，经过

---

① 孙中山：《在欧洲的演说》。

② 孙中山：《与巴黎〈政治星期报〉记者的谈话》。

③ 孙中山：《致港督力书》。

④ 《与巴黎〈政治星期报〉记者的谈话》。

艰苦卓绝的长期斗争，才夺回来的。

一、提出改正协定关税制

制订一个正确的收回海关主权的纲领，首先要对中国国情和中国海关的实际状况作出科学的分析，有一个符合客观实际的认识。1922 年 6 月，中国共产党在成立后的第二年就指出，中国是受“国际帝国主义及本国军阀压迫”的国家，“执政的军阀每每与国际帝国主义互相勾结”，这是“中国内忧外患的源泉，也是人民受痛苦的源泉”。① 同时指出，外国侵略者强加给中国的“协定关税”等“四面八方的压迫”，使中国的实业“没有发展的希望”。② 同年 7 月，中国共产党第二次全国代表大会的宣言，再次阐述了对于海关问题的认识。在“国际帝国主义宰割下之中国”中，分析了帝国主义在军事、政治、经济、文化等方面对中国的侵略，同时指出“关税也不是自主的，是由外国帝国主义协订和管理的，这样，不但便利于他们的资本输出和原料的吸收，而且是中国经济生命的神经系已落在帝国主义的巨掌之中了”。③

“二大”宣言发表后两个月，即 1922 年 9 月，中共中央机关刊物《向导》周报刊登了《本报宣言》（即《向导》周报发刊词），对帝国主义侵犯中国主权，包括侵犯中国海关主权，作了全面的揭露。这篇发刊词说：“国际帝国主义的外患，在政治上、经济上，更是钳制我们中华民族不能自由发展的恶魔。”接着具体揭露了帝国主义侵华的种种罪行，其中有几点是直接与海关主权有关的：一是关于海关管理权，指出“海关、邮政及大部分铁路管理权，都操诸外人之手”。二是关于关税自主权，指出“利用欺骗中国人的协定关税制度，钳制中国的制造业不能与廉价的外货竞争”。三是关于洋人总税务司利用关税税金操纵中国财政，指出“中央政府之大部分财政权不操诸财政总长之手，而操诸客卿总税务司之手”。④ 这份发刊词对中国海关主权的丧失有了正确的分析和全面的认识，认识到帝国主义侵略与海关主权丧失的关系，这就全面地、正确地揭示了旧中国海关的本质。

列强侵犯中国主权，操纵中国海关，这是有目共睹的，全国各阶层包括资产阶级民主派，都承认这一事实，但就在《向导》周报发刊词面世才一个

① 《中国共产党对于时局的主张》，载《先驱》第 9 期。
② 《中国共产党对于时局的主张》，载《先驱》第 9 期。
③ 《中共党史参考资料》，第 2 册，第 486 页。
④ 《向导》，第 1 册。

月时，胡适就出来反对，露骨地为帝国主义侵略中国辩护。1922年10月，胡适在《努力》周报上发表题为《国际的中国》一文，指名道姓地指责中共的反帝主张。他说："中国共产党近来发出一个宣言……宣言里有许多幼稚的，奇怪的议论"，"几乎全无事实上的根据"。他不顾事实地瞎说："现在中国已没有很大的国际侵略的危险了"，"尽可不必去做那怕国际侵略的噩梦"。他还假借人民的名义，说什么"租界和东交民巷是福地，外币是金不换的货币，总税务司是神人，海关邮政权在外人手里是中国的幸事！至于关税制度，国内的无数商人和小百姓困压在那万恶的厘金制度之下……他们埋怨的对象自然不是什么国际帝国主义，而是那些卡员扦子手了"①。胡适美化帝国主义侵略中国，抹杀列强掠夺中国海关主权的罪行，完全是一种与客观状况背道而驰的论调，已经为历史的潮流所淘汰。

1922年6月15日，中共中央执行委员会发表《中国共产党对于时局的主张》，提出11条"我们目前奋斗的目标"，其中第1条就是"改正协定关税制，取消列强在华各种治外特权，清偿铁路借款。完全收回管理权"②。这是中共关于收回海关主权提出的最早的政治主张。

二、收回海关主权

1923年6月12日至20日，中国共产党召开了第三次全国代表大会。大会通过的《中国共产党党纲草案》指出："帝国主义的列强在中国既已取得了治外法权、协定关税等等优越的权利，他们便支配了中国重要的经济生活和政治生活。"并在"最小限度的党纲"中提出："取消帝国主义的列强与中国所订一切不平等的条约，实行保护税则，限制外国国家和个人在中国设立教会、学校、工厂和银行。"③ 这是第一次将收回海关主权列入党的纲领。1924年11月19日，中共中央发表第四次对于时局的主张，重申了党的"目前最低限度的要求"，明确指出"废除一切不平等条约，第一重要的是收回海关、改协定关税制为国定关税制"。中国共产党关于收回海关主权的纲领，成为中国新民主主义革命奋斗目标的一个组成部分，毛泽东同志1923年7月在《向导》周报上发表《北京政变与商人》一文，明确指出：要求裁厘加税，必须

① 《国际的中国》，载《努力》周报第27期。

② 《先驱》，第9期。

③ 《中共党史参考资料》，第2册，第526页。

和反帝反封建斗争结合起来。[①]

三、支持孙中山截留“关余”

党在第三次全国代表大会召开前后，正在酝酿和建立革命统一战线，决定与孙中山领导的国民党合作。而实现关税自主是当时国共合作的一项重要内容。当时，孙中山利用西南几省的地方军事势力，把盘踞在广东的陈炯明势力赶出了广州，在广州建立了革命政府，准备北伐，打倒北方军阀政府。为了筹措革命经费，孙中山提出要截留粤海关的“关余”。他说：北京政府依列强承认之便，得收广东的关税以打广东。事之不平，无过于此。依彼计算，两广关税收入，年约一千万元。此本两广人民之钱，故当然为两广所有。”[②] 消息一经传出，英美军舰云集广州，并派遣陆战队上岸，对广州政府进行武装威胁，政治恫吓，但孙中山不为所动，态度坚决。他在答上海《字林西报》记者问时说：“他要命令粤海关关吏，交出关税，若关吏拒绝，则撤换另委。”[③]

中国共产党支持孙中山截留“关余”的斗争，虽然国共两党在收回海关主权的彻底性方面存在差距，但并不妨碍在这个问题上的合作。1923 年 12 月 12 日，《向导》周报发表《为收回海关主权事告全国国民》，赞同和支持孙中山收回粤海关主权的坚决态度，呼吁全国人民拥护广州政府的反帝斗争，同时也提醒人们记住收回海关主权的大目标。1923 年 11 月，中共中央执行委员会发出第 11 号通告，通知全党：“广州政府现拟收回海关用人权……英人竟因此派兵占领海关”，要求“各区及地方同志应即召集全体紧急会议，筹备联络各团体发起激烈的排斥英货运动，并通电全国主张收回全国海关，以恢复国家应有之主权”。过了一个月，即 12 月 25 日，中共中央就国民党改组和收回海关主权两个问题，发出第 13 号通告。在收回海关主权问题上，重申了党的主张，并阐明了党在这一斗争中的策略。通告说：“目前广东海关问题，广东政府原来之目的，固然仅在关余，然相持之际已发展到用人问题，吾党此时一面声援广东政府并督促其根本的收回海关全部主权，勿仅仅争在关余；一面主张收回全国海关主权，废除协定关税制。”并指出“此主张一时未必即能贯彻，然我们断然不能失去宣传的机会”。[④] 这样，既可以在关余、用人问

① 见《向导》，第 92 期。
② 附录于《蔡和森文集》，第 418 页。
③ 附录于《蔡和森文集》，第 418 页。
④ 《中共党史参考资料》，第 3 册，第 1～2 页。

题上，与同盟者保持一致，共同斗争，维护以国共合作为基础的统一战线；同时又可保持党的独立性，宣传党的纲领，不致使自己降低到合作者的水平，并尽可能提高其水平。这个通告，很好地体现了党在海关问题上的统一战线策略。

四、国共合作的中国国民党第一次全国代表大会和关税自主

中共“三大”通过了实行国共合作的决议，决定全体共产党员以个人名义加入国民党，以建立各民主阶级的统一战线，帮助孙中山改组国民党。1924 年 1 月 20 日至 30 日，在孙中山主持下，中国国民党举行了有共产党人参加的第一次全国代表大会。大会通过了有共产党人参加起草的以反帝反封建为主要内容的宣言，确立了联俄、联共、扶助农工的三大政策，从而把旧三民主义发展为新三民主义。大会通过的“国民党之政纲”中的“对外政策”，第一条就是：“一切不平等条约，如外人租借地、领事裁制权、外人管理关税权及外人在中国境内行使一切政治权力侵害中国者，皆当取消，重订双方平等互尊主权之条约。”① 政纲中关于取消“外人管理关税权”，宣布了国民党主张关税自主，反对洋人控制中国海关，而且取消外人管理关税权是在取消“一切不平等条约”的前提下提出来的，就具有反帝的含义，这与中共在民主革命阶段的革命纲领具有共同之处。实现关税自主，收回海关主权，成为国共两党合作的一项重要内容。

在此期间，孙中山作过多次演说，阐述他的三民主义。1924 年初，他在一次关于民族主义问题的演讲中指出，清朝“把全国海关，都交给英国人管理，税务司也尽派英国人去充当”，“海关税则，都是由外国规定，中国不能自由更改。中国的关税，中国人不能自收自用”，“各国平时对于外国经济力的侵入，都是用海关作武器，来保护本国经济的发展……中国关税不但不来保护自己，并且要去保护外人”。② 孙中山对在海关的行政管理、关税自主、税金支配等方面大权旁落有比较全面的认识，也认识到了丧失海关主权的严重后果。

对于孙中山和国民党在关税自主问题上的进步，不少共产党人撰写文章表示支持和欢迎。恽代英在《评国民党政纲》一文中说：“鸦片战争以后，屡遭挫辱，满清政府愚弱，不知外交，致使列强得乘以劫制中国，订定许多不

① 《中共党史参考资料》，第 3 册，第 3 页。
② 《孙中山选集》下卷，第 607～608 页。

利的条约，以束缚中国的发展。”“海关税则，复须受外人协定的约束，不能视自国的利益以为改变；而海关主权亦旁落于客卿之手，税款的拨付，全成了客卿独揽的大权。”“国民党此次竟能毅然以废止修改为己任，不能不说是可以敬服的了。”[①]

五、省港大罢工与征收二五附加税

旧中国的关税，受不平等条约和片面协定关税制的束缚，不能自行增减。在条约规定的关税之外，不经列强事先同意，由中国自行决定征收特别附加税 2.5%，这是在省港工人大罢工期间开创的先例。这在中国人民为实现关税自主而斗争的历史上，是一件具有重要意义的大事。

国共合作形成后，加速了革命的步伐。1925 年 6 月，爆发了省港大罢工，参加这次大罢工的有广州沙面租界和省港的 12 万工人，罢工坚持斗争 1 年多。到了 1926 年下半年，随着北伐战争的胜利推进，中国革命形势发生了很大变化。为了适应改变了的新形势，调整斗争策略，省罢工工人代表大会决定收缩罢工，从 1926 年 10 月 10 日起，停止封锁海口，派驻各口岸的工人纠察队一律撤回。

收缩罢工，就得妥善安置罢工工人，保护他们的利益。“罢工工人代表大会经过郑重讨论，由罢工委员会提出办法：在关税上附加二五税，以此作为收束罢工之用。”[②] 罢工委员会主张征收关税附加税，以这项税款为基金，发给罢工工人，资助他们去寻找工作。

在决定征收这项附加税的过程中，罢工委员会与国民政府协商，取得了一致意见。1926 年 9 月 18 日，国民政府代理外交部长致函英国驻广州代理总领事，提出，国民政府设法“于 10 月 10 日以前（料 9 月尾亦可办到）终止杯葛”，[③] 民国政府“将抽特别附加税，平常入口货抽百分之二点五，奢侈品则抽百分之五，另设一出口特税。新加之附税，拟照现在关税所定之表计算，并设法使税关当局必须货主呈有缴交新税之单据，方将报关单等签发”。[④] 10 月 4 日，国民政府公布了征收这项附加税的条例。10 月 6 日，国民政府外交部部长致函各国驻广州领事，将上述条例译成英文通知他们。并告诉他们，

① 《中国青年》，第 18、19 期。

② 邓中夏：《中国职工运动简史》，第 252 页。

③ 《人民周刊》，第 24 期。“杯葛”一词为英语 boycott 的音译，意为抵制。

④ 《民国日报》（上海版）1926 年 10 月 9 日。

此项附加税，财政部“得在海关及常关口卡或其附近征收之”，“不照章缴新税者，除将物品充公外，处以 3 年以下之监禁，或处以照该项货物所值 10 倍之罚金”，还规定“本条例定于 1926 年 10 月 11 日施行”。[①] 同日，粤海关监督林祖芬正式通知粤海关外籍税务司征收新税。财政部长宋子文还委任一名局长，负责此项税收工作。10 月 11 日，国民政府和罢工委员会分别派出人员，共同组成附加税征收机关，在广州海关附近，开始征收。

自国民政府就征收附加税一事通知英国驻广州总领事后，香港和伦敦报纸群起反对，说是国民政府此举实系破坏现行关税制度，违背条约，是向列强挑战。英国驻广州总领事还专程跑去香港，与港英当局共商对策。10 月 7 日、8 日两天，各国驻北京的外交使团在荷兰使馆开会，商讨对付这项附加税的办法。11 月 3 日，12 国驻北京外交使团联名向北京政府提出抗议，反对广州国民政府征收特别附加税，声明未经缔约国商定的关税税率，各国不予承认，但是广州国民政府和罢工工人对各国的抗议置之不理，毅然征收新税。这时，洋商开始交纳新税，香港方面的反对也销声匿迹，默认新税。英国驻广州总领事还非正式地告知国民政府外交部长，说是粤海关愿意代为征收这项附加税。

香港当局和洋商为什么会从反对转为默认新税呢？自从省港大罢工爆发以来，使香港和英国在政治、经济上遭到很大损失。现在罢工完又愿意停止封锁，不再抵制英货，增收一点新税，总比不能与广东通商为好。况且此项新税不是专对英货的，适用于各国货物，英国可以利用与广东在地理、历史上的关系，与各国竞争，逐渐恢复其优越地位。因此，英国政府内定不反对这项附加税。至于其他各国，眼看英国不反对原本属于英国势力范围的广东增收新税，也都认为可以通融了。于是，征收附加税一事在广东就得以顺利进行了。

随着北伐的胜利进军，国民政府在新占领的地域，也开始征收附加税，湖北汉口于 1927 年 1 月 1 日开征，由江汉关附征。后来，各地军阀政府也按例在他们控制的地方开征附加税。山东张宗昌命令青岛海关于 1926 年 10 月 11 日开征。江苏孙传芳命令属下各关于 1927 年 1 月 20 日开征。云南省也于 1927 年 1 月 19 日开征。当时张作霖控制的北京政府也决定于 1927 年 2 月开征，天津海关还设立了附税管理处。北方各关开征附加税，曾遇到日本商人的反对，但不久之后也就依章交纳了。

---

① 《民国日报》(上海版) 1926 年 10 月 9 日。

省港罢工工人和国民政府在广州开征关税附加税，是中国近代海关历史上的一件大事，这是中国人民反对帝国主义侵犯中国海关主权，打破列强控制中国海关，争取关税自主的长期斗争历程中一次具有重大意义的突破。

六、上海等地海关华员职工会的成立

1927 年春，北伐军进逼上海。上海工人发动总罢工，并先后举行 3 次武装起义。3 月 21 日，上海工人在周恩来等同志的领导下，举行第三次武装起义，打败了军阀部队，占领上海，蒋介石的军队乘机进驻上海。在北伐军进驻之前，3 月 13 日、上海海关外班华员成立俱乐部。上海海关华员响应市总工会的号召，于 3 月 23 日起停工 3 天，后因总税务司和北伐军指挥部白崇禧的阻挠，罢工提前一天结束。

4 月 24 日，海关华员联合会成立。成立大会发表宣言，要求收回海关主权，实现关税自主，改善华员待遇。宣言认为“现行中国海关制度，一日不度即国计民生一日无舒展之日”，号召全体同事，“组织坚强团体，以努力关税解放之工作”。并宣告该会的方针是：“唤起全国人民对于关税解放之决心，以促进关税自主权之早日实现。提高海关华员办理关务应需之常识与技能，以为收回海关主权之准备。调查全国经济情况，民生疾苦，以规划一贯民主主义之关钞制度。”①

为将全国海关华员组织起来，联合会于 1927 年 8 月发出通告，希望各地海关华员建立分会。自 1927 年 4 月以后先后成立分会的有汉口、汕头、南京、宜昌、思茅等地海关华员。至 1928 年，海关华员联合会已进一步发展成为全国性海关华员组织。

联合会曾发起“提高职权，改良待遇”的斗争，保护华员的合法利益，还出版了《海关华员联合会月刊》。到 1931 年 12 月，该会正式解散。

第三节　革命根据地和解放区海关的建立与发展

第一次国内革命战争失败以后，收回海关主权的斗争犹如全国革命斗争形势，也是在两条战线上进行着：一条是在国民党统治区和日本占领区进行

① 《海关华员联合会成立大会宣言》，转引自《海关职工革命斗争史文集》，第 22～23 页。

斗争；另一条是更重要的，即在革命根据地、解放区逐步建立完全独立自主属于新民主主义性质的海关机构和海关制度。从历史上看，根据地、解放区的海关是新中国海关的雏形，它的建立和发展，为新中国海关的建立作了准备。

一、土地革命时期根据地的对外贸易局和船舶检查处

1924年至1927年的大革命失败后，中国共产党仍然顽强地继续战斗。周恩来等同志领导的南昌起义打响了武装反抗国民党反动派的第一枪，毛泽东领导的湖南、江西边界地区的起义，创建了工农红军，在井冈山建立了第一个农村革命根据地。到1930年，全国10多个省的300余县建立了60几个革命根据地。1931年11月，在江西瑞金召开了第一次全国苏维埃代表大会，通过了《中华苏维埃共和国宪法大纲》，宣告了中华苏维埃共和国临时中央政府的成立。

随着革命根据地的建立和发展，敌人除了在军事上对根据地进行“围剿”外，同时采取了严密的经济封锁。因而，如何打破敌人的经济封锁，开展对外贸易，就成为根据地的一项重要任务。早在井冈山斗争时期的1928年底，边界工农兵政府就在赤、白区交界处成立了竹木委员会，向白区输出根据地盛产的竹、木、油茶，换回缺乏的食盐、布匹、西药等。1930年赣东北根据地正式成立了对外贸易处。同年在闽西根据地、1931年在湘赣根据地，也成立了类似的机构。1931年冬中央工农民主政府成立后，在中央政府和各根据地先后成立了对外贸易局（属国民经济部）和分局，有组织地开展对外贸易工作。

二、建立独立自主的边境海关

要发展对外贸易，就要有管理机构，也就是需要设立海关或类似海关的机构。《中华苏维埃共和国宪法大纲》规定要废除一切不平等条约，海关收归国有。1930年在赣东北根据地建立了“船舶检查处”（又称边卡，设于江西信江北岸），负责检查出入境的船舶、货物，征收货物税。以后，中央和其他一些根据地也建立类似的机构，有的称“边境税关”，有的称“关税处”。1933年前后，中央根据地设置的关税处就有茅店（靠近赣州）、信丰、良口、门岭等17处。

边境税关的主要任务是严格执行进出口管理制度。当时凡去白区或进根

据地的商人，需要有三种证明：保卫部门发的护照，出口部门发的货物出口特许证，财政部门发的现金出口证。鸦片毒品一律禁止进入根据地。对于粮食，各地根据生产情况决定是否输出，中央根据地是鼓励出口的，福建的根据地则禁止输出。

严格控制现金（银元）出口也是边境税关的一项任务。当时规定现金出口必须事先向县、区政府登记，领取出口证，经边境税关和政治保卫队、边境政府切实检查相符后方予放行。

三、革命根据地的关税制度

毛泽东同志曾于1934年1月在第二次全国工农代表大会的报告中讲过：关税是以按照苏区的需要程度统制货物的进出口为目的，因此税率有完全免征的，有高于百分之百的。在中国境内，只有苏维埃实行了完全自立的关税制，不受任何外国政府的干涉，一切货物在边境税关纳税之后通行全苏区，无第二次之征税，一扫国民党厘金关卡抽剥的虐政。

根据地中央财政部制定了《关税条例》、“关税税率表”，并下达过关于《建立关税制度》的训令。但由于战争和生产情况而经常变动，如赣东北根据地1930年成立的船舶检查处（边卡）的税率较低，一般是3%～5%，粮食免税。中央根据地茅店关税处1933年前后执行的税则，出口税率较重，一般为10%，粮食、钨砂高达50%，且加以严格控制；进口税率较轻，盐、布、药材、办公用品等为2%～3%，油墨、蜡纸免税，化妆品、迷信品则征50%～100%的高税。关税收入也有重要的财政意义，如赣东北的边卡，每天关税收入一般是3000元，最多时达1万元。茅店关税处一天最多收2000元，最少100元，一月能收一二万元。

革命根据地海关机构的创建，标志着帝国主义控制海关的特权，第一次被中国人民彻底否定。虽然各根据地的海关机构一般只存在三至五年时间，而且裁设变动频繁，但它已显示了新民主主义海关的历史必然性。

四、抗日战争时期解放区的海关

抗日战争爆发后，工农红军改编为八路军、新四军，在中国共产党领导下，开赴抗日前线，先后创建了19个抗日根据地解放区。各解放区遵照党中央提出的“发展经济，保障供给”的财政总方针，实行发展农工商业的关税政策，奖励必需品输入与内部多余物资输出，禁止一切奢侈品及非必需品的输入。各解放区海关在执行这个对外贸易管制政策和保护关税政策中，逐步得到发展。

为适应战争环境和精兵简政的要求，县以上的海关工作一般由税务局（或贸易局）管理，不另设专职海关机构。边境则设有税务所、检查站等不同名称的机构，执行类似海关的各项工作。当时的进出境主要是指和日伪占领区之间的活动，中后期也包括和国民党统治区之间的贸易活动。

党中央所在地的陕甘宁边区，不断打破日蒋封锁，经济有了很大发展。1939 年，边区政府颁布了《货物税收条例》，范围包括边区内部和出入境货物，但只对食盐、皮毛、烟酒等少数几种货物征税。1940 年以后国民党政府加紧了对边区的封锁，边区政府针锋相对，逐步加强对出入口贸易的管理，积极组织食盐、煤炭的出口，换回生铁、药材、棉花、布匹、文具等必需品。边区政府坚决采取保护关税政策，严格查缉走私。自 1943 年起，对一切非必需品一律禁止入境，对半必需品则采取活动税率办法。属边区需要的半必需品采取 10%的较低税率，否则，将税率提高到 20%～40%。对军需品或有益社会福利的必需品，不论入境或过境，均减税或免税。打击走私由公安部门负责，除建立专门的缉私队外，还发动群众缉私。走私货物一经查获即全部没收，对严重破坏边区经济的走私犯还给予必要的制裁。这是取得反对经济封锁胜利的一个重要保证。

边区政府还根据发展生产和改善人民生活的需要，及时调整进出口税税率。边区的《货物税收条例》，自 1939 年至 1940 年先后作过 5 次修正，个别商品的税率则随时调整。如为了保护大生产运动后纺织业的发展，1944 年将纺织业所用棉花、棉纱的进口税率减为 1%，而布匹的税率则为 10%。当边区还不能产铁时，铁的进口是免税的。1944 年，边区自己能够产铁了，立即将免税改为征税 50%，以限制铁的进口。

晋察冀边区是于 1938 年 1 月成立边区政府的。同年，开始建立贸易、税务机构，颁布晋察冀边区《征收本产货物出境税暂行条例》和《征收外货入境税暂行办法》，并开始设立边境临时关卡，对必需品输入、非必需品输出，一律免税，对必需品输出、非必需品输入，课以重税。但在 1938、1939 两年，因解放区初建，军事、政治斗争任务繁重，缺乏经济建设和对敌经济斗争的经验，因而打击走私和关税管理工作还未走上正轨。

晋冀鲁豫边区自 1938 年开始，先后建立贸易税务部门，开展对敌经济斗争。1941 年 7 月，边区工商总局成立，统一和加强贸易税收工作及进出境事务管理。同年颁布《贸易暂行条例》和《征收出入境税条例》等法令，健全税收和贸易组织，大力贯彻了“对内自由，对外统制”的贸易政策，开始施行保护关税制，严格统制粮棉出口，奖励土货输出，对军需、交通、医药用品的入境予以免税或减税，对非必需品及奢侈品则征收高税或限制输入。1942、1944两年，先后将税务、银行并入工商局。在前线边界，则设有税务所（或称事务所）、检查站等机构，虽无海关之名，但执行类似海关的工作。

山东抗日根据地自1940年开始，即在各小块根据地边缘设立税卡，归财政部门领导。1942年设立了专责的贸易税务部门，也有些地区分设贸易局和税务局。当时在贸易方面实行“易货政策”，防止敌人掠夺粮棉等重要物资，限制非必需品输入。1943年改设工商管理局，内设关税科，股、县局以下在沿边地区分设若干税务所和检查站，负责检查货物，防止走私和征收进出口税。对进出口货物一般也分为禁止、征税和免税3类。出入口税在财政上具有重要意义，有些年份仅次于农业税，成为第二项主要收入。胶东解放区三面临海，港口较多，交通方便，海关管理除税则税率和内地边卡基本一致外，还对海运进口货物和船舶（来往于朝鲜、香港之间）建立起一套填报舱口单和交验航运路线等必要的海关作业制度，但不论检查还是征税，各项制度都比较适应战争环境，手续力求简便，税则分类也很简单。

华中抗日根据地包括苏南、苏中、苏北、淮南、淮北、皖江、鄂豫、浙东相互联系而又各自独立的8个战略区，虽在行政上没有统一的根据地政府，但均在中央华中局统一领导之下。1942年2月华中局成立了财经委员会，领导全区财经工作。各战略区管理进出境事务的机构有贸易局、税务局、货检处、货管局等名称，为开展对敌经济斗争，各级贸税机构都建立了武装。

淮南、淮北、皖江等根据地的货检处，主要任务是跟敌伪进行经济斗争，并不是单纯的税收机关。除运用关税手段外，普遍组织发动武装缉私，并在各地交通要道建立缉私小组，发动群众缉私。同时，各地贸税机构还采用多种方法走敌人的私。如组织小贩到敌占区办货，同敌占区大商人以物易物，有时通过伪军工作关系，派人到敌占区采购急需物资。

鄂豫边区1941年七八月间成立税务总局、分局和税卡，征收进出口税和过境税。对特别需要的进口货免税，一般必需品征税2%～10%，非必需品收税15%，奢侈品、迷信品收税20%～30%，对违禁品则予没收。为了鼓励出口，对生产有余的土特产品低税（2%～10%），重要货物为15%～20%，特别重要的如耕牛、五金、金银、布匹、铜银币、云母、猪鬃等严禁出口，但有时根据情况实行高税出口。对偷漏关税者予以严厉处罚，并对税收人员规定了奖罚办法。

浙东根据地1943年后加强了对外贸易的组织与管理，运用关税手段，在接近敌占区和交通要道设立关卡。1945年1月颁布了《战时进出口货物税征收暂行办法》，浙东根据地均按此办法实施货物检查，征收进出口货物税。

第四节　解放战争的胜利和接管旧海关

1945年8月，日本帝国主义战败投降后，国民党政府不顾人民要求和平、民主的愿望，悍然发动内战。为了适应国内斗争的新形势，各解放区民主政府和贸易税务管理部门及时调整了进出境管理办法，在组织机构、工作重点、业务制度和工作方法等方面，都采取了一些新的措施，为保卫解放区、支援解放战争、打败美蒋反动派作出了重要贡献。

一、解放战争时期解放区海关

抗战胜利后，东北各地人民政府相继成立，接管了一批伪满税关，重新组建人民海关。设立较早的有辽南海关、辽东地区的安东海关和吉林地区的延边海关。

日本投降后，东北人民政府在靠近旅大地区的城镇和临海口岸，建立了独立自主的新的海关机构。对内称关税科（股），属于辽南地区和各县的贸易局，在沿边的称检查站或分卡，对外一般简称海关或税关，通称为辽南海关。1947年秋，辽南贸易局的关税科改为辽南税关。1948年5月成立营口海关（是辽南税关的分关）。1949年2月，辽南税关改为辽南海关，不久，迁往营口，改称营口关税局，受东北税务总局领导，同年9月划归东北海关管理局领导，改称营口海关。

1945年9月17日，安东第一次解放，11月19日成立辽东海关。1946年10月，安东被国民党军队侵占，海关也随之退出。1947年6月，安东第二次解放，重建安东海关。辽西锦州一带，由辽西省税务局代办海关业务。

1946年3月，在延边地区成立延边海关，1949年改称延边关税局，同年9月改称图门海关。1949年11月成立缉安海关。

黑龙江地区成立海关较晚。1947年后，由东北税务总局管理海关业务。

1949年成立满洲里关税局，同年12月组建绥芬河海关。

旅大地区当时情况比较特殊，在机构方面，不称海关，称大连（旅大）海口管理处，执行海关任务。1950年2月改称旅大海关管理处，1951年1月更名为大连海关。

1947年2月，东北税务总局在哈尔滨成立。3月，中共中央东北局发出指示，规定实行关税的统一管理与税收政策的统一领导，“实行一物一税制，取得各自为政的重复税卡”。1949年9月，东北行政委员会在东北贸易部下设立东北海关管理局（设在沈阳），统一管理东北地区的海关机构及其业务。

在山东解放区，1945年8月，胶东解放区首先接管了威海、烟台两地的敌伪海关，组建新的人民海关，正式使用“海关”名称。此后，又在龙口、石岛、乳山口等海口建立了海关机构，在一些小的口岸和青岛陆路沿线设立了一批分支站所。与此同时，山东省和胶东行署先后公布了20多份有关进出境管理和征收出入口税及税率的文件，由海关负责管理进出口船只、贸易，稽征关税，查禁走私。1947年10月，烟台、威海为国民党军队侵占，海关撤出市区，改为经济工作队。1948年4月和10月，威海、烟台相继再度解放，海关也随之恢复。

渤海地区的沾化县下洼镇，自1946年年初起，建立下洼海关（1948年8月改为渤海海关），负责管理和蒋管区之间的贸易，征收出入口税。1949年2月，因天津解放，渤海海关及其下属机构埕子口、羊角钩、利津3个分关和一些分卡裁撤。在滨海地区，为了包围封锁青岛之敌，山东省工商总局于1948年在诸城县的红石崖设立红石崖海关，负责管理鲁南与青岛间的进出境事务。在日照县的石臼所、安东卫等处设立了海关机构。1948年11月8日连云港解放，成立了新的连云港海关，由滨海区工商管理局领导。

其他解放区的海关工作，也适应解放战争形势发展的需要，及时作了一些调整：晋察冀解放区于1946年发布了新的进出口贸易稽征办法，调整了关税税率。晋冀鲁豫解放区也加强了海关管理工作，如在冀中区设立出入口局。陕甘宁解放区曾对货物税征收办法作了多次修订，扩大了出入境货物的征税范围，制订了级差较大的税率。

解放区海关在保护解放区生产，开展贸易，粉碎敌人经济封锁，增加财政收入和支援解放战争等方面，起了很重要的作用。同时，也为解放全中国后接管旧海关，建立新海关积累了经验，培养和训练了大批海关工作干部，为新中国海关的建立和发展提供了重要条件。

二、接管新解放区的旧海关

随着解放战争的胜利进展，从1948年底到1949年末，先后解放和接管了广大新解放区的海关机构，其中包括：

秦皇岛：1948年11月27日（指当地解放时间，下同）

天津：1949年1月15日

北京：1949年1月31日

南京：1949年4月23日

武汉：1949年5月16日

上海：1949年5月25日

青岛：1949年6月2日

福州：1949年8月17日

乌鲁木齐：1949年9月26日

广州：1949年10月4日

厦门：1949年10月17日

九龙（深圳）：1949年10月21日

江门：1949年10月23日

汕头：1949年10月24日

拱北：1949年11月5日

北海：1949年12月4日

昆明：1949年12月9日

1950年4月23日海南岛解放，接管了海口海关。

根据七届二中全会关于“改革海关制度”的指示，采用“接管”旧海关的方式，接管是改革海关的开始，也可以说是打碎旧海关的一种特定形式。通过接管使旧海关性质发生根本变化，其中最重要的一条是推翻帝国主义和国民党政府对海关的反动统治，使海关变成中国共产党领导下的人民海关。

三、宣布终止总税务司署对各关的管辖

接管旧海关，首先是宣布终止伪总税务司署对各关的管辖。1949年5月25日，上海解放，军管会派徐雪寒、贾振之为代表进驻海关，会同党的地下工作同志接管总税务司署和江海关，宣布终止旧总税务司署对全国各地海关的管辖，确立中国共产党和人民政府对海关的领导权。同年6月，上海军管

会和华东军区公布了《华东区进出口货物税稽征办法》，规定一切外轮进口均需先报经军管会贸易处批准，废除领事签证货单办法，废除了封锁解放区的反动法令。对过去在海关各部门窃据要职的洋员，宣布待命审查处理。旧总税务司署、江海关的被接管，在海关历史上有着重要意义。

1949 年 4 月，最后一任总税务司李度逃往台湾，宣告了洋人控制中国海关的历史的结束，洋税务司制度也同时覆灭。

四、海关总署成立

1949 年 6 月，党中央建立了中央财政经济委员会，下设 6 个工作机构和 13 个经济部门，其中的海关总署，主管全国海关事务。

在筹建海关总署的过程中，设立了海关总署筹备处（简称“海关处”），由孔原负责。1949 年 8 月由孔原、姚依林、朱剑白 3 人署名，海关处向中央提出了《关于建立海关总署工作的初步意见》。9 月下旬，中央财经委员会在北京召开全国海关工作座谈会，会议由孔原主持，中央财经委员会主任陈云到会讲话。陈云指出：“把百年来帝国主义所把持的海关，变成为人民服务的、完全自主的、有利于新民主主义国计民生的海关，这是带根本性的大变革。在变革中，应该采取稳重审慎的步骤。应该把旧海关对新民主主义有用的东西，如验证、查缉等业务技术和管理经验等接受过来。”[①] 1949 年 10 月 25 日，海关总署在北京成立，统一领导全国海关机构和业务。海关总署由中央人民政府政务院直接领导，作为政务院的一个组成部门，并受政务院财政经济委员会的指导。中华人民共和国主席毛泽东任命孔原、丁贵堂为海关总署第一任正副署长。

海关总署的建立，宣告了受帝国主义控制的旧海关的彻底覆灭，标志着社会主义性质的海关的诞生。百年来，中国人民收回海关主权的愿望，终于实现了。

① 《新中国海关》，海关总署编印，第 201 页。

第四章　我国海关的性质和任务

第一节　海关的性质

一、国家性质决定海关的社会性质

海关是国家管理进出口（境）事务的政府职能机构。国家的社会（阶级）属性决定海关的社会性质。中国历史上自从出现“关”的机构，影响海关社会性质变化的国家性质的变迁，大致可分为3个历史阶段。与此相关，出现过3种不同社会属性的海关。

1. 周朝至第一次鸦片战争：封建的独立自主的中国

海关这一时期，从西周有文字记载的“关”的出现，历经秦、汉、隋、唐、宋、元、明、清（晚清），中国历代封建政权都建立了“关”的机构。由于历史条件的差异，对“关”的设置、管辖、职能、称谓等，各朝各代都不尽一致，但作为封建政权的管理进出境事务的职能机构，它的独立自主地位，无论国内国际，都不曾有人提出过挑战。直到清朝道光年间，第十次鸦片战争爆发，中国海关的社会属性，才随国家日益殖民化而被改变。

自周天子“封土建邦，诸侯割据”（始称封建）以来，封建社会的“关”始终发挥着两个基本作用：①戍边防范之要塞。《周礼·地官》注“关在境”。《吕氏春秋·仲夏》注“关，要塞也”。②迎使通商之门户。《周礼·地官》注“凡四方之宾客叩关者则为之告”。《管子·问篇》注“关者诸侯之陬隧（通道之意），而外财之门户也，万人之道行也”。这个时期的“关”的机构设置、税率制定、职能管辖都由中国政府独立自主决定，是一个主权完整的政府机构。表现在：机构自设，关税自定，管辖自理。例如，秦灭六国，废分封，立郡县，统一文字、度量衡，取消诸侯界关，增设边境关卡；汉朝统一后，撤关卡，免关税，通商贾，互市繁荣；唐朝设市舶使管理外国船舶，负责征税纳贡。各朝皇帝往往指派朝廷要员担任海关要职。

2. 清末至民国：半殖民地的中国海关

中国海关自鸦片战争后逐渐被帝国主义控制，他们利用对中国海关关税的控制权来操纵中国的财政、金融、对外贸易，以至中国的内政外交。中国关税在晚清时期，约占国家预算总收入的30%～40%。由于关税用于中国外债和对外赔款的担保，帝国主义借此要求掌握中国海关行政权。1898年，英国照会清政府，只要英国对华贸易超过其他国家，就任英国人做总税务司。赫德、安格联等帝国主义分子，任中国海关总税务司达数十年之久，被称为中国的“太上财政总长”。[①] 旧中国半殖民地海关的主要特点是：

(1) 主权丧失。自1854年到1949年全国解放的百余年间，中国海关始终为帝国主义的代表总税务司统治着。虽然其间发生过多次革命和政治变革，但帝国主义在海关的统治地位始终没有动摇。1854年上海小刀会起义后江海关开始被美、英、法3国列强控制。1858年，《天津条约》规定海关任用外国人，外国人在海关的地位被不平等条约固定下来。1901年的庚子和约规定关税为赔款的担保，海关地位进一步殖民化。1911年，清政府允许总税务司掌握外债赔款基金，关税及关余保管权丧失。旧海关的税则和税率自1842年清政府签订《南京条约》后便失去自主权，被迫执行“值百抽五”的片面协定关税。1929年，民国政府名义上收回关税自主权，实行国定税，但实际上仍然受到各种限制，关税起不到保护民族工业的作用，直到1949年全国解放前，仍执行着有利于西方资本主义国家向我国倾销商品的国际减让税率。解放前73年间，中国对外贸易每年大量入超，进口货多是奢侈品、消费品、食品，中国工业、农业濒于破产。总之，半殖民地海关地位是导致旧中国民生凋敝、国势衰弱的重要因素。

(2) 行政专横。帝国主义控制下的海关是中国政府中的独立王国，名义上海关受中国政府管辖，高级官员由中国政府委派，实际上海关行政权控制在帝国主义代理人总税务司手里。如规定中国政府发布的法令规章，各地海关在未接到总税务司指示之前不得执行；而总税务司得到各国外交使团同意，对中国政府法令可置之不理。北洋政府和国民党政府时期，政府在财政部中设有管理海关的税务处、关务署，但对历任总税务司“非仅不能监督指挥，反而谄媚奉承唯命是从”[②]。旧海关无海关法，一切业务完全按照不平等条约

---

① 陈翰笙、千家驹编：《帝国主义与中国海关》中国近代经济史资料丛刊，北京中华书局1962年版。

② 丁贵堂：《新旧海关比较》，载蔡渭州、谢咸铠编：《海关文选》中国展望出版社1985年452页。

和片面关税协定办理。所有海关规章均由总税务司按照自己的意志发出“手谕”或“通令”，并且全部用英文书写，一般中国关员不得阅看。在如此专横的海关规定面前，一般商民如果触犯法规，只能听凭外国人任意处置。

(3) 职能扩张。旧海关实行大海关主义，将海关职能扩展到帝国主义侵华需要的一切领域。例如，清朝允许“洋关”代办学校（方言馆、仕学馆），代办外交，代办邮政，代办国际展览，代借外债，代理偿债赔款，代订国际协定，代办江、海、港务；代办引水，代办气象测报，并企图代办全国地亩税；辛亥革命后，又代保管关税和关余，代管全国海关所在地50里内的常关，代为整理国内公债，代发外交使领经费及军警薪饷，并将关税作为1914年善后大借款的抵押，还企图代办全国盐务；1929年海关成立海陆缉私武装舰队，负责巡防国境，直到解放前夕仍代管江、海、港务和代巡沿海边疆。

3. 中华人民共和国成立至今：独立自主的社会主义海关

1949年，第一次全国海关工作座谈会在北京召开。中央财政经济委员会主任陈云同志在会上指出：把百年来被帝国主义把持的海关变成为人民服务的、完全自主的、有利于新民主主义国计民生的海关是带根本性的大变革。这种变革体现在以下3个方面。

(1) 彻底收回主权，建立独立自主、集中统一的、为人民服务的新海关。全国解放前夕，毛泽东主席在中共七届二中全会上指出：“立即统制对外贸易，改革海关制度，这些都是我们进入大城市的时候所必需首先采取的步骤。”这一指示，深刻揭示了旧海关制度服务于帝国主义、买办资产阶级的反动本质，对以后改造旧海关、建立新海关具有重要的指导作用。新中国海关完全按照本国政治、经济的需要设立海关机构，建立监管制度，制定关税政策，不受任何外来势力影响，并建立起集中统一的海关领导体制。1950年3月，中央发出（关于海关总署直接领导全国各地海关的通知），要求全国各地海关均应立即和海关总署建立上下级关系，受总署直接领导；一切有关海关的组织、人事、行政、业务等均应向总署报告请示；总署所颁发的一切规章、命令、指示应严格遵守。从而确立了中国海关集中统一的管理体制。

(2) 维护中国主权利益，保护民族工业，促进国民经济发展。1950年初，中央人民政府通过了由周恩来总理签发的《关于关税政策和海关工作的决定》（以下简称《决定》）。该《决定》揭露了英美帝国主义长期把持旧中国海关大权并利用这一特权绞杀中国民族工业、严重损害中国主权利益的本质，强调了新中国海关必须实施对外贸易管制、保护中国民族工业发展；明确海关组织体制必须集中统一，海关职能应包括监督管理、征收关税、查缉走私3项。将旧海关包揽的与海关管理无直接关系的部分职能移交出去，使海关的监管职能作用更加明确突出。

（3）对旧海关技术业务继承借鉴，改造旧制，为我所用。1950年10月，周恩来总理在谈到如何接管、改造旧海关时指出，旧海关是帝国主义在半殖民地的产物，不能像工厂的房产那样整套地接管过来，如旧海关的人事制度、待遇问题就是很不合理的，应该改革。但许多业务、行政、技术、方法是有用的，如海关的统计就是比较可靠的，有些资料和业务经验也是比较有用的，应该接管过来并加以改造。新中国海关正是在借鉴、改造旧海关部分业务制度、技术经验的基础上，建立起了一套有利于社会主义建设的、独立自主的海关制度。

二、国家政治经济发展需要决定海关的职能性质

新中国成立以来，中国海关的职能性质随国家政治经济形势发展需要，先后有过4次调整变化：

1.1951年《暂行海关法》颁布之时，中央确定海关的职能性质是“把守国家经济大门的行政机关”。当时我国面临着巩固新生政权、恢复国家经济的繁重任务，中央政务院在《关于关税政策和海关工作的决定》中认为：“国家海关工作和国家对外贸易工作上所进行的某种监督与某种管制，在恢复和发展我国人民经济中，应起重要作用。海关税则必须保护国家生产，必须保护国内产品与外国商品竞争。”“中央人民政府海关总署必须是统一集中的和独立自主的国家机关。海关总署负责对各种货物及货币的输入输出执行实际的监督管理，征收关税，与走私作斗争，以此来保护我国不受帝国主义的经济侵略。”

2.1958年在广州召开的全国海关关长会议提出：“海关是人民民主专政的工具之一，必须以经济、政治保卫为自己的工作中心。”这表明海关作为“把守国家经济大门的行政机关”的职能性质开始被淡化。1958年后，由于国内社会主义改造已经完成，对外经济贸易全部由国营外贸公司经营，海关对进出境经济活动的监管职能作用相应减弱。另外，受阶级斗争扩大化影响，海关作为专政工具的职能作用被突出出来。海关的工作重点迅速由进出口货运监管转移到对进出境人员携带物品及邮递物品的监管。在执行法律政策方面，从强调“严格地根据海关法进行各项工作”[①] 转变到强调“执行海关的规章制

① 《人民日报》社论《为建设独立自主的海关而奋斗》，1951年4月21日。

度，必须以政策为前提”。法的作用开始被政策所取代。在政治与经济的问题上，“必须以政治为重，经济服从政治”。要求海关在执行海关章程时“不要呆板行事，必须考虑政治政策影响”（叶季壮部长在 1959 年关长会上的讲话）。

3. 1971 年在外贸部召开的全国海关工作座谈会上提出：“我国海关是无产阶级专政的国家机关，担负着维护国家主权、保卫无产阶级专政的重要任务。”1975 年全国海关工作会议进一步提出：“海关是无产阶级国家机器的组成部分，是无产阶级专政的工具。”当时正值“文化大革命”鼎盛时期，全国受极“左”思潮影响，海关正常业务职能受到严重削弱，导致海关监管在指导思想上是广泛怀疑，在实际工作中是细查细验，造成了海关对内对外影响不好、形象不良的恶果。

4. 1978 年党的十一届三中全会以后，全党工作重心转移到社会主义现代化建设上来，国家实行改革、开放的方针。国务院为适应国家经济政策调整需要，加强我国对外经济、文化、科技交流，决定对海关管理体制进行重大改革，首先明确海关的职能性质。1980 年 2 月，《国务院关于改革海关管理体制的决定》中指出：“海关是代表国家在口岸行使监督管理职权的机关。”这是在改革开放形势下对海关职能性质的正确定位，改变了以往关于海关作用、性质的不正确提法，起到了正本清源的作用，为以后海关事业的蓬勃发展奠定了正确的认识基础。

三、中国海关的法定性质

1987 年 1 月，第六届全国人民代表大会第十九次常务委员会审议通过了《中华人民共和国海关法》（以下简称《海关法》），将海关的职能性质以法律形式确定下来。《海关法》第 2 条规定，“中华人民共和国海关是国家的进出关境监督管理机关”这一表述，比较准确地揭示了海关区别于其他国家机关或政府机构的职能特征。

1. 海关是国家行政机关

海关是国家管理进出境事务的行政职能机关。这是海关区别于国家司法机关、立法机关、军事机构的最本质特征。

（1）海关与司法机关的异同。为保证海关合法、有效地实施对进出境行为的监督管理，法律赋予海关有权对违反海关法的行为进行调查和处罚。这一点与司法机关的职能有相似之处，被称为海关的“准司法”行为。但是，海关的行政处罚与司法机关的制裁有明显区别：①处罚对象不一样。海关处罚的对象是违反进出境管理秩序的行政违法行为，而司法制裁的对象通常是违反刑法的严重犯罪行为。②处罚权限不一样。海关只能使用法定行政手段调查违法行为，不可越权行使侦察权，而司法机关有权使用侦察手段调查犯罪行为。③海关行政制裁与司法制裁在制裁种类、制裁程序以及制裁后果方面都有区别。

（2）海关与立法机关的异同。海关是国家行政机关，其职能活动与国家行政立法密切相关。行政立法泛指行政机关制定规范性文件的活动。海关依法制定各种规范性文件的活动也是广义上的行政立法行为。但它与立法机关不同：①海关制定规范性文件行为具有从属性。即海关制定的规范性文件要从属于立法机关制定的法律，因此其效力亦低于法律。②海关制定的规范性文件的调整对象主要是进出口管理事项，其内容具有针对性。而国家立法机关的行政立法一般比较原则。从国家权力分工角度看，国家立法机关是权力制定机构，海关是进出口监管权力的执行机构。

（3）海关与军事武装力量的异同。根据现行法律规定，海关在执行缉私任务时有权配备和使用武器或警具。对抗拒海关检查而逃避的走私运输工具及其人员可以连续追缉，并将其带回海关处理。海关可以依法使用武器，但并不能据此认为海关是国家军事武装力量的组成部分。海关的主要职责不在于以武力保卫国家安全，而在于依法维护进出口管理秩序。海关配备和使用武器的目的在于震慑走私犯罪分子，保护缉私人员人身安全，以便及时抓获犯罪分子，扣留走私货物，查明违法事实，打击走私活动。

2. 海关是进出境监督管理机关

（1）海关监管对象是与进出关境活动有关的运输工具、货物、物品以及与进出关境活动相关的申报、纳税、担保、代理、承运、投递等合法行为或者非法行为。

（2）海关监管范围限于一国关境之内。关境一般指一国海关法效力所及之范围。为方便合法进出，同时便于海关监管，各国法律均划定一定区域作为海关监管区。我国海关法规定的海关监管区包括设立海关的地点及其海关附近区域，例如设立海关的机场、车站、港口、国际邮件交换局（互换站）、国界孔道，还有国务院指定的海关监管点或者其他海关监管区。

（3）海关监管时限根据不同货物有不同要求。进口货物从货物进入海关关境之日起，到办结入关手续，海关依法放行之日止；出口货物从申报出口之日起，到货物运出关境之日止；保税货物从货物进入关境起，到办结海关核销或者补税手续之日止。

另外，法定减免税货物从进口之日起，直到海关规定的监管年限为止，均属海关监管时限范围。

3. 海关监管是对其他进出口行政管理的再管理

在所有进出口管理制度中，海关监管具有“再管理”特征。国家对进出口活动的行政管理大致可分为许可证管理、配额管理、进口机电产品审批、食品卫生检疫、动植物检疫、进出口商品检验、药品检验，以及民用枪支弹药、文物、濒危物种、无线电器材和通信设备、金银及其制品、音像制品、印刷品、固体废料进口管理等。上述货物、物品进出口，必须首先经过主管部门的审查批准，然后凭有效单证向海关申报。海关通过审核报关单证，查验进出口货物，在确认单证相符，单货相符后，予以结关放行。所以，海关是国家对进出口各项行政管理的最后审查机关。

4. 海关行政管理直接向海关总署负责，受国务院管辖

海关是中央人民政府设立的管理进出口事务的行政机构。在国务院机构序列中，海关是国务院直属机构，在行政管辖方面，海关总署对全国各地海关实施垂直统一领导。海关行政隶属关系的这一特点，在《海关法》中被固定下来，依照《海关法》的规定，国务院设立海关总署，统一管理全国海关。海关的隶属关系不受行政区划的限制。海关依法独立行使职权，向海关总署负责。

第二节　海关的任务和职责

一、海关任务的演变

1951 年颁布的《中华人民共和国暂行海关法》第 2 条规定：“中华人民共和国海关，依据本法和中央人民政府对外贸易管制的法令和决定，对进出国境的货物、货币、金银、邮递物品、旅客行李、运输工具及其服务人员所带物品，执行实际的监管；稽征关税和其他法定由海关征收的税捐规费；查禁走私；办理其他海关业务。”据此，海关的基本任务被概括为监管、征税、查私这 3 项。1953 年，政务院决定海关与对外贸易管理机关合并。各口岸对外贸易管理局及其分支机构即与当地海关实行合并，统称海关。自合并之日起，

按照对外贸易管理暂行条例的规定，海关增加下列 3 项任务“①执行对外贸易许可证制度，审查价格，签发进出口许可证；②管理登记进出口厂商；③拟订本口岸进出口计划，报中央批准，并组织其实现。”① 1955 年 3 月 25 日，全国海关关长会议在北京举行。会议确定了海关工作的中心是经济、政治保卫。除要求做好监管、征税、查私工作以外，还要求监督进出国境货物在口岸上的正确装卸、包装、保管、运输，检查揭发一切足以引起国家物资损失的事故。同年 12 月 8 日，对外贸易部发布了《海关对进出口货物的监督检查职责和实施办法》。② 该办法从 1956 年 2 月 2 日起实施。至此，当时的海关执行的是七大任务。

海关作为国家上层建筑的一个组成部分，它的任务、职责要适应经济基础的发展。在一定的历史时期内，根据经济形势的发展和国家行政管理分工的需要，适时调整海关的任务也是必要的。1956 年 9 月 5 日发布的《国务院关于调整各地海关任务和领导关系的通知》中指出：“近年来各地行政区划有了新的调整，各省市对外贸易局已普遍设立，为了便于地方党政加强对海关工作的领导，并使各地对外贸易局能统一掌握口岸的对外贸易管理工作，决定将各地海关所执行签发许可证，对进出口厂商的登记管理和编制地方进出口计划等 3 项任务移交给各地对外贸易局（处）负责办理。”③ 关于检查货运事故，20 多年的海关实践表明，海关在履行监管职责的同时，检查、揭发货运事故，对保护国家资产、维护对外贸易信誉、帮助外贸及运输部门改进工作有一定的积极意义；但把它作为海关的一项基本任务，则于法无据，而且在实际工作中形成越俎代庖，不利于主管职能部门的自主经营和改善管理。同时，使海关监管注意力分散，合法与非法行为界限混淆不清，在一定程度上削弱了海关的监管职能。1981 年 4 月召开的全国海关关长会议解除了海关检查货运事故这项基本任务。

1987 年 1 月第六届全国人民代表大会第十九次常务委员会通过的《中华人民共和国海关法》第 2 条规定海关的基本任务有 4 项，除保留了《暂行海关法》规定的监管、征税、查私 3 项外，增加了编制海关统计的任务。应当指出，编制海关统计是新中国海关建立之初就已经承担的一项重要任务，但由于以后海关的作用被逐渐削弱，海关统计被外贸统计取代，直到 80 年代改

① 对外贸易部海关总署编印：《中华人民共和国海关法规汇编》，1957 年 5 月，第 45～46 页。
② 同①，第 190 页。
③ 对外贸易部海关总署编印：《中华人民共和国海关法规汇编》，1957 年 5 月，第 47 页。

革开放以后，海关统计工作才恢复，并由《海关法》规定为海关四大基本任务之一。

二、海关的任务

（一）监管

海关监管，是指海关依据国家法律对进出关境的各类运输工具、货物、物品实施报关登记、审核单证、查验放行、后续管理、查处违法的行政监督管理职能。海关监管是海关4项法定任务中的基础性任务。它具有以下性质和特征：

1. 海关监管是一种国家职能

有国家就存在国家间的交往，有交往就必有管制。国家对进出关境活动的管制是通过海关的监督管理来实现的。因此，海关的监管行为无论对内或对外，都是代表国家的政府行政行为。

2. 海关监管的对象是进出境运输工具、货物、物品及其有关的进出境活动

根据现行《海关法》的规定，大致有下列几种：①进出境运输工具，是指用以载运人员、货物、物品进出境的各种船舶、车辆、航空器和驮畜。②进出境货物指进出口货物，过境、转运、通运货物。其中过境、转运、通运货物，是指由境外启运并通过我国境内继续运往境外的货物。过境货物，又指通过境内陆路运输的货物；转运货物，是指境内设立海关的地点换装运输工具，而不通过境内陆路运输的货物；通运货物，是指由船舶、航空器载运入境并由原装运输工具载运出境的货物。③保税货物，是指经海关批准未办理纳税手续进境，在境内储存、加工、装配后复运出境的货物。④进出境物品，是指进出境的行李物品、邮递物品及其他海关规定的物品。凡与上述运输工具、货物、物品相关的进出境活动均接受海关监管。

3. 海关对进出境活动监管的基本方式是审查单证、查验货物和结关放行

海关监管的作用，在经济方面，通过实施进口管理，保护本国的民族工业和自然资源，建立与国际贸易衔接的海关监管制度，改善进出口贸易条件，对知识产权实施海关保护，促进对外经济贸易、科技文化交流的健康发展；在政治方面，严格管制涉及国家安全的货物、物品，如武器、弹药、爆炸品、无线电通信器材以及国家机密的进出境；在保护环境、保障公众健康卫生方面，严禁污染环境的固体废料非法进口，制止非法贩运麻醉品以及境外病疫

虫害等有害物品入境；在文化道德方面，禁止各类反动宣传品、淫秽品以及迷信物品的入境，防止国家珍贵历史文物或珍稀动植物流失出境。

1981年，海关总署提出了“坚持制度，依法监管，简化手续，加速验放”的货运监管工作方针。

2009年和2010年全国海关关长会议都提出了构造海关大监管体系。这是海关最高决策层明智的战略部署，是改革开放30年历程后深思熟虑的抉择。大监管体系既包括横向业务职能的优化重组和纵向三级事权的划分，也包括业务流程的再造和业务改革的整合。它是以企业管理、风险分析为主的前期监管，以通关监管、关税征管、加工贸易监管为主的正面监管，以稽查、缉私为主的后续监管相结合；以总署、直属海关、隶属海关为主要管理层面，以实际监管、职能监管、内控监管、综合保障为主要功能的立体式综合管理体系。其实质就是以科学发展观为指导，优化海关监管和服务，适应需要，推进改革。一年多来，在海关内部进行了热烈的讨论。2010年3月20日出版的《上海海关学院学报》2010年第1期刊登专题笔谈“关于海关大监管的探讨”和“海关大监管研究”二组文章，很有见地，相信会在海关内外引起反响。我历来主张，海关业务改革和学术理论研究要走向社会，得到社会的认同，经得起社会的考验。[①] 不要孤芳自赏，要多倾听有关业务部门，特别是专家的意见。只有这样加快推进海关大监管体系的成功建设，从而更好地履行国家赋予海关的职能，建设中央放心、人民满意的海关。

（二）征税

依照海关法的有关规定对进出口货物、物品征收关税及其他税、费，是海关的又一项基本任务。

关税是海关代表国家以进出关境货物、物品的流转额为课税对象征收的一种流转税。目前，根据有关法律、法规的规定，海关负责征收两种税。一是海关税，即关税。二是进口环节税。为了节省征税人力，简化征税手续，我国海关在对进口货物和物品征收关税的同时，还依照有关法律的规定，负责代其他机关征收若干种类的进口环节税。随着国内税收体制的改革，海关代征的税收种类亦有相应的变化。目前，根据不同的征税对象，海关代征的税收有：代国家税务总局征收的增值税、消费税和代交通部征收的船舶吨税

① 拙文：《古老的文化 崭新的世界——关于筹建中国海关博物馆的再思考》，载《海关研究》2003年第1期第84页。

3种。

关税具有以下性质和特征：

1. 关税是国家以法律形式赋予海关征收的，海关是征收关税的唯一有权机关。根据（海关法）的规定，海关总署要参与制定海关税则，审理有关海关估价及税则应用中的申诉案件。海关总署领导下的各口岸海关负责贯彻执行关税条例和海关税则，并负责关税征收。

2. 关税以国家主权为依据，以国家强制力为后盾。进出口货物的收发货人或者其代理人必须依法缴纳关税，任何纳税义务人偷漏关税的行为，都将受到法律制裁。这是关税强制性的必然要求。

3. 关税征收对象仅限于进出一国关境的货物、物品的流转额。凡不通过关境的货物、物品均不征收海关税。以货物、物品是否通过关境作为征税与否的条件，这是关税区别于其他流转税的关键。

4. 关税是针对国与国（含独立关税区）之间发生货物、物品流转而征收的，故流转额大小直接影响关税税额的高低。对进出口货物征收关税同时涉及进口国和出口国两方面的经济发展以及财政收入。因此，关税具有明显的涉外性。

关税大体上可分为进口关税和出口关税两种。进口关税，简称进口税，是指海关对进口货物和物品的流转额征收的关税，是关税的主要形式。出口关税，简称出口税，是海关对出口货物和物品征收的关税。目前，经济发达国家已基本上不征出口关税。我国实行鼓励出口政策，对绝大多数出口货物不征出口关税，仅对少数货物征收出口税，目的在于调节出口量。

关税的作用主要表现为：

1. 财政作用

关税财政职能的作用，就是为国家组织财政收入，把对进出口货物征收的关税转变为国家财政资金，作为国家行使其职能的物质基础。关税的财政职能是关税的基本职能，是关税其他职能的作用赖以发挥的基础。自改革开放以来，中国海关关税收入逐步增长。2009年我国外贸进出口总值大幅下降13.9%，但海关征收关税和进口环节税净入库达9213.57亿元，比上年略有增长，多增收52.5亿元。海关税收在国家财政总收入中所占的比重也在逐年增长，已成为中央可用财政的重要来源，为中央实施积极的财政政策提供了有力保证。

2. 保护作用

这是关税和其他税种相比较，而具有的一种独特作用。关税是对进入一国的商品征收的捐税，对进口商品征收关税，可以提高该商品的成本，从而削弱它与进口国同类商品的竞争力，从而实现关税职能作用。保护，是针对国外的经济入侵或商品竞争而言，是利用国家政权采取措施抵制外国产品的进口，鼓励本国产品出口，以达到扶植或促进本国产业发展的目的。保护措施有多种，关税被公认为合法的经济保护手段。

关税政策是国家经济基础的反映，是从本国利益出发，依据本国生产水平和经济特点、优势以及国际经济贸易关系的实力地位制定的。从历史上看，各国如此，我国也是如此。我国于1950年1月政务院通过实施的《关于关税政策和海关工作的决定》指出："海关税则必须保护国家生产，必须保护国内生产品与外国商品的竞争。"[①] 宣布我国实行保护关税政策。利用对进出商品征收关税来保护民族工业，是世界上古老而又普遍采用的贸易保护手段，也是世界贸易组织承认的合法保护手段。从发达国家经济发展的历史看，关税对保护和发展本国工业，增强经济实力都起到过积极作用。直到今天，关税对于民族工业的保护作用仍然没有退出国际经济贸易的舞台，只是具体的做法更为间接、隐蔽和多样化。

3. 调节作用

充分利用国内和国际两种资源、两个市场，进一步扩大对外开放，是我国坚定不移的方针。为了不断适应社会主义市场经济发展的需要，采用国际通行的规则，建立统一、规范的对外经济体制，扩大对外贸易和对外经济技术交流、合作是十分必要的，但对外开放必须以国家的法律和政策为依据，正确引导，加强管理，维护国家权益。关税作为调节手段的一个重要经济杠杆，其作用不可忽视。它可以调节国家对外经济贸易关系，调节对外贸易活动的方向，调节生产，调节国际收支，调节国际资源的配置。

4. 关税职能作用的合理定位

从世界范围看，经济发达国家一般注重发挥关税的调节和保护作用；而发展中国家则一般注重发挥关税的财政作用。

从我国当前的现实情况出发，我国关税职能作用的合理定位应是：充分发挥关税的宏观调控作用，以调节进出口贸易和国际经济贸易关系为主；兼顾增加中央财政收入和保护国内幼稚工业的职能作用。

① 中央人民政府海关总署编：《新中国海关》，1951年11月版，第70页。

关税对某个国家来说，在一定的时期内，它能保护本国某些商品的生产和促进其生产力的发展。但如对某种商品使用不适当的关税，或不分情况地长期保护，会使该商品的生产企业养成依赖性，在国际上缺乏竞争能力，从而阻碍生产力的发展。此外，有些商品由于征收关税，使国内外差价过大，为走私者制造了非法获利的机会。走私偷运商品进出口，形成了海关管理和关税征收的漏洞，造成了国家外汇的流失、财政的减收和管理的失控。

总之，关税是在有国家存在的情况下，在一定的时期内，一定的具体条件下，对一个国家的经济活动进行调节，并在保护、促进本国生产和经济发展等方面起积极作用。但它同时也有一定的消极作用。各国都在尽量发挥它的积极作用，限制和减少它的消极作用。

海关征税的工作原则是：准确归类、正确估价、依率计征、依法减免、严肃退补、及时入库。这 24 字原则的核心和基本要求是依法治税。

（三）查缉走私

查缉走私是世界各国海关普遍承担的一项职责，也是中国海关的基本任务之一。

走私是一种逃避国家对国际贸易的管理，非法牟取暴利，严重危害国家主权利益的违法犯罪行为。走私的危害性主要表现为偷逃国家税收、扰乱经济秩序，倾销外国商品、危害民族工业，滋生腐败行为、诱发刑事犯罪，损害国家主权、影响周边关系。可见，走私活动从多方面破坏改革开放政策，对建设社会主义市场经济体系，对国家主权利益危害极大。

中国海关查缉走私的目标是，制止和打击一切非法进出口货物、物品的行为，维护国家主权利益，维护进出口贸易秩序，保障社会主义现代化建设顺利进行。海关查缉走私的具体任务可概括为：

开展反走私宣传，教育有关进出口单位和进出境人员自觉遵守海关法规，主动抵制并积极揭发检举走私活动。

加强调查研究，掌握和分析走私动态，研究走私活动规律，据以制定反走私行动计划，采取相应措施，重点打击走私犯罪行为和其他严重违反《海关法》的行为。

发挥现代科技手段和其他缉私装备的作用，积极慎重地开展反走私情报工作。着重防范和查处关区内发现的走私违法案件，尤其是货运渠道逃避海关监管的案情重大的走私或违规案件。

加强海关与公安、检察、法院以及纪检、监察和其他国家机关的协作配合，及时沟通情况、通报案情、移交案件或联合查缉。

根据我国现行《海关法》及有关法律、法规关于海关性质、任务、权限的规定，海关查缉走私具有以下性质和特征：

海关查缉走私违法活动是法律赋予海关的任务之一，因此，海关是承担查私任务的法定主体。但是，这并不意味着海关是唯一的查私法定主体。中国海关依法在各监管场所和设关地附近的沿海沿边规定地区执行缉私任务。针对中国国土辽阔，边境及海岸线漫长，走私活动无孔不入，仅靠海关难以遏制的特点，边防武警、工商行政都依法承担了查处走私活动的任务。此外，检察机关负责对走私犯罪行为审查起诉，人民法院负责对走私犯罪依法审判。

《海关法》是查缉走私的基本法律依据，是认定一切走私行为的准绳。只有逃避海关监管才构成走私，因此，任何有权机关查处走私案件，只能以《海关法》为根据，而不能背离《海关法》规定的认定走私行为的法律规定。

查缉走私是政府的职能活动，其性质是海关代表国家行使的行政执法行为。

在1998年7月中旬召开的全国打私工作会议上，党中央国务院决定组建海关缉私警察队伍，实行“联合缉私，统一处理，综合治理”的反走私斗争新体制。经过近半年的紧张筹备，我国第一支以缉私为主要职责的警察队伍于1999年1月5日正式成立。海关总署成立走私犯罪侦查局，2002年12月更名为缉私局。

走私对我国政治、经济和社会生活都造成了巨大危害；但是，多年来在查处走私案件中，存在着体制不顺的问题。作为缉私主管部门的海关只有行政执法而没有刑事执法权，造成海关在查办走私犯罪案件过程中贻误战机，经常发生主犯抓不到，取证难、抓人难的现象，最终只能对案件作行政处罚，犯罪分子没有受到应有的法律制裁。缉私警察队伍的建立，必将从体制上和海关执法权限上提高对走私犯罪活动的震慑力，根本转变对走私案件行政处罚多、刑事处罚软弱无力的状况。

缉私警察的职能和权限包括：

在中华人民共和国海关关境内，依法查缉涉税走私犯罪案件，对走私犯罪案件和走私犯罪嫌疑人依法进行侦查、拘留、逮捕和预审工作。

对海关调查部门查获移交的走私犯罪案件和走私犯罪嫌疑人，依法进行侦查、拘留、逮捕和预审工作。

接受地方公安机关（包括公安边防部门）和工商等行政执法部门查获移

交的走私犯罪案件和走私犯罪嫌疑人，依法进行侦查、拘留、逮捕和预审工作。

地方公安机关负责查处走私武器、弹药、毒品、伪造的货币、淫秽物品、反动宣传品、文物等非法涉税走私犯罪案件。但是，对于发生在海关监管区内的上述非涉税走私罪案件，由走私犯罪侦查机构立案侦查。

对侦查终结的走私犯罪案件向检察机关移送起诉，对经侦查不构成走私罪的案件和虽构成走私罪但司法机关依法不追究刑事责任的案件，移交海关调查部门处理。

在地方公安机关配合下，负责制止在查办走私犯罪案件过程中发生的以暴力、威胁方法抗拒缉私和危害缉私人员人身安全的违法犯罪行为。

依法受理、查办与走私犯罪案件有关的申诉，办理国家赔偿。

承办国务院、海关总署、公安部交办的重大走私案件和其他事项。[①]

缉私警察不承担维护社会治安，打击其他刑事犯罪的职责。

缉私警察与公安部门依法进行分工与合作，共同打击走私犯罪。在打击走私犯罪活动时，缉私警察与地方公安机关的分工是：地方公安机关负责查处走私武器、弹药、毒品、伪造的货币、淫秽物品、反动宣传品、珍贵文物、国家级保护动植物等非涉税走私案件，缉私警察负责查处所有涉税货物走私案件。但对于发生在海关监管区内的上述非涉税走私案件，由缉私警察负责立案侦查。确因案情复杂，缉私警察侦查有困难，需要地方公安机关配合工作的，地方公安机关应积极给予支持、配合。

国家实行“联合缉私、统一处理、综合治理”的缉私体制。海关负责组织、协调、管理、查缉走私工作。各有关行政执法部门查获的走私案件，应当移送海关侦查走私犯罪公安机关。地方公安机关依据案件管辖分工和法定程序办理。

为了进一步完善缉私体制，加强海关缉私警察与地方执法部门的协调配合，2001 年经国务院批准，海关走私犯罪侦查分局列入地方公安机关机构序列。如设在海关总署广东分署的走私犯罪侦查局广东分局，又称为广东省公安厅走私犯罪侦查局。

（四）统计

海关统计是国家统计的一个重要组成部分。它以数字形式反映实际进出

① 深圳海关走私犯罪侦查分局编：《缉私警察执法手册》，1999 年 5 月，第 3 页。

口情况。国务院规定，海关统计是国家正式对外公布的进出口统计。

列入中国海关统计的货物范围有两大类，即实际进出境的对外贸易货物和直接影响中国物资储备增减的进出境物品。海关统计的主要作用是：对实际进出中国关境的货物进行全面、系统的记录，包括反映进出口货物品种、数（重）量、金额、贸易国（地区）、经营单位、贸易方式、收发货人所在地以及外汇来源等方面的动态。通过统计和分析，为国家制定对外贸易方针、政策和计划提供依据；及时反映国家对外经济贸易的实际执行情况，发挥海关统计在国家宏观经济调控体系中的信息、咨询、反馈、监督作用；为系统研究中国对外贸易和国际贸易关系提供资料；通过审核海关统计，对货运监管、征税等业务环节起监督把关的作用，以加强和改进海关内部管理制度。

海关统计工作的方针是：准确及时、科学完整、国际可比、服务监督。

（五）其他任务

随着一个国家在不同时期的政治和经济的需要，给海关增加一些特殊的其他任务，这是近年来世界各国海关业务发展趋势之一。近年来，我国赋予海关的其他任务有：

1. 组织实施进出境知识产权海关保护。

2. 研究拟定口岸对外开放的整体规划及口岸规范的具体措施和办法，审理口岸开放。

3. 全国打击走私综合治理工作，负责组织、协调和管理查缉走私工作。

4. 对关税的有关立法进行调研，税法起草和税法执行过程中的一般性解释工作。

5. 出口商品原产地规则协调管理。

三、中国海关的职责

根据上述任务，中国海关对外承担的主要职责有：通关管理、税收征管、加工贸易和保税监管、进出口统计、海关稽查、知识产权、海关保护、打击走私和口岸管理 8 项。[①]

① 引自海关总署网站首页（2010 年 4 月）。

第五章　海关工作方针和现代海关制度

第一节　新中国海关工作方针的历史回顾

海关工作方针是在一个时期内为解决海关工作主要矛盾，以实现一定目标而确定的指导原则。本章就这一问题作些回顾和论述。

一、新中国成立初期——“把守国家经济大门”

1951年4月21日，《人民日报》社论《为建设独立自主的新海关而奋斗》指出：“海关是一个国家的经济大门”，“它应当有效地监督中央人民政府对外贸易管制法令和决定的实施，应当负责对各种货物及货币的输入输出执行实际的监督管制，并且应当有效地征收关税，与走私进行坚决的斗争。”从这个社论反映出，当时中国海关业务指导思想的核心是“把守国家经济大门”。

二、50年代中期——“经济政治保卫”

1955年4月，全国海关关长会议提出：“在解除对资贸易行政管理工作后，海关工作的中心是做好经济政治保卫工作。”也就是说，中国海关的工作中心已由单纯把守国家的经济大门扩大到经济、政治两个方面的保卫工作。这种改变，与当时国际国内的政治形势是直接相关联的。1954年、1955年的海关关长会议反复提到：在帝国主义包围的情况下，国内外敌人的阴谋破坏和资产阶级的不法行为必更加剧，海关必须提高警惕，加强政治保卫工作。因此，上述指导方针是为适应当时社会主义改造和社会主义建设的客观形势提出的。

三、社会主义改造基本完成后——“保卫、团结”

1957年2月，毛泽东主席在最高国务院会议第十一次（扩大）会议上发表了《关于正确处理人民内部矛盾的问题》的重要讲话。讲话全面分析了社会主义社会的矛盾，指出：必须严格区分和正确处理敌我矛盾和人民内部矛盾。在人民内部，要在政治上实行“团结——批评——团结”，在共产党和民主党派关系上实行“长期共存，互相监督”，在科学文化工作中实行“百花齐放，百家争鸣”，在经济工作中实行对全国城乡各阶层统筹安排和“兼顾国家利益、集体利益和个人利益”。

1958 年 7 月，全国海关关长会议根据毛泽东主席的上述讲话，结合海关工作实践提出：“海关工作的中心，更全面地说应当是：在做好经济政治保卫工作中，必须贯彻团结国内外一切可能团结的力量这一方针。”简称为海关工作的“保卫”与“团结”两条腿走路的方针。按照这一方针，海关一方面强调自身作为人民民主专政的工具，要以处理敌我矛盾为主，“工作的锋芒”必须首先针对着敌我矛盾性质的经济走私和政治性的走私，并在实际工作中大力加强对非贸易性进出口物品的监管，海关监督管理的重点由贸易性货物转向非贸易性物品，认真查禁进出境环节的政治、经济破坏活动；[①] 另一方面则要求在监管工作中，正确区分不同对象，改进检查技术，简化手续，方便进出，并对一些边境居民、归国华侨为了贪图小利而偶犯的轻微走私，从团结教育的目的出发，按人民内部矛盾的处理原则对待，以便“团结一切可能团结的力量，更有利于孤立敌人，打击敌人”。

四、“文化大革命”期间——“政治经济保卫”

1971 年，全国海关工作座谈会在“无产阶级专政下继续革命”等极“左”理论影响下，不切实际地提出海关工作中“两个阶级、两条道路、两条路线的斗争十分激烈，斗争的实质是加强海关的无产阶级专政职能，为社会主义革命和社会主义建设服务，还是取消或削弱海关的无产阶级专政职能，为复辟资本主义服务”。为了“充分发挥海关保卫无产阶级专政的作用”，会议决定将海关原先的“经济政治保卫”工作方针改为“政治经济保卫”，以“严厉打击阶级敌人的破坏活动……为巩固无产阶级专政服务”。

为了突出海关的政治保卫作用，会议提出要“在各项监管工作中提高革命警惕性，注意研究国内外阶级斗争新动向、新特点，特别要警惕阶级敌人的政治破坏活动，发现可疑迹象，注意检查，并及时向有关部门反映”。这种将政治保卫当做海关首要任务的指导方针，使海关的正常职能受到严重削弱，

① 参见拙著：《海关管理论》，广州：中山大学出版社，1996 年，第 102 页。

工作方向发生了严重偏离。

五、改革开放初期——“保护促进”

1978 年底，中共十一届三中全会决定把党的工作重点转移到社会主义现代化建设上来以后，海关系统在深入批判林彪、“四人帮”，肃清极“左”思潮影响的基础上，根据中国共产党在新时期的总任务和改革开放形势的要求，对海关工作方针进行了几次相应的调整。

1.1979 年，全国海关关长会议提出，随着全党工作重点的转移，海关工作的重点应当转移到社会主义现代化建设服务上来，并确定新时期海关工作的指导方针是：“依法监管征税，方便合法进出，制止走私违法，保卫促进四化。”这个 24 字方针的提出，标志着中国海关的正常监管职能得到了全面恢复，使海关工作重新走上了正轨。

2. 随着对外开放的全面实施，中国对外经济、政治、科技和文化交往活动迅速增加，进出口贸易额大幅度上升，贸易方式、运输方式增多，多层次的对外开放格局逐步形成，进出境人员成倍增长，飞速发展的客观形势对海关的各方面工作提出了更高的要求。为了进一步清除“左”的影响，破除陈规陋习，在海关工作中牢固树立“服务”观念，加快改革的步伐，1985 年 2 月召开的全国海关关长会议，根据国务委员陈慕华在会议上强调海关要“把关服务”并以国家政策和国家利益为行为准则的精神，将 1979 年的 24 字方针中的“保卫促进四化”改为“保护促进四化”。

3.1985 年 4 月，中共中央办公厅、国务院办公厅在批转中共海关总署党组关于整改工作的报告时明确指出，海关系统整改工作的指导思想是：“解放思想，大胆改革，放宽政策，科学管理，健全法律，讲究文明。”这一指导思想为海关工作的改革指明了方向。

第二节　促进为主方针

一、促进为主方针的提出

促进为主作为一个历史时期海关工作的指导方针，是 1986 年 1 月 15 日在北京召开的全国海关思想政治工作会议上正式提出来的。

当时会议认为，改革是社会主义制度的自我完善。建设有中国特色的社会主义海关也是一个自我完善的过程。经过几年的实践，根据对外开放的需要，并参考外国海关的经验，今后海关工作的指导方针，要把着眼点放在促进对外经济、贸易、科技、文化交流和对外交往活动上，从以防范为主，转为以促进为主。

（一）促进为主方针的理论基础

1. 促进为主方针以社会主义初级阶段理论为依据

1978 年 12 月，党的十一届三中全会在北京召开。三中全会是新中国成立以来我党历史上具有深远意义的一次重要会议。全会对我国现阶段国情进行了分析，提出了社会主义初级阶段理论，明确了现阶段的社会主要矛盾是不断增长的物质文化需求与落后的社会生产力之间的矛盾。由此确定把工作重心由以阶级斗争为纲转向以经济建设为中心。社会主义时期的主要任务是发展生产力，使社会物质财富不断增长。社会主义的本质，是解放生产力，发展生产力。海关作为国家的一个行政管理部门，必须以促进和发展生产力作为根本的任务，积极促进对外经济贸易，促进对外交往，促进国家的经济建设。为此，海关工作也要清除“左”的影响，实现指导思想由“防范为主”向“促进为主”转移。进入 20 世纪 80 年代，海关监督管理的重点实际上已发生了第二次转移，由非贸易性物品转向贸易性货物。

2. 促进为主方针是建立在上层建筑必须为经济基础服务的理论基础之上

马克思主义哲学原理认为，经济基础决定上层建筑，而上层建筑又反作用于经济基础，二者是互为依存的。在肯定经济基础决定上层建筑的前提下，还要承认上层建筑具有相对的独立性，并反作用于经济基础。上层建筑的反作用，集中表现在它为自己的经济基础的形式、巩固和发展服务。海关是国家机器的有机组成部分，属于上层建筑的范畴。当国家的工作重心从以阶级斗争为纲转移到以发展生产力为中心，从封闭转到开放，从固守陈规到全面的改革时，在“左”的思潮影响下的海关工作的“防范为主”方针，已经成为影响社会生产力发展和经济变革的障碍。改革开放以来，经济发展，特别是外向型经济的发展，呼唤海关工作指导方针的变革。海关“促进为主”方针的确定和实施，反映了海关管理的基本规律，是适应我国改革开放的产物，是我国计划经济向社会主义市场经济转变时期的产物，是顺应生产力发展和经济腾飞的产物。

（二）促进为主方针的现实依据

1. 总结了海关工作的历史经验

新中国成立以来，海关工作取得了巨大的成绩。但是，由于受“左”的思潮影响，在指导思想上也发生过偏差，以致过分强调防范和政治保卫作用，忽视了海关工作的服务和促进作用。十一届三中全会以后，党的工作重心转移到经济建设上来，并实行对外开放政策。海关为适应新形势，制定了“依法监管征税，方便合法进出，制止走私违法，保护促进四化”的方针及一系列具体制度、办法等，在工作实践中取得了较好的效果。在总结经验的基础上，海关总署于1986年正式提出了促进为主的方针，使海关工作在观念上实现了实质性、方向性的转变。对新中国成立以来海关工作正反两方面的历史经验的总结，是促进为主方针产生的历史依据。

2. 适应改革开放的形势发展

1978年以来，我国逐步对传统的计划经济体制进行改革，直到目前向社会主义市场经济转轨。经营进出口的企业由国营公司一统天下变为多种经济成分并存，贸易方式灵活多样，进出口量大幅度上升。进出境货物和人员逐年急剧增加，海关业务范围不断扩大，1986年各项业务比1978年增加了几倍以至十几倍。由于情况的变化，导致原来建立在主要防范走私违法活动基础上的管理办法远远落后于形势。为了改变这种状况，各地海关对业务制度的改革进行了多方面的探索，并取得了不少成果。但在改革的指导思想的认识上仍有差异，急需一个适应新形势的工作方针来端正海关管理思想，引导海关业务改革。“促进为主”方针的提出，既是对海关改革成功经验的总结，也满足了海关工作对新的管理思想的需求，为海关工作提供了充分的现实依据。

（三）借鉴了国外海关法的做法

“促进为主”这一名词第一次正式出现在海关文件中，是见诸于1985年8月31日海关立法考察团（关于匈、法、美三国海关的考察报告）。考察团从苏联过境时，旅客并不多，却排队等了两个多小时，有的同志过了3次“安全门”，裤带也解掉了，还是不放行。箱子被打开，连随带的药品也被检查。对比之下，匈、法、美三国很重视使海关工作适应国家扩大对外交往的形势，一般情况下只作简单口头询问即予放行，有的只要几十秒就可以过关了。匈牙利海关总署署长说：“我们过去是“以防范为主”，现在情况变了，要“以促进为主”，为发展对外贸易和旅游事业服务”。[①] 考察团的这个报告受到了党中央、国务院的高度重视，主要领导同志都作了重要批示。国外海关的做法和

---

① 海关立法考察团：关于匈、法、美3国海关的考察报关，海关总署赴外团组报告汇编(1978.7—1987.7)，1987年12月，第262页。

经验，对转变我们的观念，确定“促进为主”方针，起到了直接的启示作用。

二、促进为主方针的内涵和目标

促进为主，在字面上是比较好理解的。促进，就是促使发展的意思。《海关法》第 2 条就把“促进对外经济贸易和科技文化交往”作为制定该法的主要宗旨；为主，是指有关事物中这一项是最重要的，也就是说，在海关工作中，“促进”的工作最为重要，其他方面相对来说是较为次要的。

促进为主，其主要内涵就是要求海关在政策法律法规规定的范围内，选择最有利于促进经济发展的执法方式。

经过 10 年的探索，多次的认识、实践、再认识、再实践的过程，对促进为主方针的内涵，多数人有了比较明晰的认识。促进为主方针，是动态的、发展的，其本质不变，但在不同时期，有不同的时代特征和具体内容。在目前社会主义市场经济体制下，促进为主方针，可简明地用 5 句话来表述：秉公执法，文明把关，科学管理，优质服务，促进经济发展和社会进步。秉公执法、文明把关是总体要求，是海关管理职能和海关自身建设所要求的。为此必须依法行政，贯彻政策，并以“一高四严”的标准（高标准，制度严密，管理严格，作风严谨，纪律严明）从严治关。科学管理、优质服务是促进为主方针的核心。它体现通关便捷、执法公正、制度严谨、管理科学的现代海关思想和为国家宏观经济调控服务、为现代企业制度服务的要求。促进经济发展和社会进步，是促进为主方针的基本目的和宗旨。

促进为主方针的目标，可以从宏观和微观两方面来理解。宏观方面，一是为实现国家宏观调控目标服务，促进国家经济发展；二是维护贸易秩序，促进市场经济体制的发育和完善；三是促进社会安定和政治稳定。微观方面，是促进企业的合法经营。健康正常发展，包括促进企业提高贸易效率，促进企业扩大进出口和促进企业守法自律等。

三、促进为主方针的意义

促进为主方针提出和实施的 10 多年，是我国海关工作不断改革、不断适应形势的 10 多年。这 10 多年解放了一代人的思想，使我国海关管理由“传统型”逐步转向“现代型”。同时，在促进为主方针指引下的各项改革成果，为今后现代海关制度的建设奠定了坚实的基础。

（一）促进为主的方针，解放了一代人的思想，丰富了海关基本理论

促进为主方针的提出和实施，使我国海关在管理思想和观念上发生了根

本的转变和重大飞跃。在这一方针的指引下，在我国海关的管理实践中，逐步形成了以依法行政为前提，以高效、便捷为基点，以贯穿海关管理全过程的全方位服务为手段，以促进国家经济发展和社会进步为目的的海关管理思想体系。从而使人们从海关管理的传统框框中解放出来，改变了海关工作人员的传统思想方式，逐步摆脱“高人一等”、“管人自居”思想的束缚，建立了海关与管理对象相互之间的合作、伙伴关系。在实践中，树立了管理就是服务，科技业务一体化、全国海关一盘棋以及管理与效益相统一、管理与国际惯例接轨、管理社会化等一系列现代管理思想，并且构成了海关基本理论的重要组成部分，为现代海关制度的全面启动，提供了有力的理论支柱。现代海关制度框架设计和建设实践，正是建立在这些管理思想和管理理论基础之上的。

（二）为我国海关改革和建设指明方向

促进为主方针，指明了海关为谁服务，提供什么样的服务，建设一个具有什么样的管理水平和管理效率的海关。近 10 多年来，海关对传统业务制度进行了大胆的改革。初步建立起以海关法为核心的海关业务法规体系，制定了关于加工贸易、保税仓库、经济特区和保税区等一系列业务监管制度，对通关制度进行了简化并进行了向国际惯例靠拢的一系列改革，出台了报关注册登记、货运申报和查验以及旅客的红绿通道制度等；在关税结构、税则归类、海关估价以及原产地规则等方面，也基本形成了符合国际惯例的关税征管制度；海关统计制度也不断完善和提高，基本上达到了目前的国际先进水平；在缉私工作中也建立了一套符合我国目前法律规范的情报、查缉和审理制度；稽查制度，作为一项崭新的业务制度在全国海关全面推广开，并取得了初步的成效。

（三）为建立现代海关制度奠定了良好的基础

促进为主方针 10 年来的贯彻执行，促进了我国对外经济贸易的迅猛发展，这种增长反过来也要求海关不断进行改革以适应新的环境。因此，海关在贯彻促进为主方针推进外向型经济发展的同时，也发展壮大了自己。10 年间，海关机构和队伍人数成倍增长，海关税收在国家财政收入中占有相当的比重。海关的地位和作用得到了中央领导、地方各级政府、企事业单位以及社会各阶层的充分肯定，海关的改革和建设也得到了他们的理解和支持。这些都是建立现代海关制度的良好的外部环境。如果没有促进为主方针的指导，海关改革与建设就会失去方向和动力；促进为主方针既是海关适应外部环境变化的必然选择，也是推动海关自身发展和建设的重要动力，为建立现代海关制度奠定了良好的基础。

四、促进为主方针的反思

（一）促进为主方针的整体评价

促进为主方针自1986年提出后，若干年中，每年都有一些新的补充和拓展，直到1994年8月提出“依法行政、贯彻政策”海关工作基本准则。我们应从这10多年的实际历史情况出发，给促进为主方针以整体评价。促进为主方针是我国改革开放初期，从以阶级斗争为纲转向以经济建设为中心；从闭关锁国转向对外开放历史时期的时代产物。顺应了“放权让利减免税”的历史潮流。

促进为主方针对海关事业带来了以下重大变化：

1. 促进为主方针推动了海关思想解放，解放了一代人的思想。

2. 促进为主方针推动了中国海关的法制化进程。

3. 促进为主方针推动了海关业务制度的创新。

4. 促进为主方针使海关的职能作用扩大，社会地位得到空前提高，促进了海关事业的大发展。

海关历史上很少有哪一个方针能产生如此巨大的影响，很少有哪一项理论能推动和促进海关方方面面发生如此重大的变化。但是，我们是历史唯物主义者，我们应该清醒地认识到，理论必须随着社会实践的发展而发展。与历史上所有伟大的理论和思想一样，在完成其重大历史使命后，不可避免地要被新的理论和思想所代替。促进为主方针也一样，今天，它已难以适应社会主义市场经济建设和依法治国的现实需要，它所遇到的根本难题已经不是一些人所说的语言表述上的缺陷和内涵不够明确之类的问题，而是一个它所代表的经济发展阶段的结束，一个“政企不分、政府直接进入市场干预企业经营活动”时代的结束，一个“放权让利减免税”时代的结束，一个“海关用自己的手直接去促进地方经济和企业发展”的时代的结束。人类历史就是这样一次次向前迈进，实现一次次历史飞跃。正因为如此，促进为主方针的“功成身退”，丝毫无损于它昔日的光辉和成就。任何一位对历史负责的人，都不会忘记“促进为主”这一方针在中国海关史上，对海关事业的改革与发展曾经产生的巨大历史推动作用。

（二）促进为主方针的历史局限性

1. 离开了中央利益，片面照顾地方利益；离开了法律确认的社会公共利益，迁就迎合单位集团的局部利益。就像人们所总结的突出表现为审批从松、手续从简、征税从优、验放从速、核销从宽、处罚从轻等。海关角色和作用的误导，使少数地方与企业以为海关无所不能。把“大胆地干，大胆地闯”等脱离实际的一些做法，与海关放任管理联系在一起。

2. 离开了政策法规，片面讲灵活变通。在实践中表现为绕红灯、打擦边球。对可行可不行，可税可不税，可罚可不罚等“两可”问题，超规定地灵活处理。所谓能做不能说，进行变通，在变通中获得利益；甚至变不通为通，强调特殊性而背离执法的统一性。

3. 离开了把关，片面强调服务。把简化手续，加速验放理解为减少查验，松简快便，强调为企业服务而淡化严密监管。在进出境秩序与效率关系方面，把海关工作与“提高”贸易效率简单地等同，“前面”提出“放开”，“后面”没有“管住”，甚至在原则问题上也放弃了海关的把关职能。

4. 离开了实事求是原则，片面追求政治性的宣传效应。因为促进手段单一，所以一有风吹草动，总能见到各级海关纷纷出台十条八条扶持措施，不这样做好像显不出海关的重要性。这类措施中，有的也不乏有些实际内容，而有的本来就是海关的本职职能。但不少是因袭陈言，懂行的地方和企业都心知肚明，那不过是一堆毫无生气的词语，只是打招牌、创效应、求轰动的政治文化而已。[①]

（三）促进为主方针的理性思考

海关工作指导方针同作为上层建筑形态的其他事物一样，是由经济基础决定的。“防范为主”、“促进为主”和“依法行政”分别同计划经济、转轨过渡经济和社会主义市场经济相适应，有其产生、发展和消亡的过程。依次更替的一切海关工作指导方针，只是海关发展进程中的阶段，都不是永恒的。永恒的观点是形而上学的观点。

恩格斯在《路德维希、费尔巴哈和德国古典哲学的终结》一文中指出：“每一个阶段都是必须的，因此，对它所以发生的时代和条件说来，都有它存在的理由；但是对它自己内部逐渐的发展来的新的、更高的条件来说，它就成了过时和没有存在的理由了；它不得不让位于更高的阶段，而这个更高的阶段也同样是要走向衰弱和灭亡的。”

马克思主义哲学告诉我们，观察历史上产生的事物不能采取孤立的静止

① 余大乐：反思与超越：对海关工作指导思想的理性思考，载于《海关研究》，1999年第1期第16页。

的方法，而是应该将其放在一定的社会历史环境中并用发展的观点加以认真考察。“防范为主”、“促进为主”和“依法行政”的方针，对于分别产生它们的3个时期来说都是必然的，都有存在的理由，否则它们就不会产生。但如同世界上的其他事物一样，由于它们赖以产生的客观条件在变化发展，因此它们也会逐步走向消亡。对于前两者来说，简单地评价它们的优劣是不客观的；在不同的发展阶段上，它们所起的作用是不同的。“促进为主”方针否定了“防范为主”方针，“依法行政，为国把关”方针又否定了“促进为主”方针，这就是否定之否定规律的作用。“否定”不是全盘否定，而是否定那些不适应新的更高的社会经济形态、已经过时和没有存在价值的东西。①

第三节 依法行政，为国把关方针

一、依法行政，为国把关方针产生的历史背景

工作方针，是国家、政党在一定时期内，为达到一定目标而确定的指导原则。有总方针，也有具体方针。“依法行政，为国把关”方针的确定，是在我国特定的历史条件下，海关为实现新的目标和任务而确定的指导海关各项工作的总原则；是海关为适应建立社会主义市场经济体制和依法治国方略的基本要求而作出的理性选择。

改革开放以来，我党作出了四项影响和改变我国经济、社会发展和国家命运的重大战略决策，一是从“以阶级斗争为纲”转向“以经济为中心”；二是从“闭关锁国”转向“对外开放”；三是从计划经济转向社会主义市场经济；四是从“人治”走向“法治”。这四项重大战略决策，都对海关工作产生了十分深刻和重要的影响。前两项决策促成了我国海关“促进为主”方针的产生，创造了海关历史的重要辉煌；后两项决策促成了我国海关“依法行政、为国把关”新方针的出台。

1. 社会主义市场经济体制是确立新方针的经济基础②

十一届三中全会后，我国实行了改革开放的基本国策，开始了建设有中

① 庄水清：《论海关工作的指导方针的历史唯物主义地位》，载于《海关研究》，1999年第1期，第11页。

② 高融昆：《学习新方针 研究新方针 贯彻新方针》，载于《中国海关管理干部学院学报》，1999年第2期，第14页。

国特色社会主义理论和实践的探索。在20世纪90年代初，我国宏观经济形势发生了深刻的变化，我国的工农业生产和规模迅速扩大，许多重要产品出现供大于求的局面。我国终于摆脱了困扰我国几十年的短缺经济，实现了从“卖方市场”向“买方市场”的过渡。中国经济迫切需要进行新的结构性调整和突破。1992年10月，中国共产党召开十四大，确立了建立社会主义市场经济体制的宏伟目标。1993年11月召开的十四届三中全会通过了《关于建立社会主义市场经济体制若干问题的决议》，明确了建立社会主义市场经济体制的基本框架，指出“建立社会主义市场经济体制，就是要使市场在国家宏观调控下对资源配置起基础性作用”。市场经济的两个显著特点一是公平竞争，二是法制经济，但最基本的还是法制。国家实施宏观调控的基本手段主要有经济手段、法律手段以及必要的行政手段。但不管是哪种手段，都要通过法律、法规和规章的形式来体现。因此，法律手段是最基本的。建立市场经济体制所需要的统一市场、国家宏观调控、现代企业制度、社会保障制度等主要支柱没有哪一个离得开法律。它们都需要通过法律的形式来规范、引导、制约和保障。海关是国家进出境监督管理机关，在性质上属于行政执法机关。在社会主义市场经济条件下，海关管理必须体现市场经济的基本规律和市场法制的基本要求。

2. 依法治国方略的提出是海关新方针确立的政治要求

江泽民总书记在党的十五大报告中，从建设有中国特色的社会主义国家，继续推进政治体制改革的高度，第一次把依法治国，建设社会主义法治国家，作为党领导人民治理国家的基本方略郑重提了出来。

法治是治国的理念和原则。而我们传统上讲的法制，是法律制度的简称。法律制度是相对于经济制度、政治制度和社会制度而言。法制制度不等于法治。因此，历史上从奴隶社会到封建社会，都有法律制度，但都不是法治，而是人治。有法可依、有法必依、执法必严、违法必究是传统法治理论的基本总结。依法治国就是要：①进一步健全社会主义民主制度，扩大依法治国的民主基础，努力实现民主的制度化和法制的民主化。②在2010年前建立一个能适应形势发展需要、体现广大人民意志、符合社会发展规律、富有中国特色的社会主义的比较完备的法律体系。在加强立法的同时要加强执法，坚持改变有法不依、执法不严、违法不究，以及地方、部门对违法行为采取保护主义的做法。③政府依法行政，司法公正办案，这是建设法治国家的必备条件。行政和司法机关都必须把保护公民的权利当做自己的重要职责。行使行政和司法权力必须受到制约，防止权力的滥用。④不断提高广大干部和群众的法律意识和法制观念，特别是提高各级领导干部的法制观念和依法办事能力，是实现法治国家的基本保证。海关是代表国家对进出境实施监督管理的行政执法机关，依照国家法律法规办事，执行中央统一政令，把好国家经济大门，是海关的基本职责。中央领导同志明确指出，海关是保卫国家经济的“钢铁长城”，是国家的“守门员”，必须“管住自己的人，把好国家的门”。但是，从海关的实际情况看，无论是海关法律的质量、执法的公正性，还是海关执法队伍的素质、法制观念都有待提高。海关执法活动中，不依法行政，违法行政、执法腐败的现象比较严重。海关执法、自身守法，以及促进企业守法的任务都十分繁重。

3. 海关执法中严重违法行政和执法腐败现象的暴露为新方针的确立提供了现实的条件基础

近年来，海关系统连续发生了一系列严重的违法行政、执法腐败和重大失职案件。1998 年 9 月，海关总署召开了以“清除执法腐败，加强队伍建设”为主题的全国海关关长会议，对近年来发生在福田、湛江等地的内外勾结、受贿放私的特大执法腐败案件和其他一批违法行政事件进行深刻的剖析和总结。会议指出“这些现象无一例外都与海关的执法思想、执法管理和执法行为相联系”。我们必须从这些案件的分析和解剖中，从惊心动魄的走私与反走私、腐败与反腐败的激烈斗争中惊醒，并从中得到深刻的教训。一是必须牢记为国把关的神圣职责，任何时候都不能偏离依法行政的基本准则；二是必须牢记执法者的责任和纪律，任何时候都不得徇私舞弊；三是必须坚持从严治“官”，任何时候都不能放松对领导干部的监督；四是必须时刻牢记全心全意为人民服务的宗旨，任何时候都不能放松世界观的改造。这次会议，实际上为新方针的出台奠定了理论和实践的基础。

党的十五大确立了依法治国的基本方略，要求一切政府机关都必须依法行政，任何人、任何组织都没有超越法律的特权。海关是代表国家对进出境实施监督管理的行政执法机关，依照国家法律法规办事，执行中央统一政令，把好国家经济大门，是海关的基本职责。近年来一些海关执法活动中出现的种种怪现象，湛江、福田保税区、福清等海关暴露出来的执法腐败大案，就是典型的例证。在惨痛的教训面前，我们应当清醒，自觉地把认识统一到党的十四大、十五大精神上来，进一步认清形势，明确方向。1999 年 1 月 25 日召开的全国海关关长会议的主题报告中，提出“依法行政，为国把关”的海关工作方针。

二、依法行政，为国把关方针的内涵

1. 必须牢固树立法治意识

认清海关是行政执法机关，依法行政是海关工作的最高准则，我们只有严格依法办事的义务，没有超越法律、自行其是的权力。任何违反法律的“灵活变通”、“法外施恩”和滥用职权、侵犯当事人合法权益的行为都是不能允许的。

2. 必须牢固树立把关意识

认清海关是国家经济大门的守门员，增强为国把关的责任感和使命感，充分发挥海关职能作用，捍卫国家经济安全，构筑中华民族的经济钢铁长城。必须把国家利益放在第一位，任何时候都不能背离职守，超越权限，以避免局部利益损害国家全局利益。

3. 必须牢固树立正确的服务意识

促进对外经济贸易和科技文化交流的健康发展，为社会主义现代化建设服务，是海关工作的宗旨。任何将维护贸易秩序与促进贸易效率对立起来的观点都是错误的。海关人员不能离开法律和政策讲服务，更不能借口“服务”搞执法腐败。海关人员的“服务”主要是体现在“爱岗敬业、公正执法、高效服务、文明廉洁”上。

三、依法行政，为国把关和服务经济，促进发展方针

1999 年初提出的“依法行政，为国把关”的工作方针，对于纠正把关不严和局部执法腐败发挥了明显的历史作用。可以说是我们严厉打击走私犯罪的“镇山法宝”，功不可没，赢得社会上的普遍赞誉。但是，我们也应当看到，不少地方政府和外贸进出口企业对我们海关工作还有不少意见，有些还相当强烈。集中到一点，就是因通关效率不高，影响到进出口贸易和企业的自身经济效益。

实践是检验我们工作的唯一标准。我们提出工作方针，应该充分领会其最本质的内涵和意义。对海关来说，提出的工作方针应该达到一个十分重要的社会效果就是廉洁、高效，而不是为把关而把关，为查验而查验。有了正确的工作方针还不够，还必须有正确的理解和符合实际的工作措施。这其中就有一个如何正确处理“把关”和“服务”关系的问题。因此，2001 年 4 月

17日，在全国海关科技工作会议上提出了“依法行政，为国把关，服务经济，促进发展”的业务指导思想。这是对“依法行政，为国把关”方针的进一步完善和发展。

这一方针提出后，得到了全国海关上下的一致拥护，也得到了各级党政和社会各界的普遍赞扬。经过半年多的实践和深入广泛的研讨，海关总署党组于2002年1月15日在北京召开的全国海关关长会议上正式提出全面贯彻海关工作方针：依法行政，为国把关，服务经济，促进发展。

“依法行政”是海关工作的基本准则。其本质是职权法定、程序法定，一切行政行为必须在法律、法规、规章制度范围内进行。实现有法可依、有法必依、执法必严、违法必究，不断提高海关管理的公开、透明和法制化水平，以更好地维护国家全局利益和企业合法权益。“为国把关”和“服务经济”是国家对海关的两个基本要求。海关必须高质量地完成党和国家交给的税收、打私等各项任务，维护公平有序的进出口环境，保护国家经济安全。同时，海关工作必须服从、服务于党的基本路线。海关人员必须以“爱岗敬业、公正执法、高效服务、文明廉洁”为座右铭。按照“守法便利”的原则，切实提高通关效率，努力降低贸易成本，为促进我国对外经济贸易的健康发展提供优质高效服务。实现严密监管和高效运作的有机结合，是做好当前海关工作的关键。

促进发展是海关工作的根本目的。发展是硬道理。海关工作必须以“三个有利于”为标准，加快海关改革和建设步伐，促进我国先进生产力发展和社会进步，体现最广大人民群众的根本利益，全面实践江泽民总书记“三个代表”重要思想。

新方针4句话、16个字是互相联系、不可分割、各有侧重、互为补充的一个辩证思维的有机整体。在实践中一定要全面把握、防止偏颇。新方针是客观形势对我们的必然要求，是对海关历史经验的继承和发展，是对海关工作规律认识的升华，是把握“把关”与“服务”平衡点有力的思想武器。同时，也是进入21世纪后，我国要在更大范围和更深程度上参与经济全球化，改革开放和社会主义现代化建设进入到一个新的阶段，中国海关与时俱进，转变观念，全面推进业务制度改革的具体体现。

《海关法》第1条立法宗旨指出，“为了维护国家的主权和利益，加强海关监督管理……”，侧重强调的是“把关”；而“促进对外经济贸易和科技交往，保障社会主义现代化建设……”，侧重强调的是“服务”。《海关法》的开篇就把“把关”和“服务”紧密地统一在一起，既有深刻的含义，也有坚实的理论和实践基础。1999年提出“依法行政，为国把关”方针的时候，就反复强调，“依法行政，为国把关”不是不要服务。在社会主义市场经济条件下，海关严格依法行政，严厉打击走私，保护公平竞争，维护贸易秩序，就是最好地为国民经济发展服务，就是对经济发展的最大促进和贡献。严格执法和热情服务是依法行政中同等重要的两个方面，不可偏向任何一方。也就是说“依法行政，为国把关”与促进服务的目标是一致的。“把关”和“服务”是辩证的统一；“把关”之中有“服务”，“服务”之中不能忽视“把关”，这两者不是完全对立的。如果把“依法行政，为国把关”理解成所有出口企业是我们的对立面，都必须严查细验，一个也不能放过，那就有失偏颇。对于多数守法企业来说，都是我们的服务对象，为他们服务，千方百计地提高通关作业效率，就是为经济建设服务，就是我们海关为建设有中国特色的社会主义事业作贡献。常备不懈，严防猛打，保持高压态势，是对少数不法企业和走私犯罪分子而言。我们应在工作实际中不断探索，想方设法找到“把关”和“服务”的平衡点。这是一种领导艺术，也是一种执法水平的体现。

四、优化海关监管和服务

在贯彻“依法行政，为国把关，服务经济，促进发展”方针的过程中，切实优化海关监管和服务，并应特别注意正确处理好以下几个关系。

1. 处理好中央与地方、全局与局部利益的关系

在促进经济发展这一点上，地方与中央的根本利益是一致的，从根本上讲，两者之间不存在矛盾和冲突。地方希望经济发展快一些是无可厚非的，但是这种发展不应以牺牲国家全局利益、牺牲其他地方的利益为代价。海关是国家进出境监督管理机关，是中央直属单位，在执法活动中，应该在法律规定和授权范围内，最大限度地为包括地方在内的社会各界提供优质高效的服务。但是，在地方局部利益和小集团、小团体利益与国家整体利益发生矛盾的时候，海关应毫不犹豫地维护国家整体利益。任何脱离海关职守，超越海关权限，自定政策措施，试图为地方“开小灶”的做法都是错误的。

2. 处理好坚持集中统一、垂直领导的管理体制与继续紧密依靠各级党政、加强与各有关部门合作的关系

贯彻“依法行政，为国把关”的方针，需要我们在更加自觉地坚持垂直领导的同时，继续紧密依靠各级党委和政府，并在工作中加强与有关部门的

联系与合作，不能“包打天下”。但是，依靠地方党政和加强合作，不能成为以损害国家全局利益为代价，牟取地方局部利益或各种小团体利益甚至个人私利的借口和幌子。决不能在海关执法活动中以获取地方党政的支持为名，行违法行政之实，更不允许通过违法行政滋生腐败。

3. 处理好严格依法办事、公正执法与热情、优质和高效服务之间的关系

依法行政，绝不是机械办事，更不是消极怠工。如果以所办事项是否符合规定为由拖拉扯皮，相互推诿责任；或者细查细验，人人过关，那是衙门作风，就又回到了“防范为主”的老路上去，不是行政机关应有的形象，也违背了依法行政的初衷。强调依法行政，要求我们更加注意向社会做好有关法律、法规的广泛、深入和细致的宣传工作，更加注意优质、文明、高效服务，树立海关依法行政、优质服务的良好形象。

4. 处理好积极推进各项改革与保持业务和队伍稳定之间的关系：

当前海关改革的任务非常繁重。通关作业改革需要继续完善和演化，新的缉私体制需要进一步落实到位，机构改革和口岸管理改革要继续推进。在这样的情况下，更加需要各级领导把握好改革、发展和稳定之间的关系，加强学习，做好深入细致的思想政治工作，精心组织，积极稳妥地推进各项改革和建设，确保改革整体协调推进和队伍的相对稳定。

作为海关关长，必须正确处理与地方党政和企业的关系，摆正位置，善于把握“依法行政，为国把关”和“服务经济，促进发展”的辩证关系；既坚持原则，又很艺术地处理好与地方党政及企业的关系。海关的特殊地位告诉我们，正确把握和处理好与地方党政及企业的关系是一门学问，也是一种领导艺术。我们海关的执法现状、服务态度和队伍建设等，各方面都要自觉地接受地方党政和企业对我们的监督。

第四节 现代海关制度

一、建立现代海关制度是时代发展的要求

1993 年 11 月，在党的十四届三中全会上，社会主义市场经济目标的提出和框架的确定，标志着我国经济社会发展进入了一个新的时代，标志着我国改革开放和社会主义现代化建设事业进入一个新的发展阶段。经济基础的变革，必然要求包括国家法律、政策、政府职能以及管理方式、手段在内的上

层建筑各个方面作出相应的变革。1994 年 6 月，江泽民同志在广东考察时指出："要下大力气搞好管理。经济要发展，管理要加强。管理制度要全面，管理工作要严格，管理水平要提高。无论是经济的、法律的、行政的、社会的管理水平都要提高。搞现代化建设，没有现代的管理是不可想象的。"① 这一论述，深刻地阐明了现代化管理在现代化建设中的重要性，对建设有中国特色的社会主义事业，具有深远而现实的指导意义。

回顾历史，不难发现，管理现代化是世界上许多国家发展的普遍趋势，许多国家的经济腾飞，往往都与他们大力提高管理水平息息相关。管理已经成为生产的第四要素。众所周知，管理是维系人类正常社会活动的必要条件。因为管理的基本含义是协调和控制，强调的是人们的活动如何被纳入一定群体的某种秩序或规范之中。社会越向前发展，社会化大生产对人类提出的要求就越高，人们的个性和需要就越多样化，种种非稳定因素就有可能增加。在这样的情况下，也就越要加强管理，以达到稳定。管理的任务，就在于把非稳定因素控制在一定的"度"以内，把人们因利益格局而引起的种种矛盾引向缓和，保持在"秩序"的范围内。我们就是要通过加强管理，逐步实现管理现代化，极大地提高社会主义社会的协调性与和谐性，以便从根本上保证社会主义社会长治久安。

管理现代化是海关管理活动发展的必然趋势，是由传统管理模式向现代管理模式发展的过程。建立社会主义市场经济体制是新中国成立以来社会运行机制的一次重大变革，也是我国国家行政管理的一场深刻的革命。市场经济体制要求所有的政策部门必须面向企业，为企业服务。国际经济关系的变化和发展，也在催促这种变革过程的加快。海关作为政府部门之一，必须顺应变革，从指导思想、业务制度、管理模式、方法手段等各方面进行全面的改革和建设。建立现代海关制度，是时代发展的要求，是社会主义市场经济的需要。

二、现代海关制度第一步发展战略

（一）现代海关制度的提出及其背景

从 20 世纪 70 年代末到 90 年代初，国际国内形势发生了深刻的变化。在国内，以邓小平同志南巡讲话和党的十四大召开为标志，我国改革开放和现代化建设进入了新的历史发展时期。1993 年 11 月党的十四届三中全会通过了

① 转引自《求是》，1995 年第 6 期，第 2 页。

《中共中央关于建立社会主义市场经济体制若干问题的决议》。市场经济体制建设这一目标的提出，大大加快了我国经济体制各个领域的市场化进程。从1994年起，我国金融、财税、计划、投资、外贸、外汇等各个领域都相继进行了全面改革。从海关内部看，由于十多年的改革开放，国民经济和对外贸易的持续快速增长，全方位对外开放格局的基本形成，进出口业务迅猛增长，海关面临着前所未有的通关压力。10多年来，尽管我国海关所进行的一系列改革开放取得了显著的成效；但由于这些改革大多是单项的、局部的，因此不可能从根本上解决海关管理中的深层次矛盾和问题。

在国际上，以冷战的结束、乌拉圭回合谈判全面达成协议以及世界贸易组织的成立为标志，世界政治和经济格局发生了深刻的变化，世界经济区域化和一体化趋势同时加强，国际经济联系日益紧密，经济竞争和综合国力较量更加激烈。许多西方发达国家和部分发展中国家海关为了适应日益激烈的国际竞争，提高国际贸易效率，提高本国经济的国际竞争力，顺应本国社会变革的需要，纷纷制定实施海关现代化战略，掀起了海关制度现代化的国际浪潮。WTO、WCO以及APEC等国际组织也进一步加大了简化、协调和统一海关制度的力度。

因此，从历史和发展的观点看，建立现代海关制度是我国海关的历史抉择。

（二）第一步发展战略规划的主要内容

1. 建立现代海关法制体系，实现海关管理法制化

按照党的十五大提出的“依法治国”的基本方略，建立与市场经济体制相适应，与海关现代化建设相配套，与国际海关通行规则相衔接，法律完备、执法规范、监督有效的海关法律体系，全面提高海关管理的法制化水平。建立以新修订的《海关法》为主体，海关行政法规、海关规章和规范性文件为补充的海关法规体系。同时，按照国家法律改革的要求，改革海关行政立法管理体制，制定办法，规范程序，加强归口管理。

2. 建立企业守法管理体系，促进企业守法自律

实施企业守法管理，促进企业守法自律，是实现海关监督管理职能的重要形式。重新规范进出口相关企业的权利和义务，建立以海关稽查、守法评估和分类管理为主要内容的企业守法管理体系，形成企业守法管理同货物实际监管有机结合的海关监管新格局。推进报关服务的市场化改革，实行报关员执业资格考试和行纪约束。进一步完善稽查制度，规范稽查作业程序，提高稽查专业技能。

3. 建立海关信息化管理体系，发挥信息化管理的基础和先导作用

充分发挥信息化管理在海关管理中的基础和先导作用，实现业务科技一体化，是建立现代海关制度的关键。要尽快建立起以数据库和网络运用为基础，具有决策支持、业务处理和监督控制功能，技术先进、安全可靠的海关信息化管理体系。加快 H2000 工程的开发，加强信息化管理的基础建设。结合国家“三金”工程，加快海关信息网络建设，建立以海关总署为中心，以公用通信网和海关专用卫星网为支持，集中与分布式相结合，联结全国海关、外经贸管理等部门和国际海关的安全可靠的网络系统，为海关管理提供高质量的技术支持。

4. 建立现代通关管理体系，提高通关管理的整体效能

在海关信息化管理体系支持下，重新设计通关作业流程，重组业务职能机构并转变其职能管理方式，形成信息化、集约化、规范化和专业化的现代通关作业模式，同时进一步完善税收征管制度，实施通关管理的配套改革，全面提高通关管理的整体效能。

5. 建立严密的物流监控体系、增强海关的实际监控能力

充分发挥物流监控中心和口岸现场海关的职能，在信息化管理的基础上，对进出境运输工具和进出口货物、物品进入关境、监管场所以及转关运输的全过程实行监控。

6. 建立现代海关调查体系，增强海关缉私能力

实施全关境缉私战略。加强海上、内河、沿边地区和口岸现场的缉私工作，建立机动缉私力量，加大对非设关地走私的打击力度。增加缉私人员编制，增配先进缉私装备，强化缉私手段，提高海关缉私的快速反应能力。加强海关缉私工作的集中统一指挥。要强化海关反走私管理体制，加强集中统一指挥。加强海关反走私情报工作。高度重视情报工作的战略意义，依靠现代信息技术，加强情报，尤其是战略性情报的开发利用。

7. 建立现代海关行政管理体系，提高海关行政管理效能

重新划分层级事权，转变职能管理方式，改革干部人事制度，强化监督制约机制，加强精神文明建设，优化人、财、物资源配置，提高海关行政管理效能。强化直属海关的业务处理和运行管理职能。强化基层海关的实际监控职能。建立新的海关职位分类制度，提高海关队伍的专业化水平。建立有效的防范和监督机制，强化海关廉政建设。努力营造欣欣向荣的海关文化，为建设一支具有良好政治素质和业务素质的“四有”关员队伍创造了良好的

文化氛围，为建立现代海关制度提供了强大的精神动力和思想保证。

8. 建立海关公共关系体系，营造良好的海关执法环境

要充分运用政府公共关系理论和方法，开展国内国际合作，加强新闻宣传，增进理解、加强交流、化解矛盾，优化执法环境，提高执法效能，树立海关“公正、廉洁、文明、高效”的良好社会形象。

（三）第一步发展战略的成功实践

到1993年，现代海关制度第一步发展战略目标基本实现，主要表现在：一是通关作业改革及机构改革全面推行。全国海关对传统的海关作业流程、作业方式、职能管理实现方式进行了全面系统的改革，初步形成了由审单系统、物流监控系统、职能管理系统和风险管理平台构成的通关管理模式。二是通关作业改革各项配套措施适时推出。初步建立了全国快速通关体系，“便捷通关”、“无纸通关”、“大通关”等新型通关制度相继出台。三是海关信息化建设成效显著。基本形成了“电子海关”、“电子口岸”、“电子总署”的应用格局，海关信息系统已在国家7大重要信息系统中占据重要位置，为提升海关把关服务能力发挥了重要作用。四是海关法制工作进一步健全。初步建立了以《海关法》为核心的海关法律框架体系，除了《海关法》外，国务院和海关总署制定了一系列贯彻实施《海关法》的法规和规章，内容涵盖监管、征税、加贸、统计、稽查、缉私等各项海关业务。五是队伍建设全面进步。在经历了声势浩大的反走私、反腐败斗争后，不断深化干部人事制度改革，重点加强领导班子建设，突出对“一把手”的管理和监督。除了在总署组建政治部外，在22个直属海关成立政治部，加大政治工作力度。党风廉政建设和反腐败工作效果明显，监督制约机制日渐强化。在关衔接制度实施后，全国海关以此为契机，正在按照“政治坚强、业务过硬、值得信赖”的海关队伍建设要求，努力建设一支高素质的准军事化海关纪律部队。

三、现代海关制度第二步发展战略

2003年初，根据海关工作面临的新形势和新要求，总署党组提出全面建设现代化海关制度的第二步发展战略目标，力争到2010年，在中国海关建成比较完善的现代海关制度。2004年4月，《2004～2010现代海关制度第二步发展战略规划》正式实施，并结合国内外形势的发展，在2006年和2008年作了两次修订。

（一）第二步发展战略规划的提出及其背景

国际局势继续发生着深刻而复杂的变化，世界多极化、经济全球化仍是当今国际格局演变的两个主要趋势。和平与发展是当今世界的主题，求和平、促发展、谋合作是世界各国人民的共同愿望，也是不可阻挡的历史潮流。经济全球化趋势继续发展，但国际经济竞争依然深刻复杂。贸易保护主义进一步强化，更加广泛的国际合作和更为激烈的国际竞争同时并存。科技创新成果的应用和推广加速，尤其是现代信息技术的迅猛发展，正在改变国际贸易的成交、运输和管理方式。国际间货物、资金、信息、服务及人员的跨国界流动进一步扩大，传统和非传统安全威胁的因素不断增多。国际社会更加看重我国的作用和影响。

在国内，我国已进入全面建设小康社会的关键时期。改革向纵深推进，社会主义市场经济体制逐步完善。在更大范围、更广领域和更高层次上参与国际经济技术合作与竞争，对外贸易进一步扩大，贸易结构不断优化，吸引外资规模持续增长，和东盟、东亚等国的区域经济合作进程加快，与香港、澳门经贸关系更加紧密。同时，我国进入加入世贸组织的后过渡期，外贸增长方式粗放、进出口不平衡、贸易摩擦等问题更加凸显，对外经济发展及其对国内经济影响的不确定和不可控因素增加。

20 世纪 80 年代以来，国际海关现代化浪潮也给中国海关带来巨大的冲击。WTO、WCO 等国际组织日益重视全球贸易的安全与便利。WCO 先后修订了《京都公约》，制定了《全球贸易安全与便利标准框架》，全面规范海关制度和标准做法。欧美等发达国家不断强化贸易安全，相继推出了“集装箱安全倡议（CSI）”、“海关—商界反恐慌伙伴关系计划（C－PTAT）”、“特大型港口计划”、“安全智能贸易航线试点计划”等。各国海关也纷纷制定发展战略规划、修订海关法规、实施机构重组。同时广泛应用风险分析、信用管理、绩效考核和海关稽查等先进管理方法和技术。海关改革出现“四个转变”的趋势，即：管理理念从“行政主导”向“客户导向”转变，管理对象从以物为主向物和人并重转变，管理方法从单一模式向分类管理转变，管理方式从各自为战向广泛合作转变。中国海关必须紧跟世界海关现代化浪潮，按照国际通行规则实施管理。

新的形势下，海关既面临难得机遇，也将长期面临“要求更大、难度更高、任务更重”的严峻挑战。海关必须坚持用发展的眼光、发展的方法解决发展中的问题，抓住机遇，与时俱进，必须着眼全局，迎接挑战，高质量地完成税收、打私等各项任务，维护公平有序的进出口环境，保护国家政治、经济和社会安全；必须居安思危，更新观念，转变管理职能，改革管理制度，创新管理技术和手段，全面推进海关现代化建设。

（二）指导思想

以邓小平理论和“三个代表”重要思想为指导，全面贯彻落实科学发展观和构建社会主义和谐社会等重大战略思想，按照党的路线方针政策和党中央、国务院对海关工作的指示，树立和落实科学的治关理念，始终坚持“依法行政，为国把关，服务经济，促进发展”的海关工作16字方针和“政治坚强、业务过硬、值得信赖”的海关队伍建设12字要求，以建立风险管理机制为中心环节，以构建综合治税大格局统筹海关业务工作，以建设准军事化海关纪律部队统筹海关队伍建设，努力建设智能型现代化海关，高质量地完成党和人民交给的各项任务，为促进我国对外经济贸易发展，全面建设小康社会作出更大的贡献。

（三）战略目标

在初步实现现代海关制度第一步发展战略目标的基础上，以建立风险管理机制为中心环节，全面、协调地推进海关各项改革与建设，到2010年，基本建立起与全面建设小康社会相适应，与完善的社会主义市场经济体制相配套，与国际通行规则相衔接，严密监管与高效运作相结合的现代海关制度，努力建设科学、文明、高效、廉洁、和谐的智能型现代化海关，为促进我国对外经济贸易发展、全面建设小康社会作出更大的贡献。

（四）以建立风险管理机制为中心环节

以建立风险管理机制为中心环节，必须将风险管理作为海关管理哲学和改革方略的一个重要组成部分，在各项工作中进一步强化风险管理意识，运用风险管理的基本理论和方法技术，整合优化资源，改进和创新海关管理模式、运作机制、作业流程，逐步建立符合“方法科学、手段先进、识别准确、反应敏捷、配合密切、管理有效”的要求，涵盖海关各工作领域、各层级的风险管理工作机制，全面提升中国海关的管理水平。

（五）业务工作重点领域和主要发展目标

海关要以构筑综合治税大格局统筹各项业务工作，遵循海关业务工作的基本规律，整合业务资源，改革业务制度，创新管理模式，提高执法能力，不断提高把关服务整体水平，确保完成国家交给的各项任务。

1. 提高税收征管水平，确保国家税收应收尽收

海关税收是各项业务的“轴心”。构建综合治税大格局，建立综合治税、科学征管、应收尽收的税收征管长效机制，是现代海关制度第二步发展战略的重中之重。加大重要税源监控力度。不断完善审价制度，增强反价格瞒骗的能力。强化原产地规则管理，加强归类基础工作，提高归类准确率。提升执行减免税政策的水平，建立减免税项目的后续监控和绩效评估制度。到2010年，已经实现以企业为征管单元、征管技术成熟完备、监控评估科学有效为特征的海关税收征管制度的现代化。

2. 提升海关缉私能力，维护国家经济安全社会稳定

始终保持打私高压态势，有效遏制智能化、组织化、职业化、群体性小规模化走私活动，确保大规模走私不回潮。坚持“打防结合、综合治理、突出重点、坚持不懈”的反走私工作方针，进一步完善“联合缉私、统一处理、综合治理”的缉私体制。综合运用刑事执法和行政执法手段，提高海关反走私整体能力和水平。在海关系统建立一个发现、控制、打击、预防“四位一体”的打击走私信息情报网络，提高反走私监测预警能力。完善“海上抓、岸边堵、陆上查、市场管、处罚严”的反走私综合治理机制。建立科学的反走私工作绩效量化评估指标体系，科学考核各级海关反走私工作成效。开展反走私、反瞒骗国际互助合作，积极参与反恐等应对非传统安全的工作。加大知识产权海关保护力度，提高缉毒、“扫黄打非”工作水平。2010年，基本建成管理科学、制度健全、运作高效、可持续发展的反走私工作长效机制。

3. 加强通关监管，促进区域经济和对外经济贸易健康发展

以H2000系统和全国及地方电子口岸为平台，以风险管理为基础，以作业流程重组为重点，全面整合通关作业改革。积极探索区域通关管理模式，在珠三角、长三角、环渤海、海峡西岸、东北等地区启动区域通关改革，完善区域海关联系配合机制。到2010年，建成与国际物流发展趋势相适应、严密监管和高效运作有机统一的通关监管工作体系，实现通关操作无纸化、物流监控信息化、查验管理科学化、行邮监管规范化。

4. 深化加工贸易管理，转变外贸增长方式、推动产业升级服务

不断深化保税监管改革，进一步明确与保税监管相关的各部门的职责分工，协调各地区各部门共同推进，形成海关保税监管的整体功能。以引导加工贸易转型升级、促进加工贸易继续发展为中心，实现“两个转变”，即从以合同为单元的管理向以企业为单元的管理转变，以纸质手册管理为主向以电

子账册管理转变，实行“规范化、网络化、区域化”管理。以加工贸易联网监管改革为重点，全面推进出口加工区、保税区、保税仓库、出口监管仓库监管等各项改革，实现对保税业务更为集约化的管理，进一步增强海关保税监管的有效性。大力推动“企业自管、海关监管、政府支持、社会参与”齐抓共管机制的建设，提高保税监管内、外部合作管理水平，实现加工贸易全方位、多角度、全过程管理。到2010年，建立起既促进加工贸易转型升级、又适应我国加工贸易多元化发展要求，更加开放、更具活力的海关加工贸易及保税监管制度。

5. 健全预警监测体系，为国家宏观经济调控提供决策参考

海关统计在国家宏观经济决策和对外经济贸易发展中的作用十分重要。完善贸易统计和业务统计，加强进出口预警监测分析，积极主动地对进出口贸易各方面、各层次、各环节实行全方位自动监测和预警，为国家宏观经济决策和促进对外贸易发展提供高层次的信息服务。至2010年，以海关各类基础数据库管理体系为基础，为海关的各项业务管理工作提供及时、准确、全面的数据，实现对进出口情况的前期预警、货物流转的过程监测和海关执法的有效监督。

6. 加强海关稽查，促进企业守法自律

海关稽查和企业守法的海关评估，是规范企业进出口行为、有效拓展海关监管时空的重要方法。以一般贸易税后稽查、加工贸易税后稽查和特定减免税后稽查为重点，综合运用调查、稽查手段，强化海关稽查的针对性和有效性。完善企业“红、黑名单”定期公布和走私违规企业“红黄牌”通报制度。完善报关代理制度，推进报关行业的规范化、专业化建设，引导企业实现自律管理。2010年，基本建成风险分析、企业稽查、贸易调查、企业管理“四位一体”的海关稽查工作新模式，实现规范企业进出口行为、建立企业进出口诚信守法体系的战略目标。

7. 加快推进口岸建设，提高口岸管理水平

口岸管理是直接关系到对外开放水平和投资环境的重要工作。适应国家对外开放和发展的要求，坚持“效益优先、统筹规划、调整布局、科学管理”的原则，充分履行国家口岸管理办公室职责，加强对口岸工作的指导、协调和管理。组织协调口岸通关中各有关部门的工作关系，指导和协调地方政府口岸工作，发挥口岸联络协调机制，进一步落实“大通关”制度，提高口岸管理的整体水平。2010年，通过建立健全口岸开放的准入退出机制、口岸联络协调机制

和口岸大通关信息平台建设，实现口岸法规健全、管理规范，布局合理、严密高效，关系融洽、环境优化，口岸整体效能明显提高的目标。

（六）综合保障重点领域和主要发展目标

海关要把建设“政治坚强、业务过硬、值得信赖”的准军事化海关纪律部队作为基本任务，统筹海关队伍建设各项工作，进一步深化法制建设和信息化建设，全面推进国际合作，加强综合管理和财务装备管理，从而为海关事业的长远发展提供坚强保障。

1. 加强准军事化海关纪律部队建设，提高队伍整体素质

按照“政治强、业务精、管理严、作风硬、廉政好、效率高”的要求，建设准军事化海关纪律部队要分步实施、循序渐进。2006 年，以规范关员的仪容仪表和行为举止为，全面启动准军事化海关纪律部队建设，力争取得阶段性成果。2007 年开始，要重点在内强素质上下工夫，不断增强政治素质、业务素质，努力提高海关队伍依法行政和把关服务能力。2010 年，准军事化海关纪律部队建设各项要求须得到全面落实，基本建成一支高素质的准军事化海关纪律部队。建立起长效的思想道德教育机制、完备的反腐倡廉制度体系、科学的权力运行监控机制，建成完善的惩防腐败体系。建立健全海关督察内审制度，实现对海关执法活动及相关管理活动的有效监督和客观评估。

2. 推进海关法制建设，适应建设法治政府要求

法制建设是海关依法行政的基础，是海关依法履行职责的保障。贯彻行政许可法，规范审批程序，深化海关行政审批制度改革。建立健全海关执法程序，加强行政检查，规范行政行为，保证海关执法行为的规范性与统一性。健全海关法律效济制度，维护行政相对人的合法权益。加强行政复议基本制度建设；2010 年，推进完成与《海关法》相配套的主要行政法规的出台，进一步完善以《海关法》为核心的海关法律体系。

3. 加快海关信息化建设，全面提升科技管理水平

坚持科技强关战略，发挥信息技术在海关工作中的基础性、先导性作用。坚持以“电子海关”、“电子口岸”、“电子总署”建设为重点，加大科技投入，加强科技资源整合，提高科技装备和信息技术的整体效能，努力实现海关科技发展从系统建设为主向能力建设为主的战略转移。坚持自主开发和市场化、社会化相结合，提高综合研发能力。全面推广应用 H2000 系统，完善海关业务处理和管理信息系统。充分发挥电子口岸建设牵头单位和职能部门作用，全面提高海关系统政务信息化水平，实现业务监控分析及辅助决策的智能化。重

视科技人才资源的开发和建设，加强海关科技人才培养。建立海关信息化标准体系。加强资金设备管理，健全科技投入绩效评估制度，完善科技奖励办法。

4. 提高海关国际合作能力，服务国家外事工作大局

加强海关事务的国际交流与合作，在更大范围、更广领域、更高层次开展与国际海关的行政互助，拓展与重点国家海关的交往与合作。充分利用双边互助合作协议，加强与外国海关在法律制度、打击走私、知识产权保护、贸易统计、贸易便利化和反恐等领域的合作，在安全、互利的基础上，实行数据交换和信息共享。更深入地参与多边海关合作事务，积极参与 WCO、APEC 的有关工作。加大与港、澳、台海关合作力度。深入开展贸易便利化、非传统职能对海关工作的影响等重大课题的研究，努力吸收国际先进成果。

5. 强化海关综合管理，提升海关行政管理水平

按照精简、统一、效能的原则和决策、执行、监督相协调的要求，全面提升海关行政管理水平。健全政务信息机制，充分发挥政务信息对科学决策的基础作用。健全办公运行机制，提高办文、办事、办会规范化程度。健全公共关系机制，推行关务公开并逐步实现制度化，建立海关公共服务咨询体系，加大新闻宣传力度，完善新闻发布制度，树立海关良好的社会形象。2010 年，把各级海关综合管理系统建成参谋到位、落实有力、运转高效的各级海关决策指挥运行中枢。

6. 加强财务装备保障管理，支持海关事业发展

海关财务装备工作是做好海关各项工作的重要保障。加强预算管理，实现海关预算标准化、科学化。实行国库集中支付，综合理财，调整和优化支出结构，保证人员经费、重点业务工作和武警海关执勤部队等重点需求。规范财务管理，加大保证金核销力度。降低行政成本，建设节约型海关。完善装备管理制度，充分发挥装备使用效能。2010 年，建成一套预算有标准、执行有约束、决算有考评的科学规范的海关预算管理制度，切实做到保障有力。

（七）海关第二步发展战略规划的实施

2005 年以来，总署各部门和有关直属海关单位认真组织实施《现代海关制度第二步发展战略规划》（以下简称《规划》），各项重点工作和改革项目进展顺利，业务建设与队伍建设协调发展，各项重点指标完成情况良好。

为了使第二步发展战略规划顺利实施，海关总署成立了一个总课题组和 20 个分课题组。目前，《规划》和各个分课题的指导方案已经修订完成，以风险管理为中心环节的现代海关制度第二步发展战略正在稳步推进，以综合治

税大格局为统筹的业务建设和以准军事化海关纪律部队建设为统筹的队伍建设已经取得了一定的成绩，总体情况是好的。特别是从2004年第一稿就提出海关税收是各项业务的“轴心”。把“综合治税”放在现代海关制度第二步发展战略重中之重的地位非常及时；实际上是新中国海关史上海关监督管理重点的第三次转移，由贸易性货物监管转向海关税收。这是关税在对外经贸活动中的重要作用和海关税收在国家财政收入中重要地位所决定的。近年来，海关税收大幅度增长，2003年为3715亿元，2009年为9214亿元，增长24.8%。2010年海关税收的预算安排是9650亿元。狠抓综合治税是大幅度增长的缘由之一。从总体上看，当前中国海关改革与建设的规划大致分3个层次。第一个层次，从理论指导上看，主要是现代海关制度第二步发展战略总体规划，从实践指导上看，主要是风险管理总体框架、综合治税大格局、准军事化海关纪律部队建设等，这些对于海关的改革与建设都具有长期性、战略性、综合性指导意义。第二个层次，主要是现代海关制度第二步发展战略的各分课题指导方案，分别从理论和实践上指导海关的有关专项工作。第三个层次，主要是海关当前工作的决定、意见，在年度关长会议、总署专项工作会议等重要会议上提出的重要改革与建设项目，这些对于海关改革与建设的具体工作具有现实的指导意义。

第六章　海关的权力

第一节　关于行政权力的理论

一、行政权力的含义和本质

权力是指国家、政府及其政府公务人员在法定主权和职权范围内为或不为一定行为，或者要求他人为或不为一定行为的能力与资格。海关权力是一种国家管理社会事务的政府行政权力。行政权力是指政府机构依法具有的支配社会的力量。

权力（power）是与权利（right）相关的一个概念，属于法哲学的范畴。行政权力由法定权利派生而来，要阐明行政权力的本质，必须首先弄清法定权利的含义和本质。法定权利，也叫法律上的权利（legal right），是法律关系的内容之一，与义务相对应，指法律对法律关系主体能够作出或者不作出一定行为，以及要求他人相应作出或者不作出一定行为的许可与保障。权利由法律确认、设定，并为法律所保护。当权利受到侵害时，国家应依法施用强制手段（即权力）予以恢复，或使享有权利者得到补偿。离开法律的确认和保护就无所谓法定权利的存在。

关于权利的本质，历史有不同的看法。例如1776年美国《独立宣言》宣称，人人生而平等，都具有天赋人权，包括“生命权、自由权和追求幸福的权利”。进而认为，为了保障这些权利，人民设立了政府，政府权力来源于人民的同意。而马克思认为，权利归根结底是由社会经济关系所决定，即权利只不过是社会经济关系的一种法律形式。统治阶级利用法律确认人们的某种利益，并给予法律上的保护，其目的是为了维护有利于本阶级的社会关系和社会秩序。这就是马克思主义揭示的法定权利的社会本质，当然，行政权力的社会本质亦概莫能外。

二、权力与权利的区别

权力与权利的区别主要表现在：

1. 两者主体不同

行政权力主体仅限于政府机构，而权利主体既可以是国家，也可以是自然人。国家是国际法关系中的权利义务主体，自然人和公民则是民事法律关系和宪法法律关系意义上的权利主体。（政权与行政权也有区别，政权是一个国家的统治权，行政权是政权的一个组成部分。）

2. 权力（power）来源于权利（right），权利是目的，而权力则是实现和维护权利的手段

我们知道，宪法是由全国人民代表大会通过的，是人民权利意志的集中体现和根本保障。人民选举代表，代表通过宪法，宪法规定政府机关的组成和权力。所以，政府权力来源于宪法权利，来源于人民的委托。政府只能运用行政权力维护国家和人民的主权利益，而不能为谋取政府权力而行使政府行为。因为，权利的要领包含着权利主体的利益，所谓行使权利，保障权利就是获取和维护权利主体的利益。从此意义讲，权利既是手段又是目的。而权力则不同，一般说来，权力的要领不包含权力主体自身的利益在内。权力主体的利益由国家予以保障，行使权力者不必、也不允许用手中的权力换取自身利益。否则将滋生政府的腐败行为。例如，为维护国家主权利益，海关法赋予海关实施监管、征税、查私的权力。海关的权力只是法律赋予的维护国家权利的手段，而不应当成为海关行政行为的目的。法律上的目的（权利）和手段（权力）二者的位置不应颠倒，两者的关系不能混淆。

3. 两者与义务之间的关系不同

权力以责任为前提，与义务相重合，权力主体就是义务主体，权力行为也就是义务行为，故权力与义务是重合关系。例如，海关依法实施监管、征税、查私的行为，对行政相对人来说是行使行政权力，对法律和对国家来说则是履行法律义务，即行政职责。这一点与权利有所不同，例如民事权利，它与民事义务不是重合关系，而是对等关系。民事权利和民事义务既不是同一主体，也不是同一行为，例如买卖关系。

4. 两者实施的效力原则不同

行政权力的实施是否产生相应的法律效力，取决于法律的规定，不以行为人的主观意志为转移，称为权力效力法定原则。该原则要求任何行政权力

的生效必须符合以下条件：①权力主体法定。即行政权力的行使必须是法定主体的行为，必须符合法律授权要求，不可越权行使行政权力。例如，海关通常只能在海关监管区内实施监督管理权。②实施程序法定。即行政权力的实施必须具有明确的目的性和严格的规范性。必须按法定程序实施行政权力，违反行政程序的行为不产生法律效力。而权利行为的效力一般遵循行为人意思自治原则。例如，民事权利可以依当事人的意思表示而成立或者转让，或者放弃。但是，政府行政权力只能依法行使，既不可转让，也不可放弃，更不可滥用。

三、海关权力的特点

（一）复合性

传统的权力理论认为，立法权力、行政权力和司法权力应由不同部门分别执行。但是，由于现代工业经济的发展和对管理要求的不断增长，导致大量复合型权力部门的产生。这些部门除原有的传统的行政权力之外，还具有一定的立法权和司法权。这是权力理论的一种新发展。海关权力就是一种典型的复合型权力。行政和司法的相互融合在海关工作领域显得尤为突出。随着世界经济一体化的不断深入发展，海关权力的复合性，不仅是必要的，而且将迅速发展，以促成海关行政的高效率，维护国际经济新秩序，强化社会良性运作，提高国际贸易效率，推动世界经济一体化。

（二）自由裁量性

自由裁量性是一种行政措施，是相对于羁束的行政措施而言。它主要是根据行政法规的授权或上级行政机关授权，在一定范围和幅度内自由选定权。由于海关行政管理的客体非常广泛，内容和形式发展也常有变化，在监管和处罚的过程中往往有着许多不可预见的因素，这就需要海关执法人员在一定法律许可的幅度范围内具体灵活地掌握、运用和处理。从目前海关业务现状看，主要表现在对违规、走私的处理以及没收、罚款和罚没并处的量罚上。如：货款等值、税款 3 倍或 2 倍以内的罚款。这种自由裁量性往往伸缩性很大。这既是对海关的一种信任授权，同时也带来了一定的执法难度。

（三）广泛性

由于海关在口岸上代表国家对进出境的货物、物品和运输工具实行监督管理。管理的内容涉及经济、政治和意识形态等诸多方面；既有中国人，又有外国人或无国籍人；既有个人，也有机关、团体、企事业单位。面临如此复杂的对象和艰巨的任务，为了更好地履行职责，国家赋予了海关比较广泛的权力，细分起来有8个方面29项之多。

第二节　海关权力

根据海关法和其他有关法律、法规的规定，中国海关拥有的权力从学理上可大致分为行政法规创制权、进出口监督管理权、关税（费）征收管理权、行政违法调查权、行政案件处理权、行政许可权、司法请求权和走私犯罪侦查权8类。

一、行政法规创制权

海关的行政法规创制，是泛指海关依照法律的授权制定和颁布具有行政约束力的规范性文件的活动。它通常具有执行性、补充性、自主性、试行性特点，包括以下3种情况：

1. 海关行政立法参与权

此权是指海关直接或间接参与海关行政立法活动，如参与《海关法》立法讨论，提出立法建议起草制定《进出口关税条例》、《海关行政处罚实施条例》、《海关稽查条例》、《知识产权海关保护条例》等行政法规，经国务院颁布实施。

2. 海关行政规章制定权

海关行政规章制定权属于海关总署。2000年《海关法》实施以后，法律、法规制定海关行政规章对海关总署的授权，属于列举性授权，主要包括：《海关法》第39条的授权："进出境集装箱的监管办法、打捞进出境货物和沉船的监管办法，边境小额贸易进出口货物的监管办法，以及本法未具体列明的其他进出境货物的监管办法，由海关总署或者由海关总署会同国务院有关部门另行制定。"《海关行政处罚实施条例》第66条的授权："国家限制进出口货物的品名，由国务院主管部门公布。国家禁止进出境物品的品名由海关总署根据《海关法》和其他有关法律、法规，会同国务院有关主管部门确定，由海关总署公布。"以及《海关法》第57条、《关税条例》第46条、《海关总署对进出经济特区的货物、运输工具、行李物品和邮递物品的管理规定》等法律、法规的授权。

3. 海关行政法规解释权

海关总署对依法律、法规授权制定的行政规章和其他规范性文件拥有解释权，此种解释属于有权解释范畴中的行政解释。其法律效力分为两种，一是对法规条文的一般性解释，具有普遍的约束力。例如，海关总署对《海关行政处罚实施条例》第8条第二款“在内海、领海运输、收购、贩卖国家禁止进出境物品……没有合法证明的”关于合法证明的解释。二是对个案适用法律、法规、规章条文的解释，此类解释只适用于个案，一般不具有普遍约束力。

二、进出口监督管理权

海关的监督管理权，是指海关对进出关境的货物、物品和运输工具进行监督管理的职权。进出口监管是海关业务中最基本的环节，是海关职能的基础或核心。

根据海关法的规定，进出境的货物和运输工具必须在设有海关的港口、车站、国际航空站或国界通道进出。海关对上述货物和运输工具有权予以全面的（包括海、陆、空、邮）和实际的（不是只凭单据的）监管。凡列入许可证范围的进出口货物，必须持有外贸行政主管部门签发的许可证，在办理进出口手续时向海关申报。海关有权按照许可证所列项目对进出口货物进行实际查验，只有在货证相符的情况下，海关才予以放行。否则，海关有权扣留货物和运输工具，依法查处。此外，海关对违反知识产权海关保护条例的侵权货物、物品、违反固体废料污染环境防治法的非法进口货物、物品，均有权依法查扣。对运载进出口货物的运输工具也有权进行实际监管，依法放行。

根据《海关法》的规定，进出境人员包括旅客及其携带的行李物品以及邮递物品，必须在设有海关的地方通过，接受海关的监督检查。海关禁止任何人员携带违禁品进出关境。凡携带应征、应税物品，必须向海关申报，并出具有效证明或依法纳税，海关才予以放行。海关监督管理权可概括为以下几种：

1. 查验权：海关对进出关境的货物、物品有权进行查验，以确定货物、物品申报是否属实，单证与货物是否相等。

2. 授查权：包括海关对进出境运输工具的检查，对有藏匿走私货物、物品嫌疑场所的检查和对走私嫌疑人身体的检查。

3. 查阅权：海关有权查阅进出境人员的证件，查阅与进出境运输工具、货物、物品有关的合同、发票、账册、单据、记录、文件、业务函电、录音录像制品以及计算机储存介质等其他资料。

4. 复制权：海关有权复制与进出境运输工具、货物、物品有关的合同、发票、账册、单据、记录、文件、业务函电、录音录像制品以及计算机储存介质等其他资料。

三、税费征收管理权

1. 关税征收权

关税征收权，是指海关根据国家制定的海关税则对进出关境的货物和物品稽征关税的权力。关税征收具有两个显著特点：①关税征收以海关监管为基础，征税是监管的延续。如果没有海关监管权，海关征税权就会落空。正是海关征税对海关监管具有依赖性，国家立法才将征收关税的权力赋予海关，而不是由国家税务机关征收关税。②关税发生在进出口环节，与其他国内税收相比具有相对的独立性。并且，关税是中央财政的直接来源，海关征税权力能否顺利实施，将直接影响国家对市场经济进行宏观调控的力度。

在关税征收过程中，海关依法拥有以下具体权力：

(1) 价格审定权：海关有权根据关税法规对进出口货物的价格进行审查。以确定完税价格，制止价格瞒骗，偷逃关税行为。中国海关对进口货物完税价格的审定，以货物的实际成交价为依据：

(2) 化验鉴定权：根据海关总署的规定，海关在监管过程中如果对申报进出口货物、物品的属性有质疑，经现场查验不能确认的，有权提取货样进行化验鉴定。鉴定目的在于为海关进行正确的税则归类提供科学根据；为揭露、证实伪报货物品名，涉嫌价格瞒骗的案件提供监督证据。

2. 法定费用征收权

除关税以外，《海关法》还规定海关有依法征收海关规费和滞报金、滞纳金的权力。

(1) 海关规费：有关进出口业务当事人要求海关派员到海关监管区以外办理海关手续时，海关有权收取规费。海关收取的各项规费按“规费收入”科目解交国库。

(2) 滞报金：海关为加快口岸货物流转，防止货物积压，有权对超过法定申报期限的货物征收滞报金。法定期限为从运输工具申报进境之日起第15

日开始计征。

(3) 滞纳金：进出口货物的纳税义务人未按法定期限缴纳税款，海关有权依法征收滞纳金。滞纳金从海关签发税款缴纳证次日起第 8 日起征。海关征收的滞纳金作为罚没收入上缴国库。

四、走私违规行为调查处罚权

1. 查问权

海关对违反《海关法》行为的当事人或走私犯罪嫌疑人有权进行查问。通过查问查明违法事实，核实案件材料，收集定案证据。同时，通过查问听取当事人辩解，澄清疑点、分辨是非、保护当事人合法权益。

2. 查询存款账户权

1997 年 1 月 3 日第 209 号国务院令公布施行的《中华人民共和国海关稽查条例》第十四条第四款规定："经海关关长批准，查询被稽查人在商业银行或其他金融机构的存款账户。"

3. 扣留权

海关有权扣留违反《海关法》和其他有关法律法规的进出境运输工具、货物、物品，扣留与走私违规行为有关的合同、发票、账册、单据、记录、文件、业务函电、录音录像制品，海关还有权扣留走私犯罪嫌疑人。

4. 追缉权

进出境运输工具或者个人违抗海关逃逸的，海关有权连续追缉至海关监管区和海关附近沿海沿边规定地区以外，将其带回处理。

5. 使用武器权

《中华人民共和国枪支管理法》第 5 条规定："海关缉私人员，在依法履行职责时确有必要使用枪支的，可以配备公务用枪。"《海关法》也规定海关工作人员在执行缉私任务时，为履行职责，可以配备武器和警械，包括轻型枪支、电警棍、手铐及其他经批准列装的武器和警械。并按照海关总署、公安部发布的《海关工作人员使用武器和警械的规定》管理使用。

6. 行政处罚权

海关有权处罚违反海关监管规定和不构成走私罪案件的当事人；有权依法没收走私货物、物品和走私违法所得以及没有领取许可证擅自进出口国家限制进出口的货物；有权对违反海关监管规定的行为以及走私行为依法处以罚款；企事业单位违反《海关法》，海关有权视情节暂时取消其报关资格，或者吊销有关当事人的报关员证书。物、物品和运输工具由海关变价缴库。

五、行政处置权

1. 变价抵缴权

进出境货物收发货人、违法案件当事人不按海关规定缴纳税款、不执行海关处罚决定，也未在规定期限内提出复议或者向人民法院起诉，海关有权根据海关法的规定（自“海关税款缴纳证”填发3个月后，或“海关行政处罚决定书”送达30天后），将有关应税货物、被扣违法进出口货物或者运输工具进行变卖（拍卖），以所得价款抵缴关税或罚款。

2. 变卖处理权

进口货物收货人自货物进境之日起3个月未向海关申报的、进出境物品因故暂留海关超出3个月未向海关办理退运或结关手续的，海关有权将有关货物、物品予以变卖（拍卖）。其价款在扣除因变卖发生的运输、装卸、储存等费用和应缴税款后，如尚有余款，经当事人申请，海关予以发还。

3. 责令退运、补税权

（1）根据海关法规的有关规定，海关有权对下列货物、物品予以退运：出口货物因故从境外退回境内的，进口货物因溢卸、误卸或者违反海关规定进口的；旅客携带海关限制进口物品超出限值、限量、限税范围的。

（2）根据海关关税法规的规定，海关有权将纳税人偷税、漏税或者海关计算失误而少征的关税追补入库。其中追回因纳税人偷、漏税行为而少征的税，叫关税追征，期限为3年；补回因海关计算失误而少征的税，叫关税补征，期限为1年。

六、行政许可权

1. 报关资格审批权

报关资格审批权包括以下内容：报关单位凭有效证件向海关办理注册登记，海关审核批准后，发给“报关注册登记证明书”；报关单位按照海关要求，指定专职报关人员。报关人员应当接受海关培训，经考核合格的，由海关发给“报关员证件”；报关单位应将报关专用章和报关人员的名章印模或签字式样交海关备案存查，否则，海关不接受报关。

2. 合同备案登记权

海关法规规定，凡经营保税业务、加工贸易、或者“三资”企业单位，必须凭有效证明和文件向海关办理合同备案登记手续。经海关审核后，根据相应情况分别发给“保税仓库登记证书”或者“加工贸易保税工厂登记证书”、“进料加工登记手册”等；或者填写外商投资企业专用“进出口货物报关单”。海关通过合同登记备案、申报审核、查验放行以及核销结案等程序对上述企业单位实施监管。

3. 举报奖励权

对于检举以及协助海关查获走私案件或违反海关监管规定案件的单位和个人，以及对于检举或者协助海关查获低报、瞒报价格案件的有关人员，海关有权依照规定予以奖励，并为受奖单位和个人保密。

七、司法请求权

1. 案件移送权

海关查获的走私违法案件，如已构成走私罪嫌疑，有权立案侦查，并依法向有管辖权的人民检察院移送起诉。对调查中发现的虽然不构成犯罪，但是不属于海关管辖的行政违法案件，也应按行政案件管辖分工移送有权机关立案查处。

2. 请求协助权

海关法规定，海关执行职务受到抗拒时，执行有关任务的公安机关和人民武装警察部队应当予以协助。此外，海关在执行扣留、取证和暂停支付等公务活动时，有权要求有关单位和个人予以配合。

3. 强制执行申请权

对已经依法送达的“海关处罚决定书”或者“海关复议决定书”，当事人在法定期限内既不提出复议申请，也不履行，又不向人民法院起诉，海关有权根据《行政处罚法》、《行政复议条例》和《海关法》的规定申请人民法院强制执行。

八、走私犯罪侦查权[①]

1. 侦查权

侦查有走私犯罪嫌疑的人员、货物和行为，包括扣留有关货物、运输工具及人员。侦查这类案件，一是根据有关人员的举报或其他有关线索直接开展侦查；二是接受有关执法单位移送的案件，继续侦查，以初步认定案件的性质与有关证据。

① 《中华人民共和国海关法》，中国海关出版社，2000年7月版，第28页。

2. 拘留权

对有走私犯罪嫌疑的人员予以拘留，进行审查。

3. 执行逮捕权

对经确认有重大走私犯罪嫌疑的当事人执行逮捕，以进一步审查其行为。

4. 预审权

对走私犯罪嫌疑人进行初步审讯，确定有关犯罪事实与证据，为移送检察机关提起诉讼作准备。

第三节　海关权力的限制和监督

一、权力限制的必要性

海关的权力是国家通过立法形式赋予的，是海关进行监督管理活动所必须的。但海关权力的行使必须严格按照法律规定的条件，同时还要受到司法的、行政的以及社会的各种监督和制约。对违法行使权力的海关关员应当给予相应的法律制裁。

二、权力监督的主要形式

海关权利的监督即海关执法监督，是指特定的监督主体依法对海关行政机关及其执法人员的行政执法活动实施的监察、检查、督促等，以此确保海关权利在法定范围内运行。

1. 社会监督

海关权力的社会监督体现为两种形式。一种是体现在国家机关的构成形式上。海关作为国家行政机关之一，应当由全国人民代表大会产生，对人民代表大会负责。另一种是参与出入境活动的当事人，在出入境活动中发现问题，采用批评、建议、申诉、检举、控告等多种形式向有关机关反映。此外，新闻媒体的监督也是很重要的形式。

2. 行政监督

首先，行政监督体现在行政立法当中规定了权力行使的必要条件。法律赋予海关行使一定的权力，同时也规定了权力行使的必要条件。包括规定权力行使的内涵和外延，使海关权力的行使严格限定在特定的内涵、条件内，避免滥用职权。此外，还规定了权力行使的程序性条件。如：“行使权力应身着制服”，“调查工作中应当出示调查证”，行使扣留权时应当填发“扣留物品凭单”等。

其次，行政监督还表现为行政授权。法律赋予海关的权力并不是任何一个海关关员都可以随意行使的，海关权力的行使必须经由有关部门授权。授权包括基本授权和特别授权两种情况。基本授权是海关关员被委以从事某项工作，就享有了某一工作范围的权力。如某海关关员被委派从事现场旅检工作，就享有在现场履行检查、查验职责所享有的各项常规性权力。特别授权是针对某项特殊情况下的权力而言，这类权力要经过专门授权才能够行使。如行使扣留移送权，必须要由关长批准。

最后，行政监督还表现为行政复议制度的规定。行政复议制度既是参与出入境活动的当事人保护各自合法权益的重要途径，也是行政机关内部自我监督的重要程序制度。

3. 司法监督

司法监督主要体现在海关法规定“当事人对海关的处罚决定不服的，除享有申请复议的权力外，还可以向人民法院提起诉讼”。一般情况下，对于相对人提起的行政诉讼，法院针对海关作出的具体行政行为，根据海关举证的相对人违法事实、证据和所依据的法律规范，通过法庭审理活动，作出维持、撤销、发回重新处理。但是对于显失公正的行政处罚，按照行政诉讼法的规定，法院有权直接予以变更。这是海关权力限制的重要方面，它促使海关在监管工作、调查处理走私违法案件和纳税争议中讲事实、重证据，不断提高执法水平和办案质量。

第七章　海关管理体制

第一节　海关领导体制

一、垂直领导体制是实现海关职能的组织保证

（一）垂直和垂直领导

垂直，原是指两条直线所形成的角为直角时，这两条直线的关系称之为互相垂直关系。也就是说，这两条直线应保持一致。垂，自上而下，贯穿到底；直，不弯不曲，保持畅通。

在行政管理学的行政组织结构中，分为纵向结构和横向结构。行政组织的纵向结构，管理学上称为直线式结构，其特点是上级直接领导下级，行政指挥和命令按照垂直方向自上而下地传达和贯彻。[①] 它具有事权集中、权责明确、指挥统一、便于控制等优点。当两个单位处于绝对领导和被领导关系时，这两个单位就呈垂直领导关系。上级对下级，具有绝对的领导权，即对人事权、财务权和业务权的绝对管辖；下级对上级，呈绝对的服从和依附关系。就全国范围而言，目前在我国行政组织结构中，仅有铁道、海关等少数几个部门实施垂直领导关系。

（二）我国海关实施垂直领导体制的必要性

海关是国家建立后的产物，是随着政治、经济等条件的不断成熟而发展起来的，代表着最高统治阶级的利益。因此，海关从它一出现开始，就具有全国统一性和对外一致性的特点，在领导体制上都实行垂直领导。在唐、宋、元、明、清朝，带有海关性质的市舶司的行政长官——市舶使，都由中央派遣。历代政府都很重视，皇帝往往派其亲信的京官充任，第一位市舶使周庆

---

① 夏书章主编：《行政管理学》（第二版），中山大学出版社 1998 年版，第 66 页。

立，就是宫廷中的高级侍从武官。

1684 年（康熙二十三年），清政府设立了江、浙、闽、粤 4 个海关，这 4 个海关的最高行政长官——“监督”，也是由皇帝从中央各部的资深官员中选任。1859 年，五口通商大臣何桂清委派江海关税务司李泰国担任全国海关总税务司。

对于当代海关的领导体制，老一辈无产阶级革命家予以高度重视。1949 年 3 月 5 日，毛泽东同志在《在中国共产党第七届中央委员会第二次全体会议上的报告》中指出：“立即统治对外贸易，改革海关制度。”[①] 1949 年 6 月的一天，周恩来同志找孔原同志谈话，传达党中央决定：由孔原同志负责筹建新中国海关总署的工作，并对孔原同志说：“海关工作性质要求全国统一，要求具有一致对外的统一性。新中国海关如果做不到这一点，就不可能成为真正独立自主的人民海关。这一点是同政府其他一些政治经济部门有所不同的。海关一定要全国统一，要统一对外。新中国必须把被帝国主义把持的旧中国海关加以彻底改造，把它改造成为独立自主的人民海关。”[②]

从当代中国的国情现状分析，海关实施垂直领导的必要性，可以从以下 3 个方面来认识：

1. 实施垂直领导是维护国家整体利益的需要

海关是国家机器的重要组成部分，是代表国家对涉外经济行使监督管理的行政执法机关。目前，我们逐步实施社会主义市场经济，国家对经济的有效控制和管理，仍是整个社会经济稳定、协调发展的必要条件。

海关设立在全国各地，执行着国家的统一政策、法律和法规，其工作具有全国统一性的特点。因此，海关实施垂直领导，各地海关直属海关总署，海关总署直属国务院，这是维护统一性的必要组织保证。

维护政策的统一性，突出的是“直”。随着改革开放的不断深入和社会主义市场经济的逐步建立，海关的机构设置也迅速发展，设立海关的地区越来越多。到 2000 年底，全国各省、市、自治区全部都设立了海关，各地海关机构（含派出办事处）达 608 个。各地区的开放程度和经济发展的情况各异。对海关工作提出了各式各样的要求，其中集中表现在如何处理好中央和地方关系这一对矛盾上。因此，各级海关工作人员必须强化垂直领导意识，维护政策的统一性，保证中央的政策统一畅通，信息反馈快捷、准确。各级海关

① 《毛泽东选集》（合订本），第 1436 页。

② 孔原：《回忆周恩来总理与新中国人民海关建设》，载于《海关研究》，1987 年第 3 期。

要在海关总署的直接领导下，以维护整体利益为前提，处理好中央和地方的关系，贯彻执行国家统一的政策、法律、法规；坚决严格依法行政，坚决维护中央政令的统一性和严肃性。维护党和国家的整体利益，是各级海关领导干部必须遵守的基本政治纪律，也是全体海关工作人员必须遵循的基本职业道德规范之一。在处理20世纪80年代末的“边境贸易”浪潮和90年代初海上走私的斗争中，海关的垂直领导显示出强劲的保障作用。

2. 垂直领导是发挥海关整体效能的需要

海关是国家对涉外经济实行宏观监控的部门，既执行宏观调控任务，又为宏观监控提供决策依据；既对涉外经济实行具体的管理，又对与涉外经济有关的部门进行监督，其工作具有鲜明的涉外性和再管理性。为维护国家的主权和利益，促进经济建设，独立行政职权，排除各种干扰，还必须突出“垂”的功能，坚决统一对外政策，即树立全局观念，讲究整体效能，坚持局部利益服从全局利益的原则。

当前，随着我国社会主义市场经济的逐步建立和各项经济制度改革的不断深化，我国的对外贸易、经济合作、对外交往以及技术、文化交流都有了长足的发展，海关的监督管理工作也越来越重。海关对进出口货物必须实行统一的关税政策。在改革开放初期，作为一种驱动契机，实行有限度的关税减免优惠政策是必要的。但必须有区域、品种、项目和时间的限制。海关必须发挥整体管理效能，执行统一的关税政策，不能放松管理，更不能巧立名目，擅自改变政策或作“灵活”处理；否则，就会给国家带来不可弥补的损失。这就要求各级海关、全体海关工作人员牢固树立垂直领导意识和全局观念，在国家海关政策和地方政策、宏观调控和微观调控、全局利益与局部利益发生矛盾时，必须如实反映情况，及时请示海关总署。

3. 垂直领导是加强法制建设的需要

2000年7月8日，全国人大常委会通过了《中华人民共和国海关法》修改稿（以下简称2000年《海关法》），并于2001年1月1日实施。《海关法》第三条规定：“国务院设立海关总署，统一管理全国海关。国家在对外开放口岸和海关监管业务集中的地点设立海关。海关的隶属关系，不受行政区划的限制。海关依法独立行使职权，向海关总署负责。”这样，以法律的形式确立了海关的垂直领导管理体制，也以法律的形式，确保了海关独立行使职权。这种用法律明确一个部门的管理体制的做法，在全国是不多见的。这一方面充分体现了国家对海关的作用和地位的重视；同时也意味着，无论就整个社会而言，还是就海关自身而言，都必须认识到海关垂直领导体制所具有的法律地位。也就是说，承认、尊重、支持和执行垂直领导，是守法行为；反之，否定、漠视、干扰和破坏垂直领导，则是违法行为。我们应该把强化垂直领导提到是否守法的高度来认识。每个部门、每个公民，特别是每一个海关工作人员，都应该在思想上树立海关垂直领导的意识，在行动上自觉维护海关垂直领导的体制，在观念上懂得任何侵害海关垂直领导的行为都是违法行为。

二、新中国海关领导体制变更的简单回顾

中华人民共和国成立以来的60多年中，由于种种原因，海关的领导体制几经变更，大致可分为6个阶段：

（一）政务院直属机构（1949年10月～1952年底）

根据中央财政经济委员会发布的《关于海关总署直接领导全国各地海关的通知》以及《中华人民共和国暂行海关法》，海关系统实行集中统一的垂直领导体制，海关总署作为政务院的一个职能部门和组成部分。全国海关统一执行总署颁布的一切规章、命令和指导；其组织人事、行政和业务等事由，均由海关总署直接领导，并接受各大行政区或直辖市财委会指导。

1949年8月13日，海关总署筹备小组负责人姚依林、孔原、朱剑白提出了“关于建立海关总署工作的初步意见”，向中央财政经济委员会建议“召开主要海关工作会议”，即通常习惯称的第一次关务会议。

同年9月23日～10月16日，中央财政经济委员会在北京召开了全国海关工作座谈会。参加会议的有来自辽宁、山东等老解放区，天津、汉口、上海等新解放区以及南方待解放的海关代表共36人。海关总署筹备小组负责人孔原主持会议，中央财政经济委员会主任陈云在会上作了重要指示。会议遵照毛泽东同志在中国共产党七届二中全会上的报告中提出的“立即统制对外贸易，改革海关制度”① 的思想，研究了接管旧中国海关和新中国海关工作方针，确定实行“独立自主、集中统一”的垂直领导体制。

集中统一的垂直领导体制，保障了建国初期海关建设的顺利进行。首先，顺利地接管了旧中国海关。在接管旧中国海关时，中央确定：既要实行根本性的变革，又要采取审慎的步骤，不打乱原有的指挥系统。此后，1949年10月25日，海关总署成立，直接指挥领导各地海关的接管和改革工作。彻底改

① 《毛泽东选集》第4卷，1991年6月第2版，第1434页。

革旧海关，解除各项与海关无直接关系的任务，如管理港口、疏浚河道、建筑和管理助航设备、巡卫国境海岸等工作，由海关移交其他有关机关。将原有的173处海关机构，根据独立自主精神和国家经济建设的需要重新调整设立海关机构70处。其次，着手新中国海关的业务建设，起草和报送中央通过了一系列的重要法律、法规。1950年1月27日，政务院通过了《关于关税政策和海关工作的决定》；1951年4月18日公布了《中华人民共和国暂行海关法》；5月10日公布了《中华人民共和国海关进出口税则》及其实施条例，分别于1951年5月1日和5月16日起施行。这些重要的海关法律、法规和海关改革的重大决策，为新中国海关的建设打下了坚实的基础。

（二）关局合并（1953年～1956年8月）

1953年1月9日，政务院第166次政务会议通过《关于海关与对外贸易管理机关合并的决定》，1953年1月14日，中央人民政府委员会第21次会议批准。海关总署划归对外贸易部领导，并将对外贸易部的对外贸易管理总局与海关总署合并，改称中央人民政府对外贸易部海关总署。各口岸对外贸易管理局及其分支机构也与当地海关合并，统称海关，并增加下列任务：①执行对外贸易许可证制度，审查价格，签发进出口许可证；②管理登记进出口厂商；③拟订本口岸进出口计划，报中央批准，并组织其实现。这就是习惯所称的“关局合并”。关局合并后，各地海关组织建制属中央，直属对外贸易部海关总署。同时受海关所在地大行政区或省、市财政经济委员会监督指导。①

发生这一变更的直接原因是，1951年8月，发现武汉一家私营进出口商在进口铜线时，伪报品名规格，套汇偷税。由于武汉海关忽视核对进口货物与当地对外贸易局颁发的许可证是否相符，而只凭私商向海关申报的进口货物报关单（明细单）与货物相符即征税放行。当时私营出口商在全国对外贸易中占相当比重，1950年占33.12%。对私营进出口商的贸易管制，包括签发许可证、审查价格、外汇管理以及进出口商的登记注册，均由各地对外贸易管理局主管。这一重大走私案，暴露出海关与对外贸易管理工作中的脱节现象，并具有相当的普遍性。

海关总署在总结查处这一走私案件的经验教训时认为，重视报关单（明细单）而轻视许可证是受旧中国海关作业制度的影响，为了使海关与对外贸

① 对外贸易部海关总署编：《中华人民共和国海关法规汇编》，1957年5月，第45～46页。

易管理局有机结合，建议在组织上实行“关局合并”，实施报关单与许可证合一的监管制度；并将签发许可证、审查价格等对私营进出口商的管理职能，均由“关局合并”后的各地海关主管。上述建议，报请1953年1月9日的政务院第166次政务会议审议通过。口岸上的“关局合并”，导致中央的海关总署与对外贸易部所属对外贸易管理总局合并，合并后的海关总署成为对外贸易部的组成部分。海关总署增设了进出口处、审价处、计划处等管理私商的机构。各地海关仍然直属海关总署、实行垂直领导，同时受海关所在地大行政区或省、市财政经济委员会的监督指导。

（三）双重领导，中央为主（1956年9月～1960年10月）

在1955年底实行全行业公私合营前夕，私营进出口商的情况和1950年的情况相比较，发生了很大的变化。私营进出口企业的户数，由4600户减少到1017户，减少77.9%；在经营上，1955年私营进出口企业的经营额，只占全国对外贸易总额的0.8%，占对资本主义国家贸易总额的4.25%，而且主要是为国营代购代销的业务。[①] 随着私营进出口商的逐步减少以至消失，海关对私营进出口商签发许可证、审查价格等业务相应停止。国营进出口公司日益壮大，机构逐步健全。1954年，对外贸易部决定在各省、市、自治区成立对外贸易局，负责各地外贸物资收购和监督管理各地国营进出口公司的业务。因此，1956年9月5日，国务院发出《关于调整各地海关任务和领导关系的通知》。国务院决定“各口岸海关及其分支机构现在所执行的签发许可证、对私营进出口厂商的登记管理、零星小土特产的审价工作，应即移交给各对外贸易局（处）负责办理。”“地方海关受对外贸易部和所在地的省或中央直辖市人民委员会双重领导（个别离省人民委员会较远的地方海关由省人民委员会委托海关的高一级人民委员会执行双重领导），并受该省（市）对外贸易局的指导。”[②]

（四）双重领导，地方为主（1960年11月～1979年底）

1960年11月，对外贸易部报经国务院批准，作出了下放海关机构的决定，海关总署改为海关管理局，仍由外贸部领导。各地海关建制下放到各省、自治区或直辖市，受地方党政和外贸部双重领导，并以地方领导为主，成为

① 见中国对外贸易基本知识编写组编：《中国对外贸易基本知识》，中国财政经济出版社1962年第1版，第36页。

② 对外贸易部海关总署编：《中华人民共和国海关法规汇编》，1957年5月，第47页。

各地外贸局的组成部分。

在这近20年中，海关业务工作发生了三大变化：①从1967年起，决定对外公司进出口货物，海关停征税款，由公司并入外贸利润交库，即所谓“税利合并”，并停止海关统计。实践证明，这种单纯从简化手续考虑的作法，从根本上削弱了关税的作用，混淆了“税”和“利”的本质不同，不利于发挥海关的监督管理职能。②货运监管工作再度削弱，甚至一度被强行解除。货管工作是征税统计工作的基础，由于海关征统工作基本上被解除，货管流于形式，而把精力用到“揭发检查货运事故”和运输工具及其服务人员的监管上去了，有不少海关，货管工作被强行解除。③对非贸易性物品管得太死。为了所谓对资产阶级实行专政，限制资产阶级法权，对回国探亲的华侨、港澳同胞和我国出国工作人员携带的物品以及进出境邮递物品限制太严，实行文化禁锢主义，妨碍了正常交往和交流。[1] 另外，还削弱了海关领导力量和队伍建设，中断海关教育，对海关基础建设和技术装备等方面都带来了很大的困难。[2]

（五）国务院直属机构（1980年～1998年）

在总结正反两方面历史经验的基础上，国务院根据改革开放形势的需要，于1980年2月9日发布了《关于改革海关管理体制的决定》（以下简称《决定》）。《决定》指出：“海关工作具有对外统一性和全国海关统一性的特点。为了充分发挥海关的监督管理职能，必须改革现行以地方为主的海关管理体制，加强集中统一领导。”“全国海关建制归中央统一管理，成立中华人民共和国海关总署作为国务院直属机构，统一管理全国海关机构和人员编制、财务及其业务。”[3] 这一决定，纠正了自20世纪60年代初以来忽视和削弱海关职能的倾向，为海关在改革开放的新形势下更好地发挥监督管理职能，提供了有力的组织保障。1987年元月，全国人大常委会审议通过的《中华人民共和国海关法》规定：“国务院设立海关总署，统一管理全国海关”，“海关依法独立行使职权，向海关总署负责。”这一规定进一步强化了海关的垂直领导体制，并以法律形式确立下来。

① 参阅王意家著：《海关管理论》，中山大学出版社1996年第1版，第103～104页。

② 参阅朱剑白、徐鸿：《建国以来我国海关领导体制改革的回顾》，载于《海关研究》，1993年第4期。

③ 《重要文件选编》，海关总署办公室1984年4月编印，第76页。

（六）机构升格（1998年4月至今）

1998年4月，对于中国海关是一个具有重大历史转折意义的时间。遵循党的十五大精神和全国人大第九次代表大会通过的国家机构改革方案，根据《国务院关于机构设置的通知》、《国务院关于部委管理的国家局设置的通知》和《国务院关于议事协调机构和临时机构设置的通知》，中华人民共和国海关总署为国务院直属机构，升格为正部级单位；将外经贸部管理的原国家进出口商品检验局、原农业部的进出口动植物检疫局、原卫生部的进出境卫生检疫局合并，成立国家出入境检验检疫局，交由海关总署管理；[①] 撤销全国打击走私领导小组和国家口岸办公室，工作改由海关总署承担。

海关总署升格以后，承担的任务多了，职责范围也大了；与此同时，组建了缉私警察，工作的权力也增加了。在1998年7月中旬召开的全国打私工作会议上，党中央、国务院决定组建海关缉私警察队伍，实行“联合缉私，统一处理，综合治理”的反走私斗争新体制。经过近半年的紧张筹备，我国第一支以缉私为主要职责的警察队伍于1999年1月5日正式成立。海关总署成立走私犯罪侦查局，2002年12月更名为缉私局。

走私对我国政治、经济和社会都造成了巨大危害。但是，多年来，在查处走私案件中，存在着体制不顺的问题，作为缉私主管部门的海关只有行政执法权而没有刑事执法权，致使海关在查办走私犯罪案件过程中贻误战机，经常发生主犯抓不到，取证难、抓人难的现象，最终只能对案件作行政处罚，犯罪分子没有受到法律应有的制裁。缉私警察队伍的建立，必将从体制上和海关执法权限上提高对走私犯罪活动的震慑力，根本转变对走私案件行政处罚多，刑事处罚软弱无力的状况。

缉私警察的职能和权限包括，依法查缉涉税走私犯罪案件，对走私犯罪案件和走私犯罪嫌疑人依法进行侦查、拘留、逮捕和预审工作等8项。

缉私警察不承担维护社会治安，打击其他刑事犯罪的职责。缉私警察与公安部门依法进行分工与合作，共同打击走私犯罪。在打击走私犯罪活动时，缉私警察与地方公安机关的分工是：地方公安机关负责查处走私武器、弹药、毒品、伪造的货币、淫秽物品、反动宣传品、珍贵文物、国家级保护动植物等非涉税走私案件；缉私警察负责查处所有涉税货物走私案件。但对于发生

① 2001年4月国务院决定国家质量监督局与国家出入境检验检疫局合并成立国家质量监督检验检疫总局，直属国务院领导。同时海关的此项任务也不复存在。

在海关监管区内的上述非涉税走私案件，由缉私警察负责立案侦查。确因案情复杂，缉私警察侦查有困难，需要地方公安机关配合工作的，地方公安应积极给予支持、配合。

海关领导体制60多年来变化的实践证明，海关职能作用的发挥及海关自身建设，与领导管理体制有很大的关系。在新中国海关初创时期的3年间以及1980年（国务院关于改革海关体制的决定）下达以来，海关实行集中的垂直领导体制，有力地保证了海关工作对内、对外两方面的统一和海关监督管理职能的充分发挥和行使，同时也促进了海关各项建设的发展。而在其他年代，特别是1960年至1979年期间，海关体制层层下放，使海关的职能作用受到严重削弱，海关的自身建设也受到极大影响。

三、依靠各级党政，加强协作配合

多年来的海关工作实践，特别是改革开放以来海关工作的基本经验表明，从体制上讲，海关实行集中统一、垂直领导的体制，是国家有关政策、法规得以贯彻执行的重要组织保证。但是，海关还必须紧紧依靠各级党委、政府，加强同有关行政管理、执法部门和司法部门的协作，在综合管理的大格局中发挥海关应有的职能作用。

（一）依靠地方各级党委和政府

地方是海关扎根的土壤，没有良好的地方关系，海关就失去了立足之地。首先，从一定意义上讲，在特定的条件和一定的范围内，海关受地方管辖和领导；其次，海关执法活动需要地方有关部门的支持、协作和配合。随着社会主义市场经济体制的逐步建立和完善，海关作为国家宏观经济调控的一个重要部门，在国家经济生活中的地位和作用越来越重要。因此，在新形势下，要正确处理海关和地方的关系。海关工作离不开地方的支持，特别是离不开地方党政领导的支持。

1. 立足全局，坚持原则

海关工作的任务和性质决定了海关必须忠实地履行国家赋予的使命，立足于国家，着眼于全局，坚持海关垂直领导体制。海关设在地方，但它是代表国家在这个地区进行管理活动，必须坚决执行国家统一的政策和法律法规。这是处理海关和地方关系中必须遵循的基本原则。

2. 尊重地方，加强沟通

实践告诉我们，地方对海关工作的支持是建立在海关对地方领导的尊重基础之上的。要克服海关是中央单位、特殊单位等的片面认识，要注意经常向地方领导汇报海关工作，及时通报国家有关政策的调整变化，为地方领导正确决策提供参考。特别是在政策调整不利于地方利益时，更要及时、主动地向地方领导通报情况，阐明政策调整的背景和原则性，说明原因，讲清道理，争取理解和支持。汇报工作的过程，也是沟通情况、增进认识和感情交流的过程。在处理和地方政府的工作关系中，要注意一不违规，二不越权，三不自行其是。同时，要注意及时向总署请示汇报，按上级的决定办事。

3. 消除隔阂，化解矛盾

矛盾无处不在，无处不有。因此，海关在和地方有关单位的交往中，也不可避免地会产生一些分歧，出现一些问题和矛盾。出现问题，发生矛盾并不可怕，可怕的是对这些矛盾和问题熟视无睹，反应迟钝或化解不及时，而导致问题越积越多，矛盾越闹越大，以致矛盾激化，严重影响关系和工作。这就要求我们一要对出现的问题和矛盾反应敏感；二要正视矛盾，认真对待；三是解决宜早不宜迟，及时化解矛盾，消除隔阂，以保证我们的各项工作健康、顺利地发展。

（二）加强和有关部门的协作配合

现代社会以社会化大生产和社会分工协作为基础。在现代化大生产条件下，社会生活日趋复杂，政府工作也日益多样化和专业化。任何一个社会组织，总是处在一定的社会环境之中，总要受各种因素的影响和制约。这种影响和制约，使社会组织的管理越来越复杂。可以说，任何一个社会组织的工作都离不开他人的支持、协作和配合。

1. 理顺职责关系

海关的执法管理活动，虽然有其相对的独立性，但与有关职能单位业务上有交叉，工作上有联系。如：司法机关、公安、边防、武警、工商和税务等单位。海关要与这些职能单位协调好关系，分清职责；要本着相互尊重职权，大事讲原则，小事讲风格；遇有不同意见或看法，要主动协商，共同积极请示上级处理。如此，才能理顺与有关单位的关系，为自己创造一个和谐的外部工作环境。

2. 积极协作配合

在明确分工的前提下，海关要与政府有关部门互相协作、配合、交流必要的信息、情报，工作上提供方便、支持，遇到新情况、新问题，要认真研究探讨，共同寻求对策，以期把工作做得更好。

3. 密切往来关系

海关在与有关部门的交往联系中，要注意密切往来，可以利用节假日，以文体、联欢活动等多种形式，融洽相互关系，增进互相了解。我们在工作中遇到的许多问题和难点，并非全靠正式场合和工作时间来解决的。因此，要建立领导之间、同志之间的个人交往关系。培养个人之间的感情，建立健康的个人关系和友谊，这对做好海关工作无疑也是有益的。

第二节　海关机构设置

一、设立海关的原则

我国海关在不同历史时期，有不同的设立原则：

根据 1950 年 12 月政务院发布的《关于设立海关原则和调整全国海关机构的指示》，新中国海关机构应视国家经济情况的需要，在开放对外贸易的地方设立。据此，海关总署对海关机构进行了调整，凡与这个基本原则不符的，在非开放对外贸易的地方或为我国经济情况所不需开放的地方所设立的关、卡，不论其是为监视走私或尚在查验征税，都根据各地具体情况有计划、有步骤地予以撤销，并将其查私任务移交给公安机关。

1951 年 4 月 18 日公布的《中华人民共和国暂行海关法》，进一步明确了新中国海关的设关原则，该法第 11 条规定，下列地方得设立海关机构：

(1) 中央人民政府决定开放对外贸易的港口；

(2) 边境及主要国际联运火车站；

(3) 陆地边境及国界江河上准许货物、旅客进出的地方；

(4) 准许上下客货的国际航空站；

(5) 国际邮包邮件交换地点；

(6) 经中央人民政府特准办理货物进出口手续的地方。

按照上述设关原则，中国的海关机构自 20 世纪 50 年代初到 70 年代中期，基本上是以沿海省市及一些边界孔道为布设重点，在内陆省区不设海关。这同当时整个国家发展形势是基本适应的。

党的十一届三中全会决定将国家的工作重点转移到社会主义现代化建设上来，特别是实施对外开放政策以来，中国的对外经济、贸易、科技、文化交流日趋频繁，旅游事业蓬勃发展，海关机构建设显然不能继续局限于 20 世纪50年代初确定的范围。1985年全国海关关长会议认为，在改革不断深化，开放不断向内地延伸的情况下，有必要将海关的设关原则调整为：根据对外开放的需要，从有利于对外经济贸易和国际交往的开展，有利于海关的监督管理出发，在对外开放口岸和进出口业务比较集中的地点设立海关机构。这一设关原则，在1987年7月1日施行的《中华人民共和国海关法》中以法律形式确定了下来。该法第3条规定："国家在对外开放的口岸和海关监管业务集中的地点设立海关。海关的隶属关系，不受行政区划的限制。"

依据调整后的设关原则，20世纪80年代以来的中国内地陆续设立了不少海关，基本上适应了改革开放形势发展的需要。

二、各地海关的机构

（一）新中国成立初期的海关机构

1950年，全国共设立海关27个，分关19个，支关（所、站）127个。其中，有老解放区海关9个，包括满洲里、绥芬河、图们、辑安（现为集安）、安东（现为丹东）、旅大（现为大连）、营口、瓦房店、烟台关；新接管的海关18个，包括天津、青岛、上海、福州、厦门、汕头、广州、九龙、拱北、江门、北海、湛江、琼州（现为海口）、迪化（现为乌鲁木齐）、汉口（现为武汉）、昆明、腾冲、龙州关。

（二）20世纪50年代末期的海关机构

1959年，全国共设有海关25个，分关17个，支关30个，另有海关总署驻青海省、四川省的两个工作组及上海海关学校和海关总署干部学校（设于天津）。

（三）20世纪60、70年代的海关机构

20世纪60、70年代的海关机构大体维持50年代的规模。1978年底，实行对外开放政策以前，全国共设有海关31个，分关18个，支关36个。

（四）20世纪80年代以来的海关机构

随着国家改革开放的不断深化，中国海关监督管理的范围日益扩大，海关机构大量增加。1980年全国海关机构共有100个；1989年增加到195个，包括海关总署直属局级海关24个、副局级海关10个，直属处级海关3个，非直属副局级海关3个，处级海关108个，副处级海关1个，科级海关43个，海关院校（包括上海海关专科学校、中国海关管理干部学院、秦皇岛海关学校）3所。

（五）截至 2010 年 3 月底，全国共有海关机构 608 个

全国 608 个海关机构，包括：①直属海关（院校）46 个。其中：分署 1 个，特派办 2 个，直属海关 41 个，院校 2 个。②隶属海关 562 个。中国海关现有关员（含海关缉私警察）52 000 余人。

三、中国海关的称谓

1. 新中国成立初期

新中国成立初期，设立在沿海口岸的海关机构称为“海产”；设立在陆路边境及内陆的海关机构称为“关”。“海关”或“关”下设分关、支关。根据 1950 年 12 月政务院（关于设立海关原则和调整全国海关机构的指示），区分海关（关）、分关、支关的原则是：凡经常有大宗出进口货物（包括国际邮包及旅客行李在内）的地方或经常只有数量较少的出进口货物（包括国际邮包及旅客行李在内）但有政治、经济重要性的地方，设立海关（或关）；凡经常有数量较少的出进口货物（包括国际邮包及旅客行李在内）的地方，设立分关；凡不经常有出进口货物或经常有而数量很少或对国外出进口贸易有局限性的地方，设立支关。

2. 1980 年～1985 年

1980 年 2 月 9 日下达的《国务院关于改革海关管理体制的决定》规定：北京、天津、上海、广州、九龙、大连、青岛、昆明、南宁 9 个海关为局级机构，其余海关为处级机构，海关下属机构仍保留“分关”、“支关”的名称。

3. 1985 年以后

1985 年 2 月 18 日，海关总署下达《关于统一海关机构名称和调整隶属关系的通知》，将原来的海关（关）、分关、支关统一改称为海关，并将全国 121 个海关机构（包括 3 所海关院校）分为局、副局、处、科 4 级。其中局级海关、部分副局级及处级海关由总署直接领导，称为直属海关。其余海关分别隶属于这些直属海关。海关机构的隶属关系由海关总署根据需要确定，不受行政区划的限制。

四、海关总署的机构

（一）20 世纪 50 年代海关总署的机构

1949 年 12 月 30 日政务院第十三次政务会议批准试行的《中央人民政府海关总署试行组织条例》规定，海关总署设立 10 个机构，即：办公厅、税则处、

货运监管处、查私处、海务处、财务处、统计处、视察处、人事处、总务处。

1953年，海关总署划归对外贸易部领导、对外贸易管理总局与海关总署合并后，总署内部机构有所调整。主要是：办公厅改为办公室，财务、总务并入外贸部有关厅局，增设了进出口处、审价处。

（二）20世纪60、70年代的海关领导机构

1960年11月，海关总署改为外贸部的职能局——海关管理局以后，仍设置了办公室、政工办和几个业务处室，但在“文化大革命”中，随着外贸部机构的变化，一度取消了海关管理局的建制，与商检部门合并为外贸部第四业务组，后于1972年改为外贸部海关商检局。这段时间，只有人员维持海关、商检领导部门的工作，组内和局内未再设置处级职能机构。

（三）20世纪80年代海关总署的机构

国务院根据改革形势的需要，于1980年2月9日发布了《关于改革海关管理体制的决定》，决定全国海关建制归中央统一管理，成立中华人民共和国海关总署作为国务院直属机构，统一管理全国海关。署内设办公室等10个职能处。1984年，海关总署下属业务处室升格为司级机构。其后，经过调整，至1989年底，署内共设10个司室，1个直属处。包括：办公室、政策法规司、监管司、监管二司、关税司、调查司、综合统计司、人事教育司、财务司、科技司和外事处。另外，海关总署还设有4个司级（包括副司级）事业单位。其中《中国海关》杂志社为海关总署直属事业机构，出版海关专业性刊物《中国海关》（月刊），对国内外发行。另3个事业机构是：海关总署教育培训中心、海关总署计算中心及海关总署通信中心。此外，海关总署设立了广东分署，作为总署的派出机构，协助总署管理广东省内的海关。

海关总署的基本任务是：在国务院领导下，领导和组织全国海关正确贯彻实施《中华人民共和国海关法》和国家有关政策、法规，积极发挥“把关服务”的职能，促进和保护社会主义现代化建设。

（四）20世纪90年代中期海关总署的机构

1994年，根据国务院批准的《海关总署职能配置、内设机构和人员编制方案》以及“精简、统一、效能”的原则，总署决定对司（室、局）的职能配置及其内设机构作较大的调整，共设有10个司（室、局）。

1. 办公室。下设总署法律室、署长办公室、新闻办公室以及秘书处、行政处、保卫处等11个处室。

2. 关税司。下设征税处、税则处和审价办公室等5个处室。

3. 监管司。下设货运监管、保税业务、行李物品监管、知识产权等8个处。

4. 稽查司。下设企业管理、稽查等3个处。

5. 调查局。下设调查、大要案查办、审理等5个处。

6. 综合统计司。下设数据审核、制度方法等4个处。

7. 科技装备司。下设计划管理、计算机技术、装备处等6个处。

8. 财务司。下设财务、会计、基建等4个处。

9. 人事教育司。下设政治办公室、教育办公室、干部处、机构编制处，工资职称处等7个处室。

10. 外事司。下设国际组织、国际合作等3个处。

此外，1996年中央编制委员会正式批准总署成立业务规范司和加工贸易办公室。业务规范司，作为全国海关业务信息化管理的职能机构，为海关2000工程建设提供了强有力的组织保障，全面启动海关2000工程，完成总体方案的论证审定和新技术的选型应用。

（五）1998年以来海关总署的机构

1998年4月，海关总署变为国务院直属机构，升格为正部级单位；其职责、机构也有相应调整。

1. 划入的职能

（1）撤销国家口岸办公室，将其口岸规划、审理等职能交给海关总署承担。

（2）撤销全国打击走私领导小组，其职能交给海关总署承担，由海关总署统一负责打击走私工作。

（3）将原由对外贸易经济合作部负责的出口商品原产地规则协调管理职能，交给海关总署承担。

（4）将原由国务院关税税则委员会负责的有关立法调查研究工作、税法起草工作和税法执行过程中的一般性解释工作，交给海关总署承担。

2. 转变的职能

（1）取消原国家口岸办公室有关指导地方口岸管理的职能。

（2）将海关车船、服装、计算机、检查设备等装备的购置及建造和实施教育培训计划及机关事务管理职能，交给总署直属事业单位承担。

3. 内设机构

10多年来，总署内设机构有些变动。截至2010年年底，设有16个职能司（局、厅）：办公厅（口岸规划办公室）、政策法规司、关税征管司、监管司、加工贸易及保税监管司、缉私局（全国打击走私综合治理办公室）、稽查司、综合统计司、国际合作司、科技发展司（口岸电子执法系统协调指导委员会办公室）财务司、关务保障司、人事教育司、督查内审司、中纪委监察部驻海关总署纪检组、监察局。管理6个在京直属事业单位：总署机关服务中心、全国海关教育培训中心、全国海关信息中心、总署物资装备供应中心、中国海关出版社、中国电子口岸数据中心和4个社会团体：中国海关学会、中国口岸协会、中国报关协会、中国保税区出口加工区协会。另外，还有三个驻外机构：中华人民共和国驻欧洲共同体海关处、驻美国使馆海关处和俄罗斯使馆海关处。

第三节　香港、澳门和台湾海关

一、香港海关

（一）机构设置沿革

香港海关的前身是1909年9月成立的缉私队。当时香港立法局通过条例，规定所有酒类都要征税，为配合各出入口管理处征收酒税的需要，设立了香港缉私队，专门负责检查所有抵港船只，以防私运酒类，同时，管制酿酒厂。1916年，因当局增收烟草税，该队又负责征收烟草税，并重点管制当地鸦片烟的提炼生产、储藏和买卖。1924年后，海洛因大量进入香港，缉私队奉命予以搜捕打击。第二次世界大战后，当局取消鸦片专卖，将鸦片及鸦片制剂定为违禁品，缉私队除了扫毒、保障税收外，还管制黄金和其他短缺物资。缉私队成立初期，只有6名缉私员和20名搜查员，隶属于当时的进出口署，后来该署易名为工商署。1977年8月1日，缉私队改为香港海关，海关总监由工商署署长兼任。1982年工商署辖下的香港海关正式脱离该署成立为独立部门。

香港海关由海关部队和贸易管制部两大部分组成。

海关部队是一支受纪律约束的着制服的队伍。主要负责征收和保护应课税品税收，禁止非法贩卖毒品及其他受禁止物品，保护版权等工作。

贸易管制部由民职的贸易管制主任职系人员组成，负责进出口签证、复核贸易报关单和航单、产地来源证、纺织品配额管制及管制储备物品等事宜，视察工厂和检查有关货物。

香港海关除海关总部处，还分设香港区、九龙区和新界区3个分部，职务也随之分区执行。

香港海关部队主要的执勤地点是机场、港口和边界通道。

香港国际机场是世界上最繁忙、设备较先进的机场之一，目前大约有 36 个国际航空公司定期使用该机场，平均每天约有 2 万多名旅客抵港。海关人员受过专业训练，以抽查方式对旅客行李进行检查，避免引起旅客过分不便，保证客流畅通。海关对出口货物只抽查，但对进口货物则严密管制，并抽取货物进行检查，特别注意来自毒品国家的货物。

香港海港是世界上 3 个最优良的天然深水港之一，也是目前世界上最繁忙、最高效的海港之一。香港每年有超过 3 万艘远洋轮船和 17 万多艘沿岸航线的商船进出港口，其中集装箱运输量占世界首位。为了便于工作，船只资料室存有 13 000 多艘船只的档案。海关对大部分船只往往只作极小程度的检查，只有小部分船只被抽选作彻底检查，检查船只在海面上进行，由全日轮班的海关人员执行搜查任务。为了防止违禁品被搬运上岸，船只停泊在港口期间通常由海关派员看守，载运的货物有时在船上接受检验，但大多数被搬运上岸后才进行检验。

目前，香港的海运中心是位于海港西北角的葵涌货柜码头。其中驻守葵涌码头的海关人员，负责检验出口货物并采用与检验空运货物相同的程序，严格管制进口货物，以确保所有进口货物均受注意。

香港与大陆每日往来班轮，在位于九龙大角咀及港岛中区的码头接受检查。由澳门抵港旅客，须在港澳码头及九龙（深水涉）澳门码头接受检查。

香港海岸线迂回曲折，水域共有 1836.97 平方公里，小岛超过 230 个。海关部队辖下的海域突击搜查科有 3 艘船只，在香港海面及沿岸执行巡逻任务，并且使用橡皮艇在各海岛执行突击搜查任务。

香港海关在罗湖、文锦渡、沙头角、皇岗分别设有 4 处边界关卡，检查过关的旅客、汽车、货物。

香港海关还负责管制啤酒厂、酿酒厂、制烟厂、油库、船用、飞机用免税品店，以及经营 6 种应课税品的任何工商企业，并且监督大量的保税私仓和保税公仓。凡输入、输出、经营、售卖、制造或存放应课税物品的人，均应向香港海关申领牌照。目前香港海关发放的牌照已超过 33 000 份。由于需要处理的货物越来越多，香港海关已运用计算机和其他特别仪器等先进科学技术手段来协助工作，提高效率。

香港海关在新界大榄涌有一所海关训练学校，为海关人员提供训练，设有就职训练课程，专门培训新人职的海关人员、海关督察及助理贸易管制主任，课程除学习包括海关人员须执行的一切职务外，还有急救、拯溺、徒手搏击及使用枪械等科目。该校设备先进、训练严格、课程注重实际，是同类型学校的典范，国际上许多其他机构（包括联合国）曾利用该校的设备开办各种训练课程及举办研讨会。

（二）香港海关的职责任务①

香港海关的职责广泛，包括：

1. 负责对货物、物品进出口的管制，实施（进出口条例）；

2. 负责对应课税品的管理，确保税收；

3. 负责对海洛因等危险品的查禁；

4. 负责保护版权，执行《版权条例》；

5. 为保障消费者的正当利益，执行《商品说明条例》，揭发、遏止冒牌及有虚假商品说明的货物、物品；

6. 负责对特殊物品如不良刊物、危险品、濒危动植物、抗生素、储备物品、农用杀虫剂、药剂及毒药和枪械等的管制。

此外，香港海关还负责执行其他职能，如对水上消防的管理和负责签发原产地证等。

（三）香港海关的权力②

根据施行上述职责的需要，香港海关拥有较广泛的行政检查权力。香港《海关条例》（香港法例第 342 章）规定香港海关的基本权力主要有如下几项：

1. 截停、搜查、拘捕

海关人员遇有涉嫌触犯海关执行的任何条例的人士，即使没有搜捕令，也可以对该可疑人士截停、搜查或拘捕。

2. 使用武力

上述可疑人士如反抗或企图逃避海关执勤人员的搜查或拘捕，海关执勤人员可根据（海关条例）或凭借任何‘其他权力，使用适当的武力，以搜查或拘捕可疑人士。

3. 搜身

海关执勤人员拘获可疑人士后，即可对该人士搜身，或搜查其被捕地点

① 李泽沛主编：《香港法律大全》，法律出版社 1999 年版，第 642 页。

② 同①。

及附近地方，并且可以将怀疑与被捕人士所涉嫌犯罪有关的物品取走。但搜身一律应由同性别人进行。

4. 入内搜录疑犯

海关执勤人员如有理由认为其拟拘捕的人士已进入或身在任何物业（指地面上任何地方和任何车辆、船只、火车或飞机）内，为达到拘捕目的，必须进入该物业搜查的，可以请求物业负责人或居住在物业内的任何人准许其本人或任何协助其行事的人士自由进入和采取一切合理行动进行搜索。

如属上述情况，而又未能进入有关物业或者海关执勤人员拟采取拘捕行动所针对的罪行是法定可被拘捕之罪，而有关物业负责人或居住在物业内的人士也已明知如此的，则海关执勤人员或任何协助其行事的人士可以进入该物业并搜寻疑犯。

有关物业负责人或居住在物业内的人士应海关执法人员的请求，已明知海关执勤人员拟采取拘捕行动所针对的罪行是法定可被拘捕之罪时，应当准许海关执勤人员或任何协助其行事的人士自由进入和采取一切合理行动协助搜查。

海关执勤人员和任何协助行事的人士，为了进入或离开其根据《海关条例》或任何其他权力准许进入的物业时，可以将该物业的内外门户及窗户击破。

5. 查问

海关执勤人员可将根据《海关条例》或凭借任何其他权力所拘捕人士带往海关办事处作进一步查问，然后遵循《警察条例》将该名被拘捕的人士带往警署。

任何人士被拘捕时间，由被拘捕之时起至被落案检控及带往接受裁判司审讯为止，不得超过 48 小时。香港海关的其他权力，如扣留、扣押、拾取、没收等，均具体规定在其所执行的其他各法例之中。

（四）香港的关税制度[①]

香港是自由港，实行自由贸易政策，对物品的进口和出口一般不征收关税，现在只有 4 种商品不论是在香港制造或从外地输入，均须课税。这 4 种商品是：烟草、酒类、甲醇、碳氢油类。这 4 种商品从外地进口则征收进口税。同时所有输入、输出、制造或售卖、储存这些应课税商品的企业，均须领有牌照。香港对这些商品征税的目的不是为了保护本地产业，而是为了增加收入。1995～

① 张作乾：《香港对外贸易》，中山大学出版社 1999 年版，第 143 页。

1996 年度应课税商品的税收共达 79 亿港元，约占政府总收入的 4%。

上述 4 种商品课税由香港海关执行，征税方法分为从量税和从价税两种，税率每年由财政公布。1994～1995 年度税率如下：

1. 烟草：每 1000 支香港烟征税 580 港元，雪茄每 1000 克收税 745 港元，中国制烟草每 1000 克收税 142 港元，其他已加工烟草每 1000 克收税 701 港元。

2. 酒类：对含酒精饮品及酒精制品实行从价税制。新税制按酒精强度分 3 级：酒精强度超过 30%的（含酒精饮品及乙醇制品），税率为 100%；酒精不超过 30%的（含酒精饮品及乙醇制品），税率为 30%；葡萄酒税率为 90%。

3. 甲醇：每公升征税 747 港元。

4. 碳氢油类：从量征税，飞机汽油每升征税 4.92 港元，轻质柴油每升征税 2.45 港元，车用汽油（含铅汽油）每升征税 5.46 港元，车用汽油（不含铅汽油）每升征税 4.86 港元。

二、澳门海关

澳门在葡萄牙统治期间，未设立海关，其职能由水警稽查队和政府经济局以及统计暨普查局分别行使。

澳门水警稽查队是直属澳门总督的一支军事化保安部队。由于其前身是 1862 年 11 月 18 日成立的海上分队，故澳门政府把每年的 11 月 18 日定为“水警稽查队日”。1868 年 9 月 3 日建立了水上警察，从属于港务局长，1949 年命名为水警队。1957 年水警队与稽查队合并为水警稽查队，隶属于海军军务厅。1975 年澳门建立了保安部队，水警稽查队与治安警察厅、消防队归属保安政务司管辖。

水警稽查队设指挥部及指挥机关，下设 4 个附属单位，即：行动管理厅、海上巡逻厅、海关监察厅、资源管理厅。

海关监察厅的职权是：根据现行法律，确保在指定地点检查人及其行李，以及检查进出口和过境货物。该厅当时有 380 人，下设澳门稽查处、海岛市稽查处、文书处理暨档案科。

（一）澳门稽查处[1]

澳门稽查处下设关闸稽查警司处、内港稽查警司处及外港稽查警司处。

澳门稽查处的职权是：

---

① 吴志强主编：《澳门警察》，广东人民出版社 1998 年版，第 62 页。

1. 在澳门地区通往外界的地方监察货物进出口及过境，监察旅客及其行李过境以及对海关法例的遵守；

2. 负责在指定的范围内巡逻；

3. 依法逮捕不法分子，拘留人及扣押财物；

4. 对海关及警务范围内的重要情报知会行动管理厅；

5. 对违反现行法律规定的行为作出笔录；

6. 如有关机构或实体基于技术或其他原因不能履行其职责时，代为监督对适用于港口活动的澳门地区法例及国际海事法例的遵守；

7. 接待公众，处理向其提出的投诉、异议、举报及其他事宜，并提供对澄清有关问题有明显必要的资讯。

（二）海岛市稽查处

海岛市稽查处下设九澳港稽查警司处、路环稽查警司处及机场稽查警司处。海岛市稽查处职权与澳门稽查处职权相同。

（三）文书处理暨档案科

文书处理暨档案科负责有关组织行政事宜，如书信的接收、登记、处理、寄出及存档。

澳门在 1999 年 12 月回归后，单独成立海关。2000 年 7 月，根据澳门特别行政区行政长官何厚铧的提名和建议，国务院任命徐礼恒为澳门特别行政区海关关长。徐礼恒此前任澳门水警稽查局局长。2001 年 11 月 6 日，澳门海关正式成立，并同时举行了海关大楼揭幕仪式。在此前，于 2001 年 9 月 1 日实施了《澳门海关法》，该法规定澳门海关职责：预防、打击和遏止关务欺诈行为，致力预防和遏止不法贩运活动，配合对外贸易的监管工作，确保对知识产权的保护，致力履行澳门特区在海关范畴内承担的国际义务，致力保护人身和财产安全，妥善执行澳门特区的民防工作，并在紧急情况下参与行动。2010 年 1 月崔世安任澳门特别行政区行政长官后，按法律程序，任命徐礼恒为澳门海关关长。

三、台湾海关

（一）台湾海关的机构与职责

1. 海关的机构设置

1980 年台湾设关税总局，下设基隆、台北、台中和高雄 4 个关税局，并分设 8 个分局和 6 个支局。

其行政组织系统如图 7-1 示：①

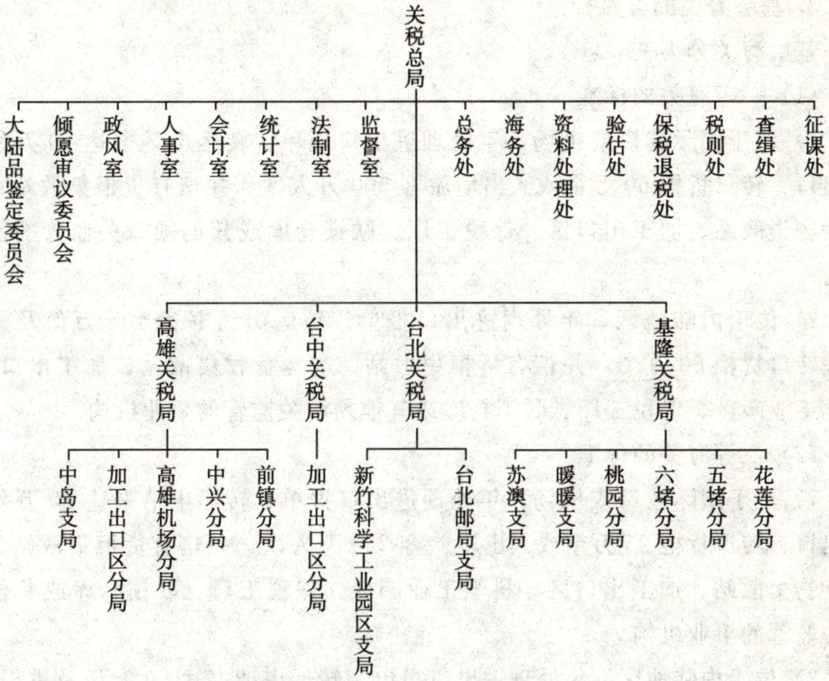

图 7-1 行政组织系统图

2. 基层海关的职责②

(1) 关于进口关税的征课事项。

(2) 关于货物税、商港建设费及其他税捐之代征事项。

(3) 关于出口货物通关事项。

(4) 关于私运货物进出口之查缉及处理事项。

(5) 关于运输工具通关管理及报关行设置管理事项。

(6) 关于进出口货栈及货柜集散站的监管事项。

(7) 关于保税工厂、保税仓库的设立、管理及考核事项。

(8) 关于依法委托代辩业务事项。

(9) 关于货物进出特定地区通关事项。

(10) 关于所属巡缉舰及通信设备管理、维护事项。

① 台湾“关税总局”编撰：《海关简史》，1998 年再版，第 44 页。

② 台湾“关税总局”编撰：《海关简史》，1998 年再版，第 61 页。

(11) 关于其他关务事项。

3. 基层海关的等级标准①

基层海关分为三等:

(1) 一等海关的标准

1) 位于国际港口或机场，年处理进出口报单、转运申请书达 70 万份及进出口、转口货柜 60 万个或入出境旅客 500 万人次，并辖有货柜集散站、空运货物集散站、加工出口区、保税工厂、联锁仓库或其他须海关监管的事业机构。

2) 位于内陆地区，年处理进出口报单、转运申请书达 100 万份及进出口、转口货柜 60 万个，并辖有货柜集散站、空运货物集散站、加工出口区、科学工业园区、保税工厂、联锁仓库或其他须海关监管的事业机构。

(2) 二等海关的标准

1) 位于国际港口或机场，年处理进出口报单、转运申请书达 20 万份及进出口、转口货柜 25 万个或入出境旅客 250 万人次，并辖有货柜集散站、空运货物集散站、加工出口区、科学工业园区、保税工厂、联锁仓库或其他须海关监管的事业机构。

2) 位于内陆地区，年处理进出口报单、转运申请书达 50 万份及进出口、转口货柜 30 万个，并辖有货柜集散站、空运货物集散站、加工出口区、科学工业园区、保税工厂、联锁仓库或其他须海关监管的事业机构。

(3) 三等海关的标准

1) 位于国际港口或机场，必须独立处理进出口通关业务，且距离各等关税局 50 公里以上，其年处理业务量未达一等及二等局设置标准者。

2) 位于内陆地区，年处理进出口报单、转运申请书达 25 万份及进出口、转运货柜 20 万个，并辖有货柜集散站、空运货物集散站。

1992 年 9 月，核定基隆、台北、高雄三个海关为一等海关，台中海关为二等海关。

(二) 台湾海关的改革措施

1. 货物通关自动化

1994 年 11 月完成了海空运货物通关全面自动化。对货物通关的相关企业如进出口商、航运业、仓储业、报关行、银行、保险等，与有关管理机关如

① 台湾“关税总局”编撰:《海关简史》，1998 年再版，第 62 页。

海关、“外贸局”、各签审机关、“港务局”等实行电脑联网，加速通关，提高服务质量。到1992年底，已有500多个企业联网。联网的进口报关单已达97%，出口报关单也达到82%。

2. 实行入境旅客红绿通道制

海关对旅客进行行李检查。近年出入境旅客已超过1100多万人次。为加速旅客行李通关，实行红绿通道通关作业，有的还运用电脑抽查、X光机检查和警犬协助侦检。

3. 加强查缉走私

实行军、宪、警联合缉私，采取海上、港口和市场三道防线加强查缉。加强对进口货物仓单和可疑货柜的监督措施，以防止掉包走私和海上丢包走私。加强毒品和野生动植物及其制品走私。充实海上查缉力量。现有15艘舰艇，负责沿海24海里海域的巡缉工作，并逐步汰旧换新，充实海上查缉实力。

4. 修订税则、降低进口税率、发挥关税的经济功能

目前平均税率为4.99%，拟降到4.6%。已于1984年制定了《平衡税及反倾销税课征实施办法》，对于低于正常价格倾销的进口货物，即由海关加征反倾销税或平衡税。

5. 健全保税管理制度

包括健全监管保税工厂、加工出口区及科学工业园事业暨保税仓库、免税商店等管理制度，并逐步扩大实施自主管理制度和保税电脑化作业等。

（三）台湾海关业务21世纪的展望①

1. 货物通关

（1）一处交件，全程服务。海关自1995年6月19日实施海空运货物全面通关自动化作业，目前联网报关报单已达99%，仓储业者联网比率高达100%，凡属免审、免验，平均在10分钟之内即可完成通关手续。所谓通关自动化，即是结合与通关作业有关的机关与企业，如“国贸局”、“商检局”、“工业局”、“环保局”、“卫生署”暨金融、保险、税捐单位及报关行、航空（运）公司、民航站、仓储业、承揽业等，通过电脑联网，使进出口厂商或报关业者只需利用一台电脑，就可以在办公室完成签证、结汇、运输、仓储、报关、抽验、缴税、放行、提领货物等相关作业，达到“一处收件，享受全

① 台湾“关税总局”编撰：(海关简史)，1998年再版，第262页。

程服务”无纸化通关的便捷。厂商不必再持有关证明文件，向海关申请销证放行，免除了商民往返申领递送文件资料之劳苦，以节省业界时间及成本。目前已与海关联网的机关有“卫生署”、“国贸局”、“商检局”、加工出口区管理处、“交通部民航局”。另“环保局署”、“原子能委员会”、“工业局”等已积极规划，希望由相关机关及业者完成与海关联网，以真正达到“一年交件，全程服务”的单一窗口目标。

(2) 跨地区联网，资讯共享。关务自动化已是未来主要贸易伙伴间协商推动之重要议题，近年来，台湾海关对外积极推动与主要贸易伙伴间之海关跨地区联网业务，即两地区海关利用联网将出口货物通关资料，经电子传输到进口地海关，进口地海关则以该出口单证资料作为进口报单资料，贸易资料在输出地一次传输即可同步完成输出、人两地报关手续，达到输出、输入两地间共享、共用通关资料，简化通关程序。

(3) 通关无障碍，贸易无纸化。实施通关自动化后，通关时间已大幅缩短，由海关收单至核发税单，平均通关时间，空运约 1.338/j、时，海运约 4.57/j、时，海空运平均时间约 2.547/j、时。又因海关及相关机关配合，简化作业程序，使企业可免除制作及递送书面报关文件，海关亦可免除收件及审核作业，且利用网上扣缴方式办理缴纳税款，手续简便、快速、安全又省人力。

为继续推动及改进货物通关自动化系统，台湾“关税总局”已成立“货物通关自动化策进小组”，下设 15 个工作小组，致力于改进现有通关自动化系统，推动签审机关参与联网；此外，还实施预先清关制度及汇总清关制度，改进进口货物查验作业，克服通关障碍，以迈向更有效率的通关程序，进而达到通关无纸化、贸易无纸化的目标。

(4) 作业透明化、资讯公开化。货物查验是防止不法厂商逃避管制、偷漏税费的重要手段。由于进出口业务逐年快速成长，海关人员在政府精简人员政策下无法增加，关员负荷过重，尤其验货关员短缺，查验工作时不能彻底执行，稍有疏忽易造成外界对海关的质疑。海关为落实货物查验，提升作业品质，防止人为弊端，自实施货物通关自动化后，对进出口货物均采用电脑抽验，由电脑专家系统根据特定因素（如货主、报关行、出口地、货物特性等）决定抽验的成数，或购置精密科学仪器设备辅助货柜（物）的查验。进行查验时，由货主或报关人会同查验，企业或报关人可以利用联网随时查询作业流程。此外，关税总局建置了网际网站，收集相关法规，税则税率，报关注意事项，进、出、转口报单流程，汇率等，提供商民查询。期望通过上述措施，使海关作业更透明，资讯更公开。

2. 旅客通关

以客为尊，全面实施红绿通道。台湾海关为适应出入境旅客的快速增长，自1993年6月首次对欧美直航入境班机旅客实施红绿通道后，目前经由红绿通道入境的旅客约占全部入境旅客的45%。为了让更多旅客享有快速通关的便捷，海关在建置完成“入境旅客电脑注检控管资料档”及相关检查仪器配置妥当后，已于1998年初全面扩大实施。

3. 查缉走私

建立查缉走私情报系统，内容包括企业厂商、报关行、运输工具以及个人等。实施稽查核制度，严密查缉措施。在关税总局成立“查缉督导小组”，在各地海关成立“查缉督导分小组”，切实加强领导。运用风险管理方法，对高风险货物或厂商采取详细、彻底的查核措施，以有效遏止不法行为，引导厂商树立守法意识。与有关企业部门等合作建立通关顺畅化、标准化和效率化的制度，促进区域内贸易的蓬勃发展。

4. 人员培训

一流的人才，一流的服务品质。有优秀的海关人员，才有健全的海关，才能承担推动海关进步和现代化的服务。今后要设立专职培训关员的单位，落实人才的培育，尤其是特殊专业技能和高级关务人才的培训。同时，鼓励关员进修，以陶冶关员敬业、廉洁的情操，提高专业知识和技能，培养领导人才和专业人才。

第八章　海关法律制度

第一节　海关法律制度概述

一、海关法的概念

1. 海关法的含义

海关法是规定进出口监督管理制度，调整海关与进出境活动有关的行为人之间、海关与相关国家机构之间，以及海关机构监管行为的行政权利义务关系的法律规范的总称。海关法有两种含义，广义海关法是泛指一切与海关实施进出口监管活动有关的法律、法规、规章、规范性文件以及国际条约等。狭义海关法一般特指由国家最高权力机关制定的《中华人民共和国海关法》（以下简称《海关法》）。它是广义海关法的立法依据和执法宗旨，是海关法律体系赖以建立的基础。

2. 海关法的特征

海关法是国家行政法的组成部分，与其他行政法相比，海关法具有以下特征：

（1）海关法是规定海关和相对人进出境监管中权利义务的法律。它既规范海关监管行为又规范相对人进出境行为。从海关法律、法规的内容来看，其主要条款是规范相对人的报关行为、纳税行为、代理行为、承运行为、担保行为，以及接受海关调查处罚和请求行政或司法救济相对人行为为主要内容的行政法，是海关实施进出境监管活动的基本法律保障，同时，也是监督海关依法行政的主要法律依据。

（2）海关法是实体法与程序法相结合的法律。海关法既规定了海关与进出境当事人的实体性权利和义务（含责任），又规定了实现权利和履行义务的步骤（即程序）。因此，海关法是一种综合性法律，具有较强的可操作性。

（3）海关法具有涉外性。海关是进出境监管机关，监管活动的涉外性是海关法的一个重要特征。海关法从立法到执法，不仅要以国内法为依据，而且，也要与国际条约、国际惯例相衔接，这样才有助于国际间的理解和交往，有利于建立互利友好的国际贸易关系。

二、海关法的法律形式及效力

1. 宪法性法律规范

宪法是国家的根本法，它具有最高法律效力，是制定包括海关法在内的普通法的法律依据。1982 年《宪法》在序言中规定："本宪法以法律的形式确认了中国各族人民奋斗的成果，规定了国家的根本制度和根本任务，是国家的根本法，具有最高的法律效力。"第 5 条还规定："一切法律、行政法规和地方性法规都不得同宪法相抵触。"《海关法》及其相关法规、规章属政府行政法范畴。其法律效力在宪法之下，只有在海关法的规定与宪法原则一致时，海关法才具有法律效力。政府的行政活动不能违反宪法，这是一条宪法原则。法理上把由于政府违宪导致的宪法纠纷或宪法冲突称为"宪法危机"。制宪历史表明，导致"宪法危机"的原因往往不是公民的违宪行为，而是政府的违宪行为。因此，海关在遵守宪法方面应注意两点：①海关在解释法规、制定规章等抽象行政行为中必须"以法行政"，不得违背宪法原则。②实施具体行政行为时必须"依法行政"，做到有法必依、执法必严、违法必究。防止违反宪法的侵权行为发生。而后者是海关遵守宪法原则的主要方面。

2. 基本法

基本法是按法律效力差异区别于普通法的法律分类。基本法通常由全国人民代表大会全体大会通过，其效力仅次于宪法，而高于普通法。目前，直接规范海关行政行为的基本法有《行政处罚法》、《行政诉讼法》、《刑法》、《国家赔偿法》等。海关法律、法规、规章与基本法不一致的，以基本法规定为准。

3. 普通法

普通法也称行政法律或单项法律，一般是指由全国人民代表大会常务委员会通过，由国家主席颁布实施的法律。《海关法》就属于普通法范畴，其法律效力低于基本法，高于法规、规章。《海关法》是构成海关法律体系的核心，是海关法规、规章的立法依据，是海关一切职能行为的基本规范。

4. 行政法规

海关职能活动所涉及的行政法规，通常是指由国务院制定或批准和发布实施的具有普遍约束力的规范性文件。行政法规的制定是以相关法律为根据，不能与法律的规定相抵触。其效力低于法律，高于行政规章。行政法规是海关实施行政职能活动的基本规范形式。例如《关税条例》、《海关行政处罚实施细则》、《海关稽查条例》、《知识产权海关保护条例》等。

5. 行政规章

海关行政规章是指由海关总署制定和发布实施的规范性文件。1951 年的《暂行海关法》第 9 条第二款曾规定："海关总署有权单独或会同中央人民政府有关部门，订立各种有关海关业务的条例规章，并颁发决议、指示和命令。"这时海关总署具有法定的规章制定权。1954 年、1982 年《宪法》和《国务院组织法》都规定，只有国务院部、委才拥有行政规章制定权。海关总署作为国务院直属机构被规定在国务院部委之外。因此，自《宪法》颁布以后，关于海关总署制定规章的法律"概括性授权"已不存在。2000 年《海关法》修改实施以来，海关制定规章权仅限于有关法律、法规的"列举性授权"，例如，《海关法》第 56 条、第 100 条、《关税条例》第 45 条、《海关行政处罚实施条例》第 64、66 条的授权性规定。

6. 国际条约、惯例

海关法是涉外行政管理法。在社会主义市场经济条件下，建立现代海关制度的一个重要方面就是要建立起与国际海关制度接轨的、方便快捷的现代海关法律制度。其中，中国政府参加的国际海关组织和相关条约，以及有关进出口贸易管理的国际惯例，都是现代海关法律体系的组成部分，是海关法的一种表现形式，如《ATA 单证公约》、《海关协调制度》、《海关商品估价公约》等。

三、海关法律关系

1. 海关法律关系特征

海关法律关系是指由海关行政法规范、调整的，在进出关境活动中形成的海关与相对人之间的权利义务关系。例如海关监管法律关系、海关税收法律关系、海关统计法律关系、海关行政处罚法律关系等。它有以下特征：

（1）海关法律关系的管理方主体必须是海关。海关法律关系是一种管理者与被管理者之间因进出境行为而发生的行政权利义务关系。如果进出境行政法律关系中的管理方主体不是海关，而是别的行政机关，那么就不是海关行政法律关系。

（2）海关法律关系必须是以海关名义作出的行政行为所构成，如果在进出境管理过程中，管理方主体是由若干行政机构联合组成，那么，只有以海关名义作出的行政行为而形成的权利义务关系才是海关法律关系。例如，为有效实施进出口管理和确保行政效率，在某些情况下，法律允许行政机关依法委托有关机构代理行使具体行政行为，如海关代理国家税务机关征收进出口环节增值税；有时则采取政府机构的联合行动，如海上联合缉私行动，其中只有以海关名义作出的行政行为才构成海关法律关系。

（3）海关法律关系的权利义务内容以海关法规定为准。①海关法律关系是依海关法的规定发生在进出口环节。②海关法律关系的权利义务内容由活动规定，海关与相对人之间的权利义务不得协商、不得转让、也不可放弃。

2. 海关法律关系要素

海关法律关系由主体、客体、内容构成。缺少其中任何一个要素，海关法律关系都不成立。

（1）海关法律关系的主体。法律关系的主体是指该法律关系的参与人。海关法律关系主体，即指参与进出境活动，依海关法的规定享有权利并承担义务的当事人。通常包括海关和相对人两类。

1）海关。它是海关法律关系的当然的主体。《海关法》规定：中华人民共和国海关是国家的进出境监督管理机关。海关依照本法和其他法律、法规，监管进出境的运输工具、货物、行李物品、邮递物品和其他物品，征收关税和其他税、费，查缉走私，并编制海关统计和办理其他海关业务。因此，海关总署和各地方海关都是海关法的主体。应当指出，根据现行法律规定和司法实践，一般认为国务院、法律授权机关、行政委托机构不是海关法律关系主体。因为：国务院作出的关于海关职能活动的各项抽象行政行为和行政协调行为，不直接与海关法律关系相对人发生具体的权利义务关系，因此，国务院不是海关法律关系主体。20 世纪 50 年代，《暂行海关法》曾授权公安机关在海关监管区以外的地区查缉走私案件，那时公安机关可以构成海关法律关系主体。但 1987 年《海关法》实施后，公安机关查缉走私案件不再依海关法授权，所以，公安机关不是现行法律意义上的海关法律关系主体。委托授权行政行为只有以海关名义作出的才构成海关法律关系。

2）海关行政相对人。在海关法律关系中，除海关以外的另一方海关法律关系参与人，称为海关法律关系相对人。相对人可以是自然人、法人或其他社会组织。自然人是指具有行为能力，依法能够享受权利并承担义务的有生命的人，包括中国人、外国人和无国籍人。法人包括企业法人、事业法人、社团法人和机关法人。其他社会组织是指不具备法人条件，未取得法人资格，但经政府主管部门批准从事合法经营或合法业务的组织。例如合伙组织，联营组织，机构内部承包组织，社会团体，外国在境内代理机构、分支机构等。

（2）海关法律关系客体。一般说来，法律关系的客体是指主体间权利义务指向的对象，包括物、智力成果和行为。海关法律关系主体的权利义务所指向的对象则包括进出境货物、物品、进出境运输工具、知识产权和与海关法相关的各种合法或违法行为。应当指出，进出境货物是海关监管货物，凡是没有脱离海关监管的货物，其所有人对该货物的占有、使用、处理必须遵守海关法的规定。就是说，货物所有人要依法对进出境货物承担海关法上的责任。例如特准减免税货物不得擅自移作他用，保税货物未经海关许可不得非法倒卖。因此，进出境货物是海关法律关系的客体。根据《知识产权海关保护条例》规定，海关保护知识产权的范围通常包括商标权、著作权、专利权。凡是进出口违反海关规定的侵权产品，将构成违反海关法行为。因此，知识产权作为智力成果属于海关法律关系客体。行为作为海关法律关系客体包括两类，一是合法行为，如相对人方面的报关行为、运输行为、纳税行为、担保行为等；海关方面查验行为、估价行为、调查行为、处罚行为等。二是违法行为，如伪报瞒报行为、闯关绕关行为、擅自出售行为、超期核销行为等。无论合法还是违法行为，都将导致海关法上的权利义务的发生。因此，行为是海关法律关系的客体。

（3）海关法律关系的内容。法律关系内容是指法律关系主体之间的权利和义务。在海关法律关系中，相对人一方的权力有进出口经营管理权，报关权，申请合同备案权，申辩陈述权，要求听证权，处罚事实、理由、法律、法规知情权，请求复议权，要求赔偿权，行政诉讼权。相对人的义务有如实申报义务、缴纳税费义务、接受查验义务、守法代理义务、提供担保义务、配合调查义务、保全证据义务等。海关方面的权力有行政规章创制权。进出口监管权、关税征收管理权、走私违规案件调查权、行政处置权、行政许可权、司法请求权。海关方面的义务就是法律上的责任，是海关行政权力的一种表述。因此，海关的权力和义务往往是同一行为。上述各种权力，同时也可以表述为海关的义务，即海关法律上的责任。例如，监管权也是监管义务、征税权也叫征税义务、调查权也称调查义务，海关的权力、义务、职责是三位一体的概念。

3. 海关法律关系的发生、变更、终止

（1）海关法律关系的发生。海关法律关系基于一定的法律事实而发生。没有法律事实就不会发生海关法律关系。法学理论认为，法律事实包括两种：①法律行为。引起海关法律关系发生的法律行为，是指在人的意识支配下实施的与进出境相关的行为。无意识的行为、被胁迫的行为，不引起海关法律关系的发生。法律行为分为合法行为和违法行为两种。合法行为就是符合法律规定的行为，如申报、纳税、查验、放行等，它是引起海关法律关系发生的最广泛的法律事实。违法行为是指违反现行法律规定，作出了法律禁止的行为和不作法律所要求的行为。海关法根据行为危害社会的程度，将违反海关法行为分为走私罪、走私行为、违反海关监管规定行为 3 种。合法行为会引起有利于行为人的法律后果发生，如海关放行。违法行为则导致不利于行为人的法律后果发生，如海关行政处罚。②法律事件。法律事件是指能引起一定法律后果，而又不以人的意志为转移的事件。例如，境外航空器在他国境内迫降，过境船舶为避险被迫偏离航线驶入他国海关监管区，进出口货物因不可抗力而发生品质改变。法律事件可以引起法律关系的发生，也可以引起法律关系的变更和终止。

（2）海关法律关系变更。法律关系变更是指法律关系的要素发生变化，包括主体变更、客体变更、内容变更。海关法律关系主体变更包括主体增加、减少和改变。例如，经当事人申请复议，海关减少对当事人的处罚，是谓主体减少。反之亦可增加处罚主体。客体变更的情况，例如经营保税业务企业变更业务范围登记；又如，先期申报进口汽车零配件，后期实际进口汽车总成，客体变化，关税亦发生变化。内容变更是指权利义务关系内容发生变化。例如，在行政复议中海关改变具体行政行为；又如海关在后续监管中发现倒卖海关监管物资行为，那么，监管法律关系变为调查法律关系。

（3）海关法律关系终止。海关法律关系终止有 3 种情况：①因主体的消灭而终止。例如，违反海关法行为当事人死亡，海关行政处罚关系则归于终止。②因客体的消灭而终止。例如，海关的具体行政行为被撤销，海关法律关系即行终止。③因权利义务的实现而终止。例如，纳税义务人依法缴纳了税款，履行了纳税义务，则海关与纳税人之间的关税法律关系归于终止。此外，海关法律关系还可以因法定时效的到期而归于终止。例如，违反海关法行为超过两年被发现，海关不再追究当事人行政责任，海关处罚法律关系归于终止。

第二节　海关监管法律制度

海关监管是由海关代表国家依据海关法律、法规对进出境货物、物品、运输工具实施的一种内容广泛、程序严格、实际有效的行政管理行为。

一、海关监管任务

《海关法》第2条规定："海关依照本法和其他有关法律、行政法规，监管进出境的运输工具、货物、行李物品、邮递物品和其他物品……"根据该条规定，海关在实践中将监管任务概括为以下3方面：①执行国家外贸管制法规，监督管理运输工具、货物、物品合法进出境。②加强海关对市场经济的宏观监控，维护国家主权利益，促进经济、科技、文化交流。③为海关征税、统计、稽查和查私及时提供原始单证、资料和线索。

二、海关监管的主要法律制度

海关监管的主要法律制度有：

1. 报关制度

规定报关注册登记、报关委托与代理责任。报关人员的条件、报关员权利义务、申报程序及法律责任。

2. 担保制度

规定担保范围、担保人条件、担保形式、实施程序及不接受担保的几种情况。

3. 许可证制度

规定许可证发证机关、领证范围、申领程序、许可证商品经营权以及贸易国别制度。

4. 外汇及人民币进出境管理制度

包括对国家单位、集体经济组织、侨资、外资、中外合资经营企业及人员，以及公民个人携带、邮寄、汇兑外币、人民币和有价证券进出境的管理规定。

5. 进出口商品检验制度

包括法定检验、合同检验、委托检验、公证鉴定；涉及物品种类有普通商品检验、动植物检疫、药品检验等。此外，与海关监管法律制度相关的制度还有：知识产权海关保护制度、固体废料污染环境防止制度、文物进出境管理制度、机电设备进出境管理制度以及麻醉品、精神药物、濒危物种、金银及其制品等海关监管制度。

三、海关监管分类

针对进出境或货物、物品极其纷繁复杂的情况，为便于海关实施有效监管，在海关实践中根据《海关法》和有关法律、法规、规章的规定，对海关监管可作如下分类：

（一）货物监管

按货物进出口时的不同状态，《海关法》将进出口货物分为：

1. 进出口货物监管

它又可分为进口与出口货物、许可证管理货物、应税货物、限制进出口货物、禁止进出口货物。

2. 过境、转运、通运货物监管

它是指由境外启运，通过中国境内继续运往境外的货物。其中通过中国境内陆路运输的，称过境货物监管；转运货物监管，是指在境内设立海关的地点换装运输工具，而不通过境内陆路运输的货物监管；通运货物监管，是指由船舶、航空器载运进境并由原装运输工具载运出境的货物监管。

3. 保税加工货物监管

保税加工货物也称加工贸易保税货物，是指经海关批准未办理纳税手续进境，在境内加工、装配后复运出境的货物。保税加工货物包括专为加工、装配出口产品而从国外进口海关准予保税的原材料、零部件、元器件、包装物品、辅助材料以及上述料件生产的成品和半成品。

加工贸易俗称“两头在外”贸易，即料件从境外进口，在境内加工装配后运往境外的贸易。

保税加工货物的监管形式，目前主要有：纸质手册管理下的保税加工货物、电子账册管理下的保税加工货物、电子手册管理下的保税加工货物以及进出保税区、出口加工区的货物等。

4. 保税物流货物监管

保税物流货物是指经海关批准未办理纳税手续进境在境内储存后复出境的货物，也称作保税仓储货物。

已办结海关出口手续尚未离境，经海关批准放在海关专用监管物所或特殊监管区域的货物，带有保税物流货物的性质。保税物流货物在境内储存后的流向除出境外，还可以留在境内按照其他海关监管制度办理相应的海关手续，如保税加工、正式进口等。

保税物流货物监管形式，目前主要有：保税仓库、出口监管仓库、保税物流中心（A、B 型）、保税物流园区以及保税港区等。

5. 暂准进出境货物监管

暂准进出境货物是指为特定的目的，经海关批准进境或出境，按规定的期限原状复运出境或进境的货物。其主要范围有：(1) 在展览会、交易会、会议及类似活动中展示或者使用的货物；(2) 文化、体育交流活动中使用的表演、比赛用品；(3) 进行新闻报道或者摄制电影、电视节目使用的仪器、设备及用品；(4) 开展科研、教学、医疗活动使用的仪器、设备和用品；(5) 上述 4 项所列活动中使用的交通工具及特种车辆；(6) 货样；(7) 慈善活动使用的仪器、设备及用品；(8) 供安装、调试、检测、修理设备时使用的仪器及工具；(9) 盛装货物的容器；(10) 旅游用自驾交通工具及其用品；(11) 工程施工中使用的设备、仪器及用品；(12) 海关批准的其他暂时进出境货物。

6. 其他进出境货物监管

主要有：进出境快件、租赁货物、无代价抵偿货物、进出境修理货物、出料加工货物、溢卸货物、误卸货物、放弃货物、超期未报货物、退运货物和退关货物等。

（二）物品监管

进出境物品通常是非贸易性物品，可分为行李物品、邮递物品和其他物品；也可以分成自用物品、公用物品、礼品和捐赠物品。海关规定个人携带行李物品、邮寄进出境的物品，应当以自用、合理数量为限。携带、邮寄国家限制进出境物品、应税物品的，应当向海关申报，接受海关查验。任何人不得携带、邮寄国家禁止进出境物品出入关境。

（三）运输工具监管

《海关法》第 100 条将进出境运输工具概括地分为：

1. 进出境船舶监管

包括进境船舶监管、出境船舶监管、国际航行船舶监管、兼营船舶监管、来往港澳小型船舶监管。

2. 国际民航机监管

监管内容有：飞机预报、进出境申报检查。装卸货物和上下行李物品检查、过境民航机监管、特殊国际民航免予监管制度。

3. 进出境列车、汽车和驮畜的监管

这类监管中海关执行的有关法律、法规和制度有：国际铁路联运协定、来往港澳汽车登记规定、陆路边境驮畜进出境申报登记及保证金制度。进出境运输工具必须向海关申报，并接受海关检查。

四、海关监管程序

海关监管程序，又称通关程序。它是指海关办理进出境监管手续的步骤。中国海关现行监管步骤分为 5 项：

1. 申报程序

凡进出境运输工具、货物、物品的所有人或代理人，必须依照海关法的有关规定，向海关如实申报。海关接受申报时，要依法审查申报单据是否齐全、合法、有效。如果申报单证不符合海关规定，海关有权拒绝受理，并根据情节给予处罚。

2. 查验程序

海关接受申报后，依法对运输工具、货物、物品进行实际查验，目的是查验进出境货物、物品与申报内容是否相符。如查验中发现有藏匿、瞒报或者其他单货不符情事，海关有权扣留有关货物、物品和运输工具，并对违法行为进行调查。

3. 征税程序

依据关税法规和国家税法的规定，海关负责征收关税和进出口增值税。海关征税首先确定进出口货物的商品归类，然后审核货物的成交价格，最后按海关税则规定的税率计征关税。对申报成交价格不真实的，海关有权估价征税。此外，符合减免税规定的货物、物品，海关将按减免税程序办理有关手续。

4. 放行程序

进出境货物经过申报、查验、征税程序后，海关对手续完备、单证单货相符、依法完税的货物、物品、运输工具准予结关放行，解除海关监管。

5. 稽查程序

为加强海关监督管理，维护正常的进出口秩序和当事人的合法权益，保障国家税收，促进对外贸易的发展，国务院于1997年1月3日发布施行了《中华人民共和国海关稽查条例》。海关稽查，是指海关在进口货物放行之日起3年内，保税货物、减免税进口货物的海关监管期限内，按《海关稽查条例》的规定，对被稽查人的会计账簿、会计凭证、报关单证以及其他有关资料和相关进出口货物进行核查。监督被稽查人进出口活动的真实性和合法性，制止走私违规行为的发生，对违法行为实施处罚。

第三节 海关征税法律制度

一、海关征税法律制度概述

海关征税法律制度是海关法律制度的组成部分，是海关关税法规和征税办法的总称。包括有关法律、法规、规章等规范形式。它是海关代表国家向进出口纳税义务人征收海关税（费）的法律依据，也是规范海关稽征行为的基本法律制度。各国海关关税法律制度的内容大同小异，通常规定以下内容：

1. 纳税义务人

我国海关法规定纳税义务人有4种：进口货物收货人、出口货物发货人、进出境物品所有人、向海关办理报关纳税手续的报关代理人。

2. 征税对象

征税对象是指应税货物、物品。中国海关对进出口货物按《进出口税则》征税，对物品按《入境旅客行李物品和个人邮递物品征收进口税办法》征税。

3. 税则号列

关税税号，是征税对象的具体化，界定海关征税货物、物品的范围。在各国立法中有两种方法确定税号，一是列举法，即在相应的税号项下将商品具体名称一一列出；二是概括法，即按商品大类或者同类行业确定税目。两种方法各有利弊，中国海关采用列举法与概括法综合使用确定税则税目。

4. 税率

税率是应征税额与征税对象之间的法定比例，是计征税款的法定尺度，也是海关关税制度的核心部分。税率的高低，直接关系到国家与纳税人的经济利益，影响到国际经贸关系。中国海关现行关税税率是“从价税率”，即以价格为基础的比例税率。但从 1997 年 10 月 1 日起，试行进口从量税、复合税和滑动税计征制度。

5. 纳税环节

关税缴纳环节有两种情况：

（1）通关征税环节。指征税对象进入关境后，在海关结关放行之前缴纳关税的实际进出口环节。

（2）稽查征税环节。指征税对象入境后，未办结海关手续，经海关许可放行，在海关稽查环节按规定时间或者规定情形缴纳关税。

6. 纳税期限

纳税期限是对纳税义务人缴纳税款的时间限制，是保证关税及时入库，防止偷漏关税的重要措施。我国《海关法》第 60 条规定，纳税义务人应当从海关填发税款缴纳证之日起 15 天内，向指定银行缴纳税款。

7. 关税减免

根据关税法律制度规定，关税减免要素主要有：

（1）对特定纳税义务人减免。如享有外交特权的人。

（2）对特定对象的减免。如外国政府、国际组织无偿援助、捐赠物资。

（3）起征点。应税货物、物品在起征点以下金额的免征关税和进出口环节税。如进出口货物的关税和代征税起征点是 10 元人民币。

（4）免征额。关税制度针对某些商品的特殊情况规定了免征额。如货样、广告宣传品、某些季节性消费品等。

8. 违章处罚

违章处罚是关税法律制度不可缺少的部分，是法律强制性的直接表现。主要有《海关法》、《刑法》、《关税条例》等法律、法规关于欠税行为、漏税行为、偷逃税行为、抗税行为的处罚。

二、完税价格制度

完税价格就是由海关审核确定的，用以计算应税商品税款的货物物品价格。完税价格是海关征税的基础。《海关法》第 55 条规定：进出口货物的完税价格，由海关以该货物的成交价格为基础审查确定。成交价格不能确定时，完税价格由海关依法估定。进口货物的完税价格包括货物的货价、货物运抵中华人民共和国境内输入地点起卸前的运输及其相关费用、保险费；出口货物的完税价格包括货物的货价、货物运至中华人民共和国境内输出地点、装载前的运输及其相关费用、保险费，但是其中包含的出口关税税额，应当予以扣除。2001 年 12 月 31 日，海关总署对外发布《中华人民共和国海关审定进出口货物完税价格办法》（以下简称《办法》），自 2002 年 1 月 1 日起施行。该《办法》要求进出口货物收发货人和代理人应负责向海关提供反映买卖双方成交活动的一切真实资料，以证明其向海关申报的价格是正常成交价格，或者是其他公平价格。海关有权检查买卖双方的有关合同、发票、账册、单据、业务函电、文件和其他资料，以确认其申报价格的真实性。完税价格制度包括：一般进口货物完税价格制度、特殊进口货物完税价格制度、出口货物完税价格制度、完税价格中运费及其相关费用、保险费计算规则。

三、税则归类制度

海关税则是按商品类别编排的关税税率表，是海关征收关税的法定依据。税则归类是指按货物的商品属性确定该货物在海关税则中的税则号列并确定其税率。税则归类直接影响到适用税率高低，影响到纳税人的利益和国家关税政策的贯彻执行。

1. 税则归类总规则

中国海关执行的《海关税则》归类原则，是依照《海关合作理事会税则商品目录》的归类总则所确定的。它包括总则内部顺序优先原则、明确优先于统称原则、主要特性原则、比例原则、数值原则、最相类似原则。

2. 税则归类具体原则

税则归类具体原则主要有：

（1）国内不能生产或供不应求的必需品规定低税率或免税；

（2）规定生产原料税率低于成品、半成品税率；

（3）国内不能生产的或质量不过关的机电产品零部件进口税率低于整机进口税率；

（4）国内可以生产的非必须商品制定高税率；

（5）世界贸易组织有关协议许可的，国内幼稚工业产品的进口可制定高税率予以保护；

（6）为鼓励出口，对多数出口产品不征税，只对限制出口产品、原材料适应征税。

四、税率税级制度

2002年起实行新的进口税则税率栏目，进口税则分设最惠国税率、协定税率、特惠税率和普通税率4个栏目。取消原基础税率栏目。

最惠国税率适用原产于与我国共同适用最惠国待遇条款的世贸组织成员国或地区的进口货物，原产于与我国签订有相互给予最惠国待遇条款的双边贸易协定的国家或地区的进口货物，原产于中华人民共和国境内的进口货物。

协定税率适用于原产于我国参加的含有关税优惠条款的区域性贸易协定的有关缔约方的进口货物。

特惠税率适用于原产于我国签订有特殊优惠关税协定的国家或地区的进口货物。

普通税率适用原产于上述国家或地区以外的国家和地区的进口货物。

税率是海关税则的核心。根据国家对商品的需要程度，《海关进出口税则》将进口商品分为四类：第一类是必需品类；第二类是需用品类；第三类是非需用品类；第四类是限制品类。每一类进口商品都规定了相应的税率。进口税率共有23个税级，其级差按"税率低，差幅小；税率高，差幅大"的原则排列，体现了税负合理的要求。进口税率设最低税率和普通税率两栏。最低税率从零到3%，最高到150%。普通税率从零税率到8%，最高到180%。《海关进出口税则》中大部分税目未订出口税率，凡未订出口税率的商品不征出口税。凡开征出口税的商品，其税率的税级从10%～100%。

五、关税减免制度

海关法规定，关税减免分为3种类型，即法定减免税、特定减免税和临时减免税。

1. 法定减免税

它是指《海关法》第56条、《进出口税税条例》第24条和《海关进出口税则》规定的准予减税或者免税的进出口货物。主要有：无商业价值的广告和货样；外国政府、国际组织无偿赠送的物资；不满关税起征点，人民币10元以下的进出口货物；因故退回中国的出口货物，经海关审核属实的；进出关境运输工具所载途中必需的燃料、物料和饮食用品。

2. 特定减免税

它是指《海关法》第57条规定适用的减免税范围的货物。主要有特定地区、特定企业和有特定用途的进出口货物，如新技术产业开发实验区等特定地区的减税和免税；进口科研、教学用品的减免。

3. 临时减免税

它是指根据《海关法》第58条规定范围和程序执行的关税减免。目的是通过临时减免调节《海关进出口税则》规定的税率所难以照顾到的方面。

第四节　海关统计法律制度

中华人民共和国国务院2005年12月25日以国务院令的形式发布实施的《海关统计条例》，以及中华人民共和国海关总署以海关总署令的形式发布实施的《中华人民共和国海关统计工作管理规定》（以下简称《统计规定》）是关于海关统计的法律规范，它们明确了进出口货物海关统计的性质、任务、组织机构、职责、统计范围、统计项目、海关及当事人的权利、义务等，是海关统计工作的行政法规和海关规章。

一、海关统计的性质

《海关统计条例》第2条对海关统计作了明确定义，即海关统计是海关依法对进出口货物贸易的统计，是国民经济统计的组成部分。而海关统计工作、海关统计资料和海关统计理论则是理解“海关统计”含义的3个重要概念。

海关统计工作是指搜集、整理、分析我国对外贸易进出口货物原始资料，并形成海关统计资料的工作过程。

海关统计资料是指反映我国对外贸易进出口货物情况的数据和资料。它是国家制定对外贸易政策和检查、监督政策执行情况及进行宏观经济调控的重要依据，也是研究对外贸易发展和国际经济贸易关系的重要资料。

海关统计理论是指我国海关统计在实践中不断总结，逐步形成并不断完善的一整套较为系统的制度、原则和方法，是统计学原理与海关管理理论和海关具体业务的有机结合。

海关统计的性质可以从以下5个方面来理解：

1. 海关统计是国家进出口货物贸易的统计

编制海关统计是海关的四大任务之一。《海关法》第2条规定：“中华人民共和国海关是国家的进出关境（以下简称进出境）监督管理机关。海关依照本法和其他有关法律、行政法规，监督进出境的运输工具、货物、行李物品、邮递物品和其他物品（以下简称进出境运输工具、货物、物品），征收关税和其他税、费，查缉走私，并编制海关统计和办理其他海关业务。”

2. 海关统计是国民经济统计的重要组成部分

我国海关不仅负责搜集、汇总和整理进出口统计数据，而且负责海关统计资料的编制、发布和分析。海关在执行监督管理中取得的报关资料，经过整理后，可以全面地反映我国货物进出口和对外贸易运行的状况。国家公布国民经济计划执行结果和国际收支平衡表时，对外贸易的进出口数据使用的就是海关统计资料，海关统计成为我国对外贸易的官方统计。

3. 海关统计是国家制定对外贸易政策、进行宏观经济调控的重要依据

海关统计是对进出关境的货物统计，能够全面地反映进出口商品的品种、数量、金额、贸易方式、经营单位和国别情况等。

海关统计提供的对外贸易统计资料，为国务院以及有关主管部门了解对外贸易的运行状况和发展趋势，制定有关经济贸易政策和管理措施，以及检查、监督政策措施的执行效果提供了决策依据。

4. 海关统计是研究我国对外贸易发展和国际经济贸易关系的重要资料

我国现行海关统计制度是参照联合国的国际贸易统计标准制定的，统计范围和统计口径同国际标准的要求基本相符。我国定期向联合国报送海关统计数据。因此，海关统计具有国际可比性，是研究对外贸易发展和国际经济贸易关系的重要资料。

5. 海关统计客观地反映了我国的对外贸易和海关依法行政的过程和结果。因此，海关统计是海关管理决策、管理方式和方法的确定以及评估海关执法状况和水平的重要依据。

二、海关统计的任务

海关统计是国家赋予海关的一项基本职能，海关统计的任务包括：

1. 依法开展统计调查，全面收集、审核进出口货物收发货人或者其代理人的原始报关资料，并对统计数据进行汇总、整理。

2. 依法对进出口贸易统计数据进行统计分析，研究对外贸易运行特点、趋势和规律。根据进出口贸易统计数据以及国内外有关宏观经济统计数据开展进出口实时监测和动态预警工作。

3. 利用海关统计数据依法开展统计监督，对企业进出口行为和过程进行

监督，对海关执法活动进行分析评估，并检查、纠正虚报、瞒报、伪造、篡改统计资料的行为。

4. 根据国家有关规定开展统计咨询服务。除依法公布以及无偿提供的综合统计资料以外，海关还对提供进出口贸易统计的数据资料实行有偿咨询服务。

三、海关统计资料

（一）海关统计数据的收集

《海关统计条例》第15条规定：海关统计的原始资料是经海关确认的进出口货物报关单及其他有关单证。进出口货物报关单和经海关核发的其他申报单证是由海关总署定统一格式和填制规范。由进出口货物收发货人或其代理人填制并向海关提交的申报货物状况的法律文书，是编制海关统计的重要凭证。

《海关法》规定，所有进出关境的货物必须向海关如实申报，接受海关的监督管理，这为海关及时收集全面、准确的进出境货物统计资料提供了法律依据和根本保证。进出口货物报关单海关作业联一直是统计部门收集整理进出口统计数据的原始凭证和唯一资料来源。海关统计数据是由H2000报关单数据库中提取生成的，当天结关的数据当天就转换到统计数据库中。

（二）海关统计数据的审核

海关统计数据的审核是指通过利用计算机的各种检控条件对已转入统计数据库的数据进行的检查，并打印出各种统计数据审核表供统计人员进行复核。海关统计数据的审核主要是由各直属海关与海关总署综合统计司共同完成的。各直属海关通过电子审核、人工专业化审核、现场接单审核、通关数据综合复核、统计数据最终审核，形成上报数据；海关总署统计司负责对各直属海关上报数据进行最终复核和检查，重点是对错误信息进行检控。

（三）海关统计资料的编制

海关统计资料的编制是指对所收集的统计数据，进行科学的汇总与加工整理，使之系统化、条理化，成为能够反映进出口货物贸易和物品特征的综合统计资料。其范围为列入海关统计的货物、物品及海关统计项目。

海关统计资料的来源是经过海关各业务环节合法性和可靠性审核的“中华人民共和国海关进（出）口货物报关单”、“中华人民共和国海关保税区进（出）境货物备案清单”、“中华人民共和国海关出口加工区进（出）境货物备案清单”等报关单、随附单证及有关的电子数据。

（四）海关综合统计资料的发布和提供

海关综合统计资料的发布是指各级海关统计部门对经汇总加工编制的海关统计资料，通过出版发行统计书刊、电子数据交换、新闻媒介等形式，定期向地方政府通报和向社会各界公开发布。《海关统计条例》规定，海关应当建立统计资料定期公布制度，向社会公布海关统计信息。海关可以根据社会公众的需要，提供统计服务。

海关总署应当定期、无偿地向国务院有关部门提供有关综合统计资料。直属海关应当定期、无偿地向所在地省、自治区、直辖市人民政府有关部门提供有关综合统计资料。

海关综合统计资料包括下列内容：

（1）各地区进出口总值表；

（2）进出口商品贸易方式总值表；

（3）国别（地区）进出口总值表；

（4）主要商品进出口总值表；

（5）进出口贸易方式企业性质总值表；

（6）运输方式进出口总值表；

（7）反映进出口总体进度的分析报告、进出口监测预警信息等。

四、海关统计的范围

《海关统计条例》规定，实际进出境并引起境内物质存量增加或减少的货物，列入海关统计；进出境物品超过自用合理数量的，列入海关统计。这表明列入我国海关统计范围的货物必须同时具备两个条件：一是跨越我国经济领土边界的物质商品流动，二是改变我国的物质资源存量。

根据联合国关于国际货物贸易统计的原则，我国将进出口货物分为列入海关统计的进出口货物、单项统计货物和不列入海关统计的货物三类。

（一）列入海关统计的进出口货物

列入海关统计的进出口货物，以海关的监管方式为基础进行分类。列入海关统计的货物主要包括：我国境内法人和其他组织以一般贸易、易货贸易、加工贸易、补偿贸易、寄售代销贸易等方式进出口的货物。保税区和保税仓库进出境货物，租赁期 1 年及以上的租赁进出口货物，边境小额贸易货物，国际援助物资或捐赠品，溢卸货物，无进出口经营权的单位经批准临时进出口的货物等。

（二）不列入海关统计的货物

根据国际惯例和我国确定的海关统计范围，对于没有实际进出境或虽然实际进出境但没有引起境内物质资源存量增加或减少的货物、物品，不列入海关统计（即不列入我国进出口统计）。

1. 不列入海关统计的货物主要有：

（1）过境货物、转运货物和通运货物；

（2）暂时进出口货物；

（3）租赁期在1年以下的租赁货物；

（4）由于货物残损、短少、品质不良或者规格不符而由该进出口货物的承运人、发货人或者保险公司免费补偿或者更换的同类货物；

（5）退运货物；

（6）无商业价值的货样或者广告品；

（7）海关特殊监管区域之间、保税监管场所之间以及海关特殊监管区域和保税监管场所之间转移的货物。

2. 不列入海关统计的物品主要有：

（1）修理物品；

（2）我国驻外国和外国驻我国使领馆进出境的公务物品以及使领馆人员的自用物品；

（3）我国驻香港和澳门特别行政区军队进出境的公务物品以及军队人员的自用物品。

（三）不列入海关统计但实施单项统计的货物

为了更好地发挥海关统计在国民经济核算和海关管理中的作用，对于部分不列入海关统计的货物，海关对其实施单项统计，即统计数值不列入国家进出口货物贸易的总值。海关实施单项统计的货物包括免税品、进料与来料加工以产顶进来料加工转内销货物、加工贸易转内销设备、进料与来料加工深料、加工贸易结转设备、退运货物、进料与来料加工复出口料件等。

五、海关统计的权利、义务及法律责任

1. 海关统计部门对统计原始资料中的申报内容有疑问的，可以直接向当事人提出查询，核实有关内容，当事人应当及时据实作出答复。

2. 海关统计人员对在统计过程中知悉的国家秘密、商业秘密、海关工作秘密负有保密义务。

3. 海关统计人员有权拒绝、揭发和制止影响海关统计客观性、真实性的人为干扰。

4. 海关统计人员应当遵守《海关法》和《统计法》的规定，不得自行、参与或者授意篡改海关统计资料、编造虚假数据。

5. 海关统计人员玩忽职守、滥用职权、徇私舞弊的，依法给予处分；构成犯罪的，依法追究刑事责任。

6. 未经海关授权，任何单位或者个人不得擅自销售海关统计资料和海关统计电子数据。

7. 依法应当申报的项目未申报或者申报不实影响海关统计准确性的，除责令当事人予以更正外，需要予以行政处罚的，依照《海关行政处罚实施条例》的规定予以处罚。

第五节　海关行政处罚法律制度

一、违反海关法行为

违反海关法行为是指公民、法人或其他社会组织在进出境活动中违反海关法或其他法律、法规的有关规定，具有社会危害性的有过错的行政违法行为。它通常包括走私行为、违反海关监管规定行为以及其他法律授权海关处罚的行政违法行为。

（一）走私行为

走私行为是海关法律关系相对人违反海关行政法运输、携带、邮递国家禁止、限制进出境货物、物品，逃避海关监管，或未经海关许可出售海关监管物资非法牟利，偷逃关税的行为。走私在海关行政处罚上又分为一般走私行为和按走私行为论处的行为。

一般走私行为包括：①从未设关地运输、携带国家禁止、限制、应税物品进出境，又称“绕关走私”；②闯关走私，即从设关地用各种欺骗、藏匿手段逃避海关监管，运输、携带禁止、限制、应税物品进出境；③未经海关许可擅自出售海关保税货物或其他海关监管货物；④未经海关许可擅自出售、运输特定减免税货物。

按走私行为论处的行为包括：①直接向走私人非法收购走私进口货物、

物品行为；②在内海、领海运输、收购、贩卖国家禁止、限制的货物、物品，没有合法证明的行为。

（二）违反海关监管规定行为

《海关行政处罚实施细则》详细规定了违反海关监管规定行为的特征，大致可分为四大类：(1) 违反进出境货物监管规定行为；(2) 违反进出境运输工具监管行为；(3) 违反进出境物品监督行为；(4) 违反知识产权海关保护规定行为。

（三）其他法律授权海关处罚行为

《中华人民共和国固体废物污染环境保护法》规定，凡违反该法，将中国境外的固体废物进境倾倒、堆放、处置，或者未经国务院有关主管部门许可，擅自进口固体废物用作原料的，由海关责令退运该固体废物，可以并处 10 万元以上 100 万元以下的罚款。

二、违反海关法行为构成

违反海关法行为构成，也叫构成要件，是指违反海关法行为必须具备的主客观条件。违反海关法行为的构成要件，从学理上可分为一般构成要件和具体构成要件。下面主要讲述一般构成要件。

与一般违法行为构成要件一样，违反海关法行为的构成要件也包括 4 个方面。

（一）违反海关法行为的客体

违反海关法行为的客体，是指由海关行政法所保护的，而为违法行为侵害的国家进出境监管秩序（制度）。包括许可证制度、关税制度、外汇及人民币进出境管理制度、非贸易物品进出境管理制度、知识产权海关保护制度等。

分析客体的意义在于：①客体的法律性质决定行为的违法性质，不同的客体将不同的违法行为区别开来。例如，骗取出口退税行为侵害国内税法制度，是骗税行为；而骗取海关税行为侵害关税法律制度，是走私行为。②客体受侵害的程度决定行为的罪与非罪。马克思说过，犯罪是个人的极端地反社会的行为。当行为侵害客体的程度达到刑法规定的要求时，就不是一般行政违法行为，而应当按犯罪行为依法追究刑事责任。

（二）违反海关法行为的客观方面

法理学的构成理论认为，违法行为的客观方面包括行为与后果两项要求。违反海关法行为客观方面是指违法行为在客观方面的表现。至于行为的危害后果，多数违反海关法行为的构成不要求有后果，就是说，只要实施了客观行为，不论有无危害后果，都属于违反海关法行为。

违反海关法行为必须具有以下 4 个特征：（1）客观性。客观方面是一切违法行为的核心要件，没有客观行为就不存在违法。因此，客观性是违反海关法行为的特征之一。（2）社会危害性。行为没有对社会及公共秩序造成危害，就没有受社会和正义谴责的价值，也就没有追究法律责任的必要。因此，社会危害性是违反海关法行为的本质特征。（3）违法性。并不是所有有社会危害性的行为都构成违法，只有行为触犯了现行法律条款才构成违法。即法无明文规定者不违法。因此，凡是海关法没有规定的行为，即使具有危害社会性质、破坏法律制度，也不能认定是违反海关法行为。（4）应受海关法或海关行政法律惩罚性。海关法或者有关行政法规定某些行为虽然具有危害社会性质，但是依法不予或者免予行政处罚的，不构成违反海关法行为。如情节轻微、及时纠正、超过法定追诉时效、行为人没有责任能力等。

（三）违反海关法行为主体

违反海关法行为主体，是指实施违反海关法行为并应依法承担海关行政法律责任的行为人，包括个人和单位。根据《行政处罚法》以及海关总署的有关规定，违法主体中的个人应是自然人，应具有相应的责任能力。一般认为，年满 18 岁者具有完全责任能力，负完全法律责任；14～18 岁之间，为限制责任能力人，负相对法律责任；14 岁以下者，为无责任能力人，对违法行为不承担法律责任。精神病人在患病期间属于无责任能力人。单位违反海关法也要依法承担法律责任。单位包括公司、企业、事业单位、机关、团体。单位走私或违法既是违反海关法行为，又是违背单位章程的行为，无论责任能力如何，都要承担行政法律责任。

（四）违反海关法行为的主观方面

违法行为的主观方面，也叫主观要件，是指行为人实施违法行为时的主观过错心理状态。行为人在实施违反海关法行为时，只有出于主观上的某种过错，才构成违反海关法行为，并承担相应的法律责任。

违反海关法行为的主观过错，包括行为人实施违反海关法行为时的主观故意或者过失两种情况。所谓故意，是指行为人明知自己的行为会发生破坏进出境监管秩序的结果，并且希望或者放任这种结果发生的主观心理状态。所谓过失，是指行为人应当预见自己的行为可能发生破坏进出境监管秩序的结果，由于疏忽大意而没有预见，或者已经预见而轻信能够避免，以致发生这种危害结果的心理状态。

凡行为人主观没有过错的行为，海关不能给予行政处罚。例如，紧急避险行为、经海关同意或认可的行为。

三、海关行政处罚种类

根据《海关法》、《海关行政处罚实施条例》和其他有关法律、行政法规等的规定，海关行政处罚有以下 6 种。

（一）警告

海关警告，是海关向海关行政违法的当事人提出谴责和告诫，使其认识到自身行为的违法性，以后不再重犯的处罚。警告的影响主要是给当事人形成一定的心理压力，造成名誉的损失，面对不利的社会舆论环境。警告是最低的一个处罚阶段。警告既可以单独适用，又可以与其他行政处罚种类相配合。

（二）罚款

海关罚款是指海关强迫违法的当事人缴纳一定的金额，通过使其在经济上受到损失，警示其今后不再发生违法行为。罚款是海关行政处罚适用中比较普遍，适用频率较高的处罚种类。这也和海关行政违法行为多涉及经济利益有关，例如走私一般都是一种牟利行为，剥夺当事人一定的财产权利，正是击中其要害的一种处罚手段，以警示其今后不犯。罚款经常和其他处罚种类配合使用，海关可以根据具体案情，作出罚款决定或者不罚款决定。

（三）没收

没收处罚是海关依法将违法当事人的非法进出境的货物、物品以及违法行为人的违法所得收归公有的处罚。没收包括两部分：一是没收走私货物等非法财产；二是没收违法所得。海关应予没收的非法财产主要有：走私货物、物品、运输工具，进出境环节查获的侵犯知识产权的货物、物品，当事人非法持有的“红油”、“三无船舶”、“无进口证明的汽车”等。

（四）暂停给当事人某项权利

暂停给当事人某项权利，是指企业或者自然人经海关允许从事有关业务后，由于实施了行政违法行为，而由海关作出在一定期限内剥夺其从业或者执业权利的处罚。海关可以暂停报关企业的报关业务，暂停报关人员的报关执业和暂停经海关准予从事海关监管货物的运输、储存、加工、装配、寄售、展示等业务的企业从事有关业务。暂停的期限一般是 6 个月以下。

（五）终止当事人的某项权利

该项处罚是指海关依法剥夺违法当事人从事某项经营活动的权利或者执业资格，也是行政处罚的一种。海关一般是撤销海关注册，取消报关从业资格。针对主体也是报关企业，报关人员和经海关准予从事海关监管货物的运输、储存、加工、装配、寄售、展示等业务的企业。终止当事人的某项权利是海关行政处罚中最严厉的惩罚，甚至可能直接导致企业破产，报关员失业。

（六）收缴

国家授权海关在特殊情况下可以行使收缴的权力。收缴类似于没收。往往是在作出行政处罚存在障碍，但有关财物又必须收归国有的情况下采取的。[①]

四、海关行政处罚程序

海关查处违法案件通常分为两种情况：一是当场处罚，违法事实清楚，情节简单，处罚金额小的案件适用当场处罚程序。例如海关旅检现场发现的违法案件。二是一般处罚，即经过立案、取证、审理、告知（包括听证）、执行等程序查处案件。除适用当场处罚程序的案件以外，其他违反海关法行为的案件一律适用一般程序。

立案是海关调查部门正式启动调查行为的法定程序。它通常根据 3 个条件来决定是否立案：

1. 有无违反海关法行为发生；

2. 有无追究海关行政法律责任的必要；

3. 是否属于海关案件管辖范围。

以上 3 个条件同时具备的，海关应当立案。

取证是海关调查的关键程序，海关调查的全部主要环节都是围绕证据进行的。证据是定案的基础，没有证据任何案件都不能成立。海关调查所涉及的证据有 7 种：当事人陈述、证人证言、书证、物证、检查（查验）记录、鉴定结论、音像资料。

审理是海关对调查终结的案件进行内部审查的监督程序。审理的目的是确保海关调查行为程序合法，定案证据充分确凿，适用法律正确，处罚恰当。

① 谢松、陈锋著：《行政处罚》，中国海关出版社，2005 年第一版，第 116 页。

审理的任务主要有：对案件事实审查，保证案件事实清楚；对定案证据进行审查，保证证据确凿；对适用法律进行审查，保证适用法律正确；对调查程序进行审查，保证调查程序合法有效。

处罚是海关根据违法行为的性质、情节并按照法律规定决定和实施制裁的程序。海关在案件调查审理完毕、决定处罚之前，应当将处罚事实和理由告知当事人，听取当事人的陈述和申辩，重大案件还要依法举行听证会。处罚要制作统一格式的“海关处罚决定书”，按照法律规定期限和方式送达当事人。当事人在法定期限内提出复议或者向法律起诉，海关不停止处罚决定的执行。

第六节　海关救济法律制度

海关复议、诉讼、赔偿是为维护海关法律关系相对人合法权益，确保海关行政行为合法有效的救济法律制度。它是社会主义市场经济条件下民主法制发展对政府行为的必然要求。

一、海关行政复议

海关行政复议，是指海关法律关系相对人认为海关的具体行政行为侵犯其合法权益，依法申请复议机关重新作出或者取消海关具体行政行为，复议机关依法审理并作出复议决定的行政救济行为。海关行政复议的作用有 3 点：①保护当事人合法权益，监督海关依法行政。②维护海关正确合法的行政行为，确保海关行政效率。③纠正和制止违法或不当行政行为，及时解决行政纠纷，减少行政诉讼。

（一）海关行政复议分类

海关行政复议对象是各类具体的海关行政行为，因此，海关行政复议按对象可分为：海关行政处罚复议、关税行政复议、海关行政强制措施复议、海关行政许可复议。

（二）海关行政复议范围

海关行政复议范围包括：

1. 海关行政处罚行为；

2. 海关行政强制措施；

3. 损害企业或其他社会组织法定经营自主权；

4. 不予答复或者拒绝颁发各种海关许可的证明书、登记证书、证件；

5. 相对人请求海关履行保护人身权、财产权，海关拒绝履行或者不予答复；

6. 海关违法要求相对人履行义务；

7. 引起纳税争议的海关具体行政行为；

8. 拒绝受理或者不答复复议申请的行为；

9. 侵犯相对人人身、财产权的行为；

10. 法律、法规规定可以提起复议的其他海关行政行为。

以下涉及海关的行政行为不可提起复议：抽象海关行政行为，海关内部行政行为，海关民事纠纷的调解、仲裁、处理行为，海关签订协议、条约等外交行为，其他非海关行政行为。

（三）海关行政复议程序

1. 申请

申请是指相对人依法要求海关撤销或改变原具体海关行政行为的请求。申请复议的条件有：

（1）申请人必须是海关法律关系相对人；

（2）申请内容必须是认为海关具体行政行为侵犯其合法权益；

（3）有明确的被申请海关；

（4）有具体的复议请求和事实根据；

（5）属于海关复议受案范围；

（6）符合法律规定的要式条件和申请期限。

2. 受理

当事人提出申请后，海关经过审查认为符合受案条件，应当立案复议，不得拒绝。但是有下列情形的海关不予受理：

（1）不属于海关受案范围；

（2）不属于海关管辖案件；

（3）当事人已向人民法院起诉或者已向其他行政机关提起复议，并已经立案；

（4）超过法定申请期限；

（5）不符合法定要式条件的。

海关决定不受理复议，应当制作裁定书说明不予受理的理由，并在规定期限内送达申请人。

3. 审理

海关复议审理主要有以下工作：

(1) 向被申请海关送达复议申请副本，并限期提出答辩；

(2) 确定复议人员和其他复议参加人；

(3) 审查受案范围；

(4) 确定审理方式（一般是书面审理）；

(5) 实施审理，包括查阅案卷、核实证据、审查法律问题。作出复议决定。

4. 决定

海关复议决定分为实体性决定和程序性决定两类。

实体性决定有：①维持决定；②补证决定；③限期履行决定；④撤销、变更并责令被申请海关重新作出具体行政行为的决定；⑤责令被申请海关赔偿的决定。

程序性决定有：①撤销或改变海关行政规章和行政命令的决定；③裁决受理、不受理或者要求申请人限期补证的决定；③撤销复议案件或者同意申请人撤回复议申请的决定；④准予延长复议申请期限的决定；⑤停止海关原具体行政行为的决定。

5. 送达

海关作出复议决定后，应按法律要求制作“海关复议决定书”，并依法送达申请人。海关送达“复议决定书”，应当直接送达申请人。无法直接送达的，可委托其他行政机关代为送达，或者邮寄送达。在上述方法都无法送达时，可以公告送达。

二、海关行政诉讼

海关行政诉讼是指公民、法人或者其他社会组织认为海关具体行政行为侵犯其合法权益，依法向人民法院起诉，人民法院依法审理并作出裁判的行政审判监督制度。

（一）海关行政诉讼原告、被告、参加人

1. 海关行政诉讼的原告

海关行政诉讼的原告是海关行政法律关系相对人，包括自然人、法人和其他社会组织。他们必须与海关存在直接的行政法律关系。按海关法的规定，可以成为海关行政诉讼原告的有：进出口货物的收货人或发货人、纳税义务

人、报关代理人，进出境运输工具所有人、海关监管货物承运人、进出口货物的担保人和所有人。

2. 海关行政诉讼的被告

海关行政诉讼的被告只能是海关。它有3个特征：①被告是海关，不能是相对人。因为行政诉讼是法院根据相对人的诉愿对行政机关具体行政行为进行法律监督的程序。海关在行政诉讼中是法定的被告，相对人一方是当然的原告。②被告是海关机构，不是海关工作人员。海关工作人员依法实施监管的行为不是个人行为，而是职务行为，其法律后果由关员所属海关承担。如果该行为被起诉，相对人只能对海关组织起诉，不能对关员个人起诉。③被告是作出具体行政行为的海关，不能是别的海关或者别的行政机关。

3. 海关行政诉讼的参加人

海关行政诉讼的参加人是指参与到海关行政诉讼中来的当事人和与当事人诉讼地位相类似的人，除包括上述诉讼原告和被告以外，还有共同诉讼人、诉讼中第三人以及诉讼代理人。

（二）案件的起诉

海关法律关系相对人起诉海关必须具备以下4个条件：

1. 原告是认为具体海关行政行为侵犯其合法权益的相对人；

2. 必须有明确的海关机构作为被告；

3. 有具体的诉讼请求和事实依据；

4. 属于人民法院行政诉讼案件受案范围和受诉人民法院管辖。

除上述4个必备条件以外，还要满足起诉的程序条件和时间条件。例如，《行政诉讼法》规定，纳税争议首先要经过海关两级复议，只有对海关总署复议决定不服，才可向人民法院起诉；其他海关行政行为引起的争议，当事人可以向海关提出复议，对复议决定不服可再向人民法院起诉，也可以直接向人民法院起诉。此外，起诉必须在法定的时间内提起，超出时效的诉讼请求，人民法院将不予受理。

（三）案件的审理

法院开庭审理之前，应当于立案之日起5日内将起诉状副本送达被告。在收到被告的答辩状5日内，将答辩状副本送达原告。然后组织合议庭，查阅案卷，审查证据，决定是否公开审理，决定是否停止原海关具体行政行为的执行。

庭审程序是：书记员宣布法庭纪律，审判长宣布开庭，审判长或者审判员介绍案情，进行法庭调查质证，法庭辩论，合议、审判。

（四）判决

海关行政诉讼判决可分为 4 种：

1. 维持判决

它是指法院驳回原告的诉讼请求，肯定海关具体行政行为合法、正确的判决。《行政诉讼法》规定，行政行为证据确凿，适用法律、法规正确，符合法定程序，法院应判决维持。

2. 撤销判决

它是指法院经审理认为被控行政行为违法，而使该行为无效的判决。被撤销的海关行政行为主要有：定案的主要证据不足，适用法律、法规错误，违反法定程序，超越法定职权，滥用职权。

3. 变更判决

它是指法院经审理认为行政处罚显失公正，依法对该处罚予以变更的判决。

4. 强制执行判决

它是指法院宣告行政机关必须履行职责的判决。

三、海关行政赔偿

（一）海关行政赔偿的特征

海关行政赔偿，是指因行政侵权行为损害海关法律关系相对人的合法权益，应当事人的请求或者人民法院判决，依法赔偿当事人直接经济损失的法律制度。它具有以下特点：

1. 海关行政赔偿属于国家赔偿；

2. 承担赔偿义务的机关是实施侵权行为的海关；

3. 行政赔偿是因海关在行使职权行为中引起的；

4. 海关行政赔偿以支付赔偿金为主要形式，也可以以返还财产或者恢复原状方式赔偿；

5. 海关行政赔偿是应相对人的要求由人民法院判决而提起的。

（二）海关行政赔偿范围

海关行政赔偿范围包括侵犯人身权利和侵犯财产权利两方面。

1. 侵犯人身权利行为

主要包括：

(1) 违法采取限制人身自由的行政强制措施。例如，海关不按法律规定程序扣留当事人，或者扣留走私犯罪嫌疑人超过法定时限。

（2）以殴打等暴力行为或唆使他人以殴打等暴力行为造成公民身体伤害或者死亡的。例如，海关人员在检查、扣留、查问过程中，非法使用暴力伤害他人的。

（3）违反武器、警械使用管理规定造成人身伤害或死亡的。例如，海关人员擅自开枪造成伤亡的。

（4）侵犯相对人其他合法权益。例如，侵犯他人住宅权、名誉权、姓名权、肖像权、荣誉权、通信自由权等。

2. 侵犯财产权的行为

主要包括：

（1）违法实施罚款、没收财产、取消报关资格、吊销报关证书等行政处罚的。

（2）违法对进出口货物、物品、运输工具采取检查、扣留、冻结、封存等行政强制措施的。

（3）侵犯企业、法人和其他社会组织经营自主权的。

（4）海关无理拒绝当事人合法请求，故意不履行职责或者违法要求相对人履行义务造成相对人财产损失的。

3. 海关依法不予赔偿的范围

主要包括：

（1）抽象行政行为。《行政诉讼法》第 67 条规定，行政机关只对具体行政行为承担赔偿义务，而对抽象行政行为不承担赔偿责任。就是说，海关对制定和发布行政规章、命令的行为，即使违法或不当，造成当事人损失，海关也不赔偿。

（2）合法行为。合法行政行为不构成行政侵权，海关不承担赔偿义务。如果因合法行为造成相对人财产损失，海关应当依法予以行政补偿，而不是赔偿。

（3）海关工作人员行使与海关职权无关的个人行为。海关人员的非职务性行为造成损害，应由侵权者个人依法承担民事责任。

（4）因当事人自己的行为造成的损失。

（5）法律规定的其他不予赔偿的情形。

（三）海关行政赔偿程序

海关行政赔偿程序如下：

1. 受害人要求海关行政赔偿，应先向作出侵权行为的海关提出请求，也可以在提出行政复议或者提起行政诉讼的同时一并提出，并递交申请书。申请书应当载明受害人的姓名、性别、年龄、住址和工作单位，法人或其他社会组织的名称、住所、法定代表人或主要负责人姓名、职务；具体的赔偿要求、事实根据和理由；申请的年、月、日。

2. 海关应当自收到申请之日起两个月内依法给予赔偿。海关逾期不予赔偿，或者受害人对赔偿数额有异议，请求人可以自期限届满之日起 3 个月内向人民法院提起诉讼。

3. 根据《海关关于查验货物、物品造成损坏的赔偿办法》规定，海关关员在查验货物、物品时损坏货物的，应如实填写“中华人民共和国海关查验货物、物品损坏报告书”，一式两份，一份交受害人，一份留海关存查。赔偿金额确定以后，由海关填发“中华人民共和国海关损坏货物、物品赔偿通知单”（以下简称“通知单”），受害人在收到“通知单”之日起 3 个月内到海关领取赔偿，逾期海关不再赔偿。海关赔款一律用人民币支付。

4. 海关赔偿损失后，应当责令有故意或者重大过失的关员或者受委托的组织和个人承担部分或者全部赔偿费用。对有故意或者重大过失的责任人员，海关应依法给予行政处分；构成犯罪的，应当依法追究刑事责任。

（四）海关行政赔偿方式

海关行政赔偿方式有：

1. 支付赔偿金

根据《中华人民共和国国家赔偿法》第 25 条的规定，国家赔偿以支付赔偿金为主要方式。海关赔偿是国家赔偿，因此以支付赔偿金为主要赔偿方式。

2. 恢复原状

这是根据损害发生的具体情况，按照受害人的请求和愿望，将损害恢复到损害发生前的状态。例如海关检查国际邮包，不慎损坏邮件，海关可根据收件人的要求将邮件修复。

3. 返还原物

这种方式多用于经受害人请求或者法院的判决，海关将扣留不当的货物、物品返还受害人；或者将海关多征、误征的关税，以及将保证金、抵押物和违法冻结的货款、存款依法发还受害人。

第九章 海关队伍建设

第一节 海关干部队伍的构成和管理

一、新中国成立到20世纪50年代末

（一）海关干部队伍的组建

新中国成立初期，海关干部队伍主要由解放区来的干部和原国统区的地下党员，并吸收旧中国海关的工作人员和从国家其他机关调进的人员以及新招收培养的干部构成。

总的来看，新中国成立初期，海关系统以老区干部为骨干，吸收留用人员和择优录用青年学生组建起来的干部队伍，是符合中国国情的，为推进中国海关的建设，在组织上奠定了基础。但基于多方面的原因，海关人员的数量则是一再减少。1950年确定全国海关干部编制为4571人。同年5月统计，实有干部4811人。经过组织整顿，到1950年底，减少到4171人。再经关局合并和精简机构，至1954年底，又缩减为3435人。其后，海关干部仍逐年减少，1956年底有2480人，较当年国务院核定的编制缺额290人。1959年底海关干部管理权限下放之前，全国海关干部仅有2091人。

（二）建立海关干部管理体制

新中国海关干部管理体制，是在废除旧海关人事管理制度的同时建立起来的。

1. 废止旧海关总税务司高度集权的人事管理制度，建立海关垂直领导和分层负责的干部管理体制。

1949年12月30日，政务院第十三次政务会议批准了《中央人民政府海关总署试行组织条例》。根据这一条例，海关总署从1950年开始实施《海关工作人员任免办法》、《海关工作人员调遣暂行办法》、《海关新录用人员试用

制度》和《海关员工请假暂行办法》等一套垂直管理和分层负责的干部管理体制。

新旧中国海关的人事管理从形式上看，都是垂直领导的，但二者的本质截然不同。旧海关的人事管理制度是依照不平等条约建立的，它体现了帝国主义列强的意志和利益。新中国海关的干部管理体制是依照独立自主、民主集中和集体领导的原则确立的，它体现了中国人民的意志和利益。新中国海关建立的干部管理体制，为制定和实施人民海关的政策法规，充分调动海关干部的积极性，顺利完成海关的各项任务，提供了组织保证。

2. 废除旧海关不合理的职级划分，制定新海关的职名表；否定旧海关以年资为主的升级办法，确立新海关以德才为主要标准的人员使用制度。

新中国成立后，海关总署根据中国共产党的干部政策，确定了以德才为主要标准的人员使用制度。按照1950年全国关务会议的精神，经全国海关员工充分讨论，海关总署制定和实施了“海关员工职名表”。各地海关根据本单位的实际情况，以德才为主要标准，适当照顾资历，参照“海关员工职名表”，对海关人员确定了职务。

3. 废除旧海关脱离中国经济落后状况的高薪制，实施人民海关的工资制。

新中国成立以后，国家机关普遍实行新的薪资制度。海关总署鉴于全国各地生活水平、政治条件以及海关员工政治觉悟程度的差异，确定改革工资的方针是：“有步骤地调整各关高低悬殊不合理的工资标准，使之逐渐与1950年1月23日政务院发布的《关于新参加工作人员暂行工资标准》趋向一致，否定旧海关以年资为主的工资等级，逐步实现按劳分配的工资制度。”由于全国海关在工资改革中做了大量的思想政治工作，除个别不愿意接受这一改革而自动辞职者外，绝大多数海关人员都乐于接受体现为人民服务精神的工资制度，从而使海关的工资制度改革得以顺利完成。

二、20世纪60年代初到改革开放前

1. 1960年，国家机关实行机构精简，国务院于1960年11月15日批复，同意外贸部关于各地海关、商检局体制下放和人员精简的报告。各地海关干部，除天津、上海、广州、北京、昆明、乌鲁木齐、满洲里7大海关关长继续由中央管理外，其余所有干部都归地方管理。

2. 1963年3月，外贸部海关管理局召开全国海关关长会议，进一步要求各地海关按照外贸部关于纯洁外贸队伍的若干规定，继续纯洁海关干部队伍。

据此，各地海关又清理了一批所谓“政治表现不好”和有“复杂社会关系”的干部。到1965年，全国海关有干部2993人。

3. 文化大革命，海关系统各级领导干部在相当长的时间内被夺了权，并被加上“走资派”、“叛徒”以及“旧海关保护伞”等莫须有的罪名；大批业务干部，尤其是旧海关人员被视为“深挖”、“清理”的对象。在“一打三反”和“清理阶级队伍”时，一半以上的海关干部被下放到“五七干校”、农村或者调离海关。外贸部海关管理局只剩8个人守摊。

4. 为了充实口岸工作人员队伍，1973年3月国务院下达文件，指示全国各涉外部门，凡已调离口岸部门，但适合做口岸涉外工作的，应尽可能归队。各地海关认真贯彻这一文件精神，取得了积极效果。

5. 1978年2月，海关管理局召开的全国海关关长会议重申：“对已调离的适合海关工作的业务骨干，各关可根据国务院1973年的有关文件，报请地方党政予以归队。”其后，大部分离队干部陆续归队，至1979年全国海关实有人数上升到6112名。

三、改革开放以后

（一）改革海关干部管理体制和干部管理工作

国务院全面研究了海关的实际情况，于1980年2月9日发出了《国务院关于改革海关管理体制的决定》（以下简称《决定》）。《决定》明确指出：全国海关建制收归中央统一管理，成立中华人民共和国海关总署，作为国务院直属机构，统一管理全国海关机构人员编制及其业务。

根据国务院的上述决定，实行了以下措施：

1. 恢复垂直领导与分层负责的海关干部管理体制

主要包括：

（1）海关总署署长、副署长由国务院任命，海关总署各司司长及9个厅局级海关关长由中央管理，各直属海关单位的中层领导干部（处、科长）由海关总署直接管理。其他干部由各海关单位自行管理。

（2）1985年，根据中共中央关于改革干部管理体制，实行分级管理、层层负责的精神，逐级下放了部分人事管理权限。海关总署的司长、副司长、主任、副主任，各直属海关关长、副关长，海关院校校长、副校长由海关总署直接管理，各直属海关单位的中层领导干部由所在海关自行管理。海关总署和各直属海关单位对所负责管理的干部分别办理任免、调动、考核、审查、业务培训、鉴定、晋级、提升、行政奖惩等事宜。同时还规定，各直属海关单位任命的中层领导干部要向海关总署备案。

（3）1989年3月，国务院《关于调整省、自治区、直辖市金融、税务部门和部分海关领导干部管理体制问题的通知》规定，北京、天津、上海、南京、杭州、广州、福州、海口、大连、青岛、厦门、汕头、九龙和拱北14个海关的正、副关长，由国务院直接管理。上述海关的正、副关长，由海关总署提出任免名单，送人事部审核并提出任免建议，报国务院审批。

（4）海关总署负责管理全国海关机构的设置和人员编制，研究海关干部管理工作的方针、政策、法规和条例，管理总署直属的海关领导班子，负责主管干部的考核、任免、调整、培训、奖惩和离退休等事项，检查、了解全国各地海关贯彻执行干部人事政策的情况以及开展思想政治工作的情况，组织交流、推广干部人事管理工作经验。

1980年以来，海关总署相继制定了近20个有关干部任免、调动、考核、机构设置、档案管理、表彰奖励、离退休等规定和办法。根据海关干部管理体制的要求和“管少、管好、管活”的精神，自1984年开始，逐级下放了部分处级干部的管理、科级机构的审批以及科级干部的管理权限。在放权的同时，对中层干部的职数、干部选拔条件、任免程序、审批手续、备案制度等做出了具体规定，以加强总署对海关干部队伍的宏观管理。

2. 坚持干部“四化”方针，加强领导班子建设

海关干部管理恢复垂直领导体制，正值海关业务成倍增长、海关人员编制迅速扩大之际，选拔、调配好各级领导班子，是海关系统人事工作中的一个重大问题。海关的各级人事部门坚持干部“四化”（革命化、年轻化、知识化、专业化）方针，组建各级领导班子。

3. 适应形势要求，不断改进和完善干部管理制度

1986年7月，海关总署在深圳盐田召开了全国海关人事教育工作会议，作出了“把海关人教工作的重点从大规模设置机构、补充队伍，转移到提高人员素质、加强队伍建设上来”的部署。之后，海关系统在改革干部管理制度、提高人员素质方面做了大量工作：

（1）制定了《直属海关关长工作规范》，对关长的任职条件、权限、义务等作了明确规定，同时试行了领导干部目标管理，下达了处、科级干部见习制的规定，以增强干部任职的责任心，加强民主监督。

（2）健全了干部考核制。从1986年开始，海关系统干部年度考核逐步走

上正轨，形成了制度。年度考核采取了本人述职、民主评议、要素测评等多层次、多角度的考核方法，做到了三个结合，即组织考核与个人述职相结合、考察工作实绩与考察德才素质相结合、定性考核与定量考核相结合。同时，建立了干部考核档案，使年度考核为干部的选拔、调整和奖惩提供了客观依据，提高了广大海关关员的民主意识，激发和调动了干部群众的工作积极性。

(3) 大力推进干部交流。1988 年 4 月，海关总署制定了《海关系统干部交流暂行办法》，使干部交流工作逐步走向制度化。海关系统干部交流的范围分为岗位交流、关区交流、地区交流、全国交流；交流的目的是调整结构（调整充实领导班子）、培养锻炼提高干部、对口支援（支援内地、边疆或新建海关）、职务回避（回避亲属关系）等；交流的对象为厅局级高层领导和处级中层领导干部，也有专业技术骨干和科以下干部；交流的时间视工作需要而定，一般岗位交流 1～2 年，地区交流 2～3 年，全国范围的交流 3～4 年。1993 年以来，海关全系统 3 万余名干部中有 53.8%被交流过；仅 1996 年就交流了 4090 名，占全国海关干部总数的 14.1%。2001 年共交流干部 4342 人次，其中署管干部 54 人次，处级干部 943 人次，科级干部 3345 人次。对在同一关区担任关长职务 7 年以上的，全部实行跨地区交流。实践证明，干部交流给海关队伍建设带来了生机与活力，有利于改善群体结构，加强领导班子建设；有利于扩大视野，增长才干；有利于各海关之间取长补短，共同提高；有利于领导干部摆脱关系网的羁绊，秉公依法行政；有利于调动各方面的积极性，开创工作的新局面。此举在全国也产生了较大的影响。《人民日报》1997 年 1 月 24 日头版头条报道了海关实行干部交流回避制度的消息，并加了编者按。

4. 实行干部回避和辞退制度

为了抑制“朝中有人好做官”，“近水楼台先得月”的不正之风，促进廉政建设，海关实行了干部公务回避制度。1995 年 8 月，海关总署发文，明确规定，不允许科级以上干部的直系亲属从事与海关业务关系密切的报关业务。如直系亲属继续从事报关业务，海关干部则必须调离原岗位。文件发出 3 个月后，有 153 名科级以上领导干部的直系亲属因执行公务回避而调换了工种或单位。海关还实行辞退制度，解决国家机关干部能进不能出的问题。1994 年，海关总署制定了辞退工作人员的暂行办法，这以后共辞退了 164 人。2001 年，全国海关系统共调整不称职、不胜任现职干部 42 人，其中处级 13 人，科级 29 人；辞退、开除干部 162 人。

另外，近年来海关系统在干部选拔任用机制上不断创新。2001年总署机关和32个直属海关推行司、处、科级干部竞争上岗，实行竞争上岗职位数1373个，通过竞争上岗任职干部人数达1310人。其中，司局级11人，处级239人，科级1060人。竞争上岗，打破了职务晋升中“论资排辈”的现象，产生了良好影响。

（二）开展海关系统的专业技术职务评定

长期以来，广大从事海关业务工作的干部，除行政职务以外，没有统一的专业职务名称。1983年4月，海关总署与劳动人事部联合发出通知，决定在海关系统进行职称评定。同年9月，中共中央决定全国暂停职称评定，此后海关系统的职称评定工作搁置了两年。

1986年2月，国务院发布了《关于实行专业技术职务聘任制度的规定》。同年3月，中央职改工作领导小组同意海关总署制定的《海关专业职务试行条例》（以下简称《条例》）及《实施意见》。《条例》规定海关专业技术职称分为：高级关务监督、关务监督、助理关务监督、关务员4级。海关总署随即成立了职改工作领导小组和临时评审委员会。同年9月，中央职改办公室同意在北京、天津、南京、广州、汕头和秦皇岛海关开展职称评审试点工作，并在试点取得经验后全面铺开。到1989年9月，海关系统首次职称评审工作全部完成。

据1987年6月底评审前的统计，海关系统（不包括总署）共有各类专业技术人员14857人。其中，海关专业人员13026人，工程技术人员912人。经首次评审，海关系统各级评审委员会（含委托地方评审）共评出高级专业技术职务人员436人，占专业人数的2.3%。其中，教授2人，副教授11人，高级关务监督310人，高级工程师73人，高级会计师13人，高级讲师5人，高级经济师10人等。中级专业技术职务人员2587人，占专业人数的15.99%。初级专业技术职务人员9794人，占专业人数的66%。

1993年海关实施国家公务员制度，除院校等事业单位以外，不再开展专业技术职务评定工作。

四、实行国家公务员制度

在中国建立和推行公务员制度，是党的十三大确定的政治体制改革的一项重要内容。1989年4月10日，人事部正式决定将海关系统列入国家公务员制度试点单位，在全系统进行了试点工作。在人事部的整体部署下，试点工作逐步开展，并成立了各级试点领导小组，先后举办了由领导、骨干参加的各种研讨会、培训班，开展了大量的政策宣传和技术操作的培训。在机构改革和“三定”（定职能、定机构、定编制）基础上进行了职位分类工作。经过职能分解、职位调查，科学合理地设置职位，并对每一职位按照职位分类原则和“四要素”（工作性质、繁简难易、责任大小、所需资格）进行了分析评价，明确了每一职位的职责、任务与层次比例。通过一段时间的准备和努力，海关系统所有参加人员全部完成了过渡培训和考试。

此后，凡具有干部身份的海关干部，均过渡为国家公务员，按照国家有关公务员的管理规定，管理海关干部。并根据现代海关制度的要求，合理确定内设机构、岗位和业务人员与行政人员比例，加强对人才资源整体性开发。把好进人关，严格按照职位需求公开招考，依照公开、平等、竞争、择优的原则，把优秀人才吸收到海关干部队伍中来，提高进关人员的素质和岗位适用性。

五、实行关衔制度

（一）关衔的诞生和授衔的意义

目前世界上绝大多数国家和地区的海关都实行了衔级制度，在做法上大体可分为两类：一类是实行与本国军队相同的军衔制，如俄罗斯和前苏联各加盟共和国等；另一类是实行海关衔级制度，如英国、法国、澳大利亚、日本、越南、缅甸以及我国的台湾地区和香港特别行政区等。

1985 年，海关总署就酝酿建立海关关衔制度，但当时军队、警察尚未实行衔级制度。因此，海关不宜先实行衔级制度。

1996 年 3 月 31 日，时任国务院总理的李鹏在视察九龙海关（现为深圳海关）时指出：“海关要研究和建立衔级制度。”

我国加入世贸组织后，时任国务院总理的朱镕基指示：“海关要尽快与有关部门协商沟通，研究提出设立关衔制度方案。”

2002 年 4 月 10 日，海关总署再一次提出建立海关关衔制度的请示。

2003 年 2 月 28 日，《中华人民共和国海关关衔条例》由第九届全国人民代表大会常务委员会第 32 次会议审议通过，并经时任国家主席的江泽民签发的第 85 号令公布实施。

2003 年 7 月 8 日，国务院第 14 次常务会议通过配套的《海关关衔标志式样和佩戴办法》，并于 7 月 15 日以国务院令第 384 号批准公布实施。

2003年9月12日，国务院举行授予海关关衔仪式，国家主席胡锦涛接见了参加授衔仪式的代表，总理温家宝为当时任海关总署署长牟新生等授衔。

海关实行关衔制度，建立一支准军事化的纪律队伍，有利于强化海关垂直领导和监督管理职能。海关人员的职务级别及相应的岗位职责和权限范围有严格的规定，特别是海关监管现场，时效性强，许多问题必须由现场海关人员按照所授权限当场解决，实行关衔制有利于体现权责一致，提高通关效率。

实行关衔制度，不仅是一种崇高的荣誉，更是一种神圣的责任。海关关衔制度的全面实施，是推进海关干部队伍的正规化、规范化建设的重大措施，是现代海关建设的重要里程碑。海关应以实行关衔制度为契机，加强队伍建设，整肃关容风貌，统一内务秩序，规范内部管理。

（二）关衔制度的主要内容

1. 海关关衔分为五等十三级

（1）海关总监、海关副总监；

（2）关务监督：一级、二级、三级；

（3）关务督察：一级、二级、三级；

（4）关务督办：一级、二级、三级；

（5）关务员：一级、二级。

2. 海关工作人员的职务等级编制关衔

（1）署级正职：海关总监；

（2）署级副职：海关副总监；

（3）局级正职：一级关务监督至二级关务监督；

（4）局级副职：二级关务监督至三级关务监督；

（5）处级正职：三级关务监督至二级关务督察；

（6）处级副职：一级关务督察至三级关务督察；

（7）科级正职：二级关务督察至二级关务督办；

（8）科级副职：三级关务督察至三级关务督办；

（9）科员级：一级关务督办至一级关务员；

（10）办事员职：二级关务督办至二级关务员。

3. 关衔的晋级

二级关务员至一级关务督办，每三年晋升一级；一级关务督办至一级关务督察，每四年晋升一级。《关衔条例》规定，从关务员晋升关务督办、关务督办晋升关务督察、关务督察晋升关务监督都要经培训合格后，方可晋升，晋级期限届满，经考核不具备晋升条件的，应延期晋升。通过建立行政职务和关衔衔级双轨激励晋升机制，可以促使海关队伍政治、业务素质不断提高，不断增强队伍战斗力。

4. 关衔与职务的关系

关衔高的海关工作人员对关衔低的海关工作人员，关衔高的为上级。当关衔高的海关工作人员在职务上隶属于关衔低的海关工作人员时，职务高的为上级。

六、从严治关和海关队伍的建设要求

从行业特点上讲，海关是行政执法单位。正人先正己，执法者，必须首先严格守法。因此，在队伍建设上海关必须始终坚持“一高四严”的要求，坚定不移地贯彻从严治关的方针。

“从严治关”方针，是总结建国以来，海关战线几代人奋斗的实践经验，根据党中央“坚持两手抓、两手都要硬”的战略决策，在改革开放不断向纵深发展和建立社会主义市场经济体制的新的历史条件下提出来的。从严治关方针，是建立现代海关制度的一个重要法宝。“高标准，制度严密，管理严格，作风严谨，纪律严明”涵盖了“从严治关”方针的内涵和外延。纪律是执行方针和路线的保证，没有严明的纪律就不能步调一致，就不能使海关工作按部署有秩序地进行，就难以完成“把关服务”的职能。从严治关是提高干部素质的根本。海关工作人员必须首先严格守法；必须加强建设有中国特色的社会主义理论和党的基本路线教育；必须坚持不懈地开展世界观、人生观和价值观的教育，树立远大的理想、崇高的信念和职业道德；必须加强海关职业精神教育，努力为海关事业贡献聪明才智。

目前，中国海关干部队伍的建设要求是：政治坚强、业务过硬、值得信赖。

第二节 准军事化海关纪律部队建设

为贯彻落实科学发展观和构建社会主义和谐社会的重大战略思想，全面实现现代海关制度第二步发展战略目标，高质量地完成党和人民交给的各项

任务，2006年5月8日，海关总署党组发出了《关于全面开展准军事化海关纪律部队建设的决定》。这是落实党中央、国务院关于加强海关队伍建设一系列重要指示的重要举措，是海关实行衔级管理的必然要求，是全面履行把关服务职能的根本保证。

一、建设准军事化海关纪律部队的总体目标和主要标志

（一）建设准军事化海关纪律部队的总体目标

根据海关的性质、任务和特点，学习借鉴人民解放军革命化、现代化和正规化建设的经验，打造一支具有良好的内在素质和外在形象，能够经得起各种风浪考验，“政治坚强、业务过硬、值得信赖”的高素质海关队伍。

（二）建设准军事化海关纪律部队的主要标志

政治强，业务精，管理严，作风硬，廉政好，效率高。

1. 政治强

忠于党、忠于祖国、忠于人民，与党中央保持高度一致；认真贯彻海关工作方针，不折不扣地执行国家的方针政策、法律法规，坚决维护国家利益；坚持垂直领导体制，坚决贯彻上级指示；党组织战斗堡垒作用和党员先锋模范作用突出；领导班子坚强有力，领导干部以身作则，广大关员忠于职守。

2. 业务精

具有良好的政策法律观念和岗位素养，熟练掌握与所从事工作相关的业务知识和操作技能，出色完成本职工作任务，具有丰富的实践经验，能够正确应对和处置复杂业务问题。

3. 管理严

坚持依法治关，从严治关，纪律严明，奖惩分明；实行正规化管理，业务现场布局、作业流程、执法行为规范统一；关员仪容仪表端庄、行为举止规范、执法用语文明；日常管理严格，各项保障机制健全完善。

4. 作风硬

雷厉风行，令行禁止，一切行动听指挥；吃苦耐劳，敢打硬仗，保持和发扬艰苦奋斗优良传统；爱岗敬业，甘于奉献，有强烈的主人翁意识；奋发进取，勇于创新，始终保持昂扬向上的精神状态。

5. 廉政好

各级领导干部严于律己，廉洁从政，自觉接受监督；广大关员遵纪守法，能够经受住各种风浪考验，严格执行各项廉政规定；党风廉政建设责任制得

到有效落实，廉政风险得到有效控制，行业不正之风得到有效遏制，违法违纪案件逐年减少。

6. 效率高

对内政令畅通，运转有序，反馈及时；对外协调顺畅，工作机制健全，整体效能充分发挥，通关效率高；企业合法权益得到充分保护，难事急事得到及时妥善解决，社会各界对海关工作有较高的满意度。

（三）纪律作风建设是重点

建设准军事化海关纪律部队必须坚持军事化管理与纪律作风建设相统一。准军事化管理是一个全面建设的过程，纪律作风建设是准军事化管理的重要内容。要以抓纪律作风建设为突破口，通过建章立制，加强教育养成，严格日常管理，强化监督检查，培养关员良好的纪律作风，逐步实现准军事化管理的整体要求。要防止急功近利和生搬硬套军队管理及训练方式，在学习借鉴人民解放军正规化管理与继续发扬海关优良传统相结合上想办法，在政治建设与业务建设相融合上下工夫，把准军事化管理贯穿到海关建设各个领域和各个阶段，通过准军事化管理，把业务建设、能力建设、组织建设和思想作风建设等有机地结合起来，形成有海关职业特色的准军事化管理模式。

二、准军事化海关纪律部队建设的基本内涵

（一）称谓的起源

2003 年 9 月 12 日，海关成为继人民解放军实行军衔、人民警察实行警衔后，又一支实行衔级制度的队伍，它标志着海关事业从此进入了一个新的历史发展阶段。温家宝总理在国务院授予海关关衔仪式上指出："海关作为国家进出境监督管理机关，是重要的行政执法部门，具有部分刑事执法权力，担负着为国家把关，为现代化建设服务的重要使命和艰巨任务，有很强的全国统一性和对外一致性，必须建立一支现代化、正规化和准军事化的海关队伍"。可以说，海关准军事化纪律部队的称谓，起源于授予海关关衔的同时。从此，建立一支现代化、正规化和准军事化的海关纪律部队，既是党中央、国务院对海关队伍的殷切期望，也是新时期海关队伍建设的重要内容。

（二）主要内涵

什么是准军事化建设？海关准军事化纪律部队建设的基本内涵是什么？这是要开展好此项工作所必须充分了解和掌握的。要准确把握准军事化纪律部队的内涵，首先必须充分了解军事化的内涵。军队是担负特殊政治任务的

武装集团，是国家机器的组成部分。军事化的主要特点是政治高度坚定，指挥高度集中，行动步调高度一致。编制的统一化，管理的严格程序化，纪律的严肃条令化，举止的高度规范化。

准军事化建设，如何理解“准”字呢？按照《辞海》解释：准，意即程度上虽不完全够，但可以作为某种事物看待的。准军事化建设，就是非军事单位基于自身工作性质、特点、任务，学习、仿效和借鉴人民解放军革命化、现代化和正规化管理建设的经验和模式，用准军事化的管理理念来武装头脑，用准军事化的思想作风来锻炼队伍，用准军事化的目标要求来规范言行，达到整支队伍的统一、规范、严格、高效，符合管理体制与实现管理目标要求的类似和接近于军队管理形式的一种管理模式。准军事化建设，作为一种管理模式，体现了一种管理思路与理念，即与时俱进，不拘泥于现状、故步自封，而是立足于工作实际，着眼于长远发展，全方位、系统地借鉴军队建设先进经验，以更高的标准与更规范的制度要求约束自身，不断深化队伍建设，推动长远目标的实现。

党中央、国务院领导在新时期对海关提出要求，必须建立一支现代化、正规化和准军事化海关纪律部队。准军事化建设作为重要一环，是在科学总结海关队伍建设的历史经验的基础上，根据海关工作的性质、特点及面临的新形势、新任务、新挑战，建立一支“政治坚强、业务过硬、值得信赖”的符合海关现代化管理体制要求的高素质海关队伍。

建立准军事化海关纪律部队，就是要内强素质、外树形象，达到统一、规范、严格、高效的目标。以提高队伍整体素质和把关服务能力为目的；以政治建设、制度建设、作风纪律建设、队伍正规化建设和业务规范化建设为主要内容；以作风纪律建设为核心，以正规化管理为重点；特别是要促使各级领导干部牢固树立准军事化管理的理念，用准军事化纪律部队的要求抓管理、带队伍、促业务，进一步增强最抓善管的实际能力。

准军事化海关纪律部队建设中的“准军事化”是一种管理模式，“纪律部队”是海关队伍的定性，是核心内容。与人民解放军的军事化管理相比，海关准军事化纪律部队建设，在内涵及外延方面既有相似之处，又有所不同。其相似之处在于：一是政治上高度一致，坚持党管队伍，坚定执行党的路线方针政策；二是组织上高度一致，实行统一领导，令行禁止，下级服从上级；三是纪律上高度一致，有一整套管理严密、奖惩分明的制度；四是作风养成高度一致，提倡创新高效，文明和谐。不同之处在于：一是管理的时间上不同，军队实行24小时全天候严格管理模式，而海关准军事化纪律部队更注重8小时工作时间内的规范管理；二是管理的空间上不同，“铁打的营盘，流水的兵”，指的是军队的封闭集中管理，工作生活整齐划一，而海关准军事化纪律部队则注重在执法行为、工作操守和业务规范上统一尺度。应该说，海关准军事化纪律部队建设，在管理理念和模式上具有鲜明的行业特点，涵盖海关队伍的思想政治建设工作、作风建设、业务建设和文化生活的方方面面，贯穿队伍管理的全过程。

（三）分步实施

建设准军事化海关纪律部队要分步实施、循序渐进。2006年，总署要深入实际，调查研究，统筹规划，分类指导。直属海关单位要广泛动员，统一认识，以规范关员的仪容仪表和行为举止为重点，全面启动准军事化海关纪律部队建设，力争取得阶段性成果。试点海关单位要认真总结经验，巩固已有成果，继续把准军事化海关纪律部队建设引向深入。自2007年开始，要重点在内强素质上下工夫，不断增强政治素质、业务素质，强化内部管理，加强反腐倡廉工作，努力提高海关队伍依法行政和把关服务能力。到2010年，准军事化海关纪律部队建设各项要求得到全面落实，基本建成一支高素质的准军事化海关纪律部队。

三、准军事化海关纪律部队建设的主要任务

（一）用准军事化要求指导和加强海关思想政治建设；
（二）用准军事化要求指导和加强海关作风纪律建设；
（三）用准军事化要求指导和加强海关队伍能力建设；
（四）用准军事化要求指导和加强海关制度规范建设；
（五）用准军事化要求指导和加强海关党风廉政建设；
（六）用准军事化要求指导和加强海关领导班子建设；
（七）用准军事化要求指导和加强海关各级机关建设；
（八）用准军事化要求指导和加强海关基层基础建设。

四、准军事化海关纪律部队建设的必要性

1. 实行海关准军事化纪律部队建设，是履行好海关职责的重要保证

当前，我国已进入全面建设小康社会，加快推进社会主义现代化的新的发展比较稳定。海关作为国家进出境监督管理机关，担负着为国把关，为国

民经济保驾护航的重要职责。经过前几年反走私、反腐败斗争的洗礼和考验，海关的队伍建设已走上重塑形象、再创辉煌的道路。然而必须看到，当前海关的各项工作与党中央、国务院的要求还有一定差距，与形势的发展及全面建设现代海关制度第二步发展战略目标的要求还不适应。实行海关准军事化纪律部队建设，并以此统揽队伍建设全局，其主旨目标就是更好地适应形势的变化发展，更好地贯彻落实新时期海关工作的十六字方针，有利于全面履行海关职能，有利于提高依法行政的能力。

2. 实行海关准军事化纪律部队建设，是强化海关垂直体系高效运转的需要

《海关法》第3条明确规定："国务院设立海关总署，统一管理全国海关"、"海关独立行使职权，向海关总署负责"。海关的这种垂直管理体制，其特点是高度集中统一，实行层级管理，具有很强的全国统一性、对外一致性和执法独立性。然而现实中，由于总署所辖的各个直属海关及其分关，在地域上遍布全国各省、市、自治区，点多面广线长，从监督机制角度看仍存在一定的管理难度。实行海关准军事化部队建设，有利于统一指挥，统一行动，确保政令畅通，规范执法，实现严密监管与高效服务的有机统一。

3. 实行海关准军事化纪律部队建设，是实行关衔制度的重要内容

关衔制度的实行，适应了海关工作的性质、特点和任务要求，符合建立新型的现代海关需要。对海关人员来说，肩上的一杠一星，不仅是一份荣誉，更是种责任、义务和使命。实行海关准军事化纪律部队建设，就是要建立一支与之相适应的高素质的队伍，确保海关各项工作朝科学、文明、高效、廉洁的方向发展，确保在有效监管的前提下提高通关效率，确保在复杂的反走私斗争中指挥有力、行动快捷、纪律严明，从而树立起良好的海关形象，展示新时期海关人的精神风貌。

第三节　海关教育培训

一、院校教育

海关工作具有涉及面广、政策性强的特点，海关干部必须具有适合海关专业要求的德才素质。为此，海关需要的干部除适当从社会办学输送以外，还要靠自己培养教育。通过多年的努力，海关逐步形成了具有中国海关特色

的教育体系。

（一）上海海关学院

上海海关学院的前身是1953年9月14日创办的上海海关学校，招收初中毕业生，学制3年。该校的培养目标是，为全国海关培养德、智、体全面发展的专业人才。自1953年开始至1968年，共为全国海关培养、输送了9届海关中专毕业生1024名（不含第三、四届在校参军的92名），基本上满足了补充海关干部的需要。绝大多数毕业生具有良好的政治、业务素质，上岗后，很快就能单独执行任务。另外，该校还在1958年9月至1961年7月办了两期老干部培训班，共培训老干部84人。经过培训的老干部文化水平基本达到了高中程度，并学到了海关业务的基本知识。

1968年9月，上海市革委会下令海关学校并入上海对外贸易学院。1979年2月恢复该校建制，并首先举办了2年制的外国语培训班，为全国海关培训了在职干部100人（英语80人，日语20人）。同年，海关总署根据海关业务迅速发展的情况和各地海关对大专层次海关人才的急需，报请教育部，于1980年5月批准将上海海关学校升格为大专，定名为“上海海关专科学校”，招收高中毕业生，学制3年。该校列入国家计划，面向全国招生，毕业后统一分配到全国海关工作。其培养目标是为全国海关培养德、智、体全面发展的业务骨干。从1980年至1996年，共为海关系统培养、输送了专科毕业生1600多人，成为培训海关专业骨干的基地。

1996年8月，经国家教委批准，上海海关专科学校升格为上海海关高等专科学校，经专家论证、总署批准设立审计专业（海关执法审计方向）、税务专业（关税方向）和国际经济法专业（海关法律方向）3个专业。改变了海关专业设置单一的状况。海关总署并于1994年决定在浦东新区征地200余亩，斥资2亿余元兴建新校，在1997年暑假迁新址。

2007年3月，教育部批准在上海海关高等专科学校的基础上设立上海海关学院。目前上海海关学院是经教育部批准设立的具有高等学历教育招生资格的全日制普通高等学校，直属中华人民共和国海关总署。学院现为全国唯一一所系统设置海关学科课程和专业方向的本科院校。

学院现设有海关管理系、海关经济系、海关法律系、海关外语系和公共基础教学部共五个教学系（部）。设置了分属管理学、经济学、法学和文学四个学科门类的6个本科专业4个专科专业。本科专业是法学（海关法方向）、税务（关税方向）、物流管理（海关监控与贸易安全方向）、行政管理（海关管理方向)、审计学（海关稽查方向)、国际商务（通关方向)，符合学位授予条件的毕业生，颁发“学士”学位证书。其中，法学、税务专业分别是教育部第二、三批高等学校特色专业建设类。目前全日制在校学生近2000人。学院的主要任务是立足海关，培养符合海关事业发展要求的复合型、应用型人才；面向社会，培养符合经济社会发展要求的经贸、物流、报关专业人才，并积极开展海关理论研究和国际交流。学院同时承担海关系统中、高级干部继续教育、知识更新和业务培训等任务，并根据世界海关组织（WCO）的分工和亚太区域国家和地区的要求，逐步承担该区域海关人员培训任务，履行相应的国际义务。

学院现有专任教师150余人，其中教授20人，副教授36人；具有高级专业技术职务教师占专任教师的比例为40%，具有硕士学位以上教师占专任教比例为68%。师资队伍结构合理，教学科研水平较高。学院设有海关管理研究所和海关国际问题研究中心，公开出版《上海海关学院学报》。

学院综合素质教育、准军事化管理贯穿学生培养的全过程，实行综合测评制度，重视学生的全面发展。学院目前占地521亩，按照教育部普通高等学院设置标准，学院建有现代化教学楼、图书馆和先进的ATM校园网。近年来，学院以教学、培训、科研为中心，以提高人才培养质量作为根本任务，在加强学科专业建设，提高教学质量、实施以教育为核心的综合素质教育及培养学生实践能力和创新精神等方面不断深化改革，力求培养，海关和社会所需要的高素质专业人才。

（二）秦皇岛培训学校

1980年以后，中国加速对外开放的步伐，各地海关业务量猛增，急需大量人员补充海关一线干部。1982年，海关总署决定在秦皇岛筹建一所中等专业学校——秦皇岛海关学校，并于1985年9月建成开学。该校每年从参加全国高考的高中毕业生中录取200名，学制2年，毕业后分配到全国海关。至1996年底，共为全国海关培养、输送海关中等专业人才2400多名。

2002年7月学历教育全部结束，改为培训学校专司干部培训任务。主要承担入关培训、科级干部培训和缉私警察、调查人员培训任务。争取在“十五”期间把学校建成结构合理、功能完备、特色鲜明的海关干部培训与技能训练中心。

（三）对外经济贸易大学海关管理系

北京对外经济贸易大学海关管理系，是为中国海关培养海关管理专业大学本科毕业生的基地。该系学制4年，培养目标为：掌握海关工作基本理论、基本技能及国际海关知识、外贸金融知识，能够用英语阐明中国海关政策、法规，处理涉外海关业务，进行国际海关交流活动的专门人才。

该系是1975年根据国务院关于加强海关工作的指示，经外贸部批准筹建的。1976年和1978年，该系先后招收两届工农兵学员共100人。1978年，在全国教育工作会议的推动下，根据该校办学水平和条件，经外贸部批准，正式成立海关管理系并招收了第一届本科生45人。从1989年开始，经国家教委批准，在招收的学生中插入一半海关在职的调干生。调干生由各地海关推荐，参加全国统一的成人高考，经海关总署审查同意后由学校录取。他们和大学统考录取的高中学生一道，在校学习4年，毕业后回到原来所在的海关工作。另外，该系还为海关系统举办外语、验估、统计等在职干部进修班。1985年，该系还以国际海关组织为研究方向，与该校的国际贸易系联合招收硕士研究生，并自1988年开始，单独招收海关关税、海关史的研究生，毕业后授予经济硕士学位。

另外，从1996年开始，还招收海关管理专业第二学位学士生。

（四）中国海关管理干部学院

中国海关管理干部学院的前身是广州海关干部学校，该校是1978年根据李先念副总理关于“对增加的海关人员，要办训练班，加以教育，既讲政治，又教业务”的指示建立的。该校曾暂借广东四会县省财贸干校旧址，先后培训了9期共5001名新入关的学员。

1984年5月，海关总署根据中共中央关于干部教育正规化的要求，经国家教委批准，在广州市南郊创办中国海关管理干部学院，于1985年秋开学。该校是中国海关培训在职干部的大专学院。学院贯彻“面向海关、服务于海关”的办学指导思想，除举办两年制的在职干部海关管理大学专科学历教育外，从1987年秋季开始，还先后举办了各种短期培训班。截至2000年10月，中国海关管理干部学院在广州（简称“广干院”）办学15年，共举办各种班次146期（届），培养学生7974人次。学历班35期（届），2119人。其中：海关管理大专班14届（1985～1988年）毕业学员1139人；贸易经济（进出口业务和报关方向）大专班6届（1993～1998年）毕业学员468人；稽查班4期毕业学员158人；海关管理专业证书班3期84人；缉私艇船员班1期30人；财会干部中专专修班7期240人。短期培训班111期5855人次。其中：处级干部读书班6期181人；基层海关关长班7期228人；处级干部岗前培训班1期26人；处级干部政治理论和岗位培训班14期491人；纪检、监察干部培训班 3 期 100 人；人事干部培训班 4 期 144 人；政工干部培训班 2 期 82 人；货管处（科）长培训班 4 期 142 人；监管培训班 4 期 154 人；保税业务审计班 6 期 259 人；调查干部培训班 4 期 135 人；科长培训班 11 期 361 人；代理报关企业经理培训班 13 期 717 人；文秘人员培训班 1 期 39 人；缉私警察培训班 12 期 877 人；新干部入关教育培训部 16 期 1795 人；其他短班 3 期 124 人。

根据全国教育形势的发展情况，海关总署于 2000 年 10 月决定中国海关管理干部学院迁址上海，实行与上海高专两块牌子，一套机构的办学模式。

（五）云南财贸学院海关干部专修科

为了提高西部地区海关干部的文化水平，经海关总署同意，1984～1988 年昆明海关委托云南财贸学院举办二期海关干部专修科，共 80 多人。在昆明、南宁、重庆和拉萨四关区招生，学制二年。基础课由学院承担，海关专业课由有关海关和院校承担。

（六）广东广播电视大学九龙、拱北海关分校和关办中专学校

广东广播电视大学九龙、拱北海关分校，于 1985 年 3 月经广东省高等教育局批准成立，下设九龙海关、拱北海关两个教点。根据广东口岸的需要，开办海关管理专业，招收九龙、拱北海关在职职工，学制为业余学习 3 年，公共课采用中央电大统开课程，海关专业课分别由有关海关和院校担任。办学以来，已培养 8 届大专毕业生 900 多人，单科结业生 1000 多人。既为地方广播电视大学分校培训海关专业人才，又为海关系统多出人才、快出人才增添了一条渠道。

另外，根据中共中央组织部关于加强干部中专教育的精神，海关总署要求有办学条件的海关举办关办中等专业学校。1984 年和 1985 年，海关总署先后批准天津、北京、九龙、广州、厦门和南京海关分别举办关办中专学校。招生对象是本关和邻近关的在职干部。这类学校只设少数专职教师，多数教师是兼职的且就地聘请。教学计划规定要完成 1200 个学时以上。所设课程大都紧密结合当地海关业务的需要。教学方式以离职上课为主，利用业余时间上课为辅。

二、在职培训

（一）改革开放前的在职培训

新中国成立初期，海关总署只办了上海、天津两个干部培训班。

1. 上海干训班

新中国成立后，为了建设人民海关，海关总署经中央财政委员会批准，

在上海举办了两期干训班。第一期自1951年4月开始至1951年12月结束，第二期自1951年10月开始至1952年5月结束。第一期开设普通班、验货班和会计班。其中普通班学员多数是在上海招收的高中毕业以上文化程度的学生，少数是各地海关选送的青年职工。验货班的学员多数是各海关选送的青年干部。第二期只设普通班，学员都是从广东省招收的高中毕业生。

上述两期干训班，在一年多的时间里，先后向全国海关输送了普通班学员567名、验货班学员69名、会计班学员31名，改善了海关人员的组成结构。经过长期实践，在海关工作的干训班学员，大都成为海关的骨干，许多人担任了各级领导职务。

2. 天津干训班

海关是涉外性很强的国家机关，工作离不开外语。50年代中期，除来自旧海关的人员以外，海关干部的外语水平远不能适应工作的需要。为了解决这一矛盾，海关总署于1956年在天津举办外国语干部训练班。各地海关向外语干训班共选送干部73人，其中52人学英语，21人学俄语。经过两年培训，返回原海关工作，一般都能发挥外语骨干的作用。

为进一步加强培训工作，海关总署于1959年在原外国语训练班的基础上，扩建成立海关总署干部学校，除继续举办在职干部2年制外语班外，还举办业务班，共办7期，培训海关业务干部300多人。“文化大革命”开始后，该校停办。

（二）改革开放后的在职培训

随着社会主义市场经济体制的逐步建立和海关业务的改革发展，海关培训工作显得更加重要。海关总署根据中共中央和国务院的要求，结合海关工作实际，规定各地海关设立人事教育处（科）和培训中心（基地），配备相应人员，担负在职培训工作；干部的在职培训工作，是关长日常的任期目标责任之一，也是考核领导干部政绩的内容之一；同时还规定，干部的培训结果要与干部的考核、评奖、提拔和晋升紧密挂钩。上述规定，极大地调动了各地海关举办培训班和干部参加培训的积极性。自1980年以来，海关系统广泛地开展了多渠道、多形式和多层次的干部在职培训。

1. 关员上岗前的培训

海关关员上岗前的培训有两种，一种是海关院校的短期培训，另一种是关内短期培训。培训的对象是各地海关招收的非海关专业大、中专毕业生，军队转业干部，科技干部和其他部门调入的人员。他们进入海关后，必须接受为期3个月的政治、业务培训。经考试及格，再参加为期9个月的海关业务实习。实习结束后，进行全面考核，合格者方可上岗。

2. 岗位职务培训

岗位职务培训是不同职务的关员任职资格的培训。培训对象是在海关工作一年以上并具有高中以上文化程度的在职关员。这种培训的开始阶段带有补课性质，每人都必须参加。岗位职务培训的课题，按照岗位类别和职务级别，分别设置高、中、初3个档次，强调针对性和实用性。关员经岗位职务培训考试合格并获得培训证书后，方被认为具备了任职资格。至1990年底，补课性质的普通轮训可以说基本完成，然后转入正常化的岗位职务培训。

3. 岗前职务培训

通过对领导职务任职前规定的培训课程的学习和研讨，使学员加深对晋升领导职务所必需的政治理论和方针政策的理解；掌握和了解有关管理知识、法律知识、科技知识；围绕如何抓好基层建设这一工作重点，明确海关工作对所要担负领导职务的职责、任务和素质的要求；树立领导意识，增强分析问题与解决问题的能力，以适应职位变化后在领导、管理等方面的实际要求，具备履行职务所必需的素质和能力，并不断提高领导艺术和管理水平。

4. 离职进修

离职进修的对象是在海关业务或行政管理方面有培养前途的中、青年关员。这种培训主要由海关院校承担。离职进修的对象有两类：一类是具有3～5年海关工作经历的关员。培养方向是海关业务部门的行政领导或业务骨干。他们要由各地海关推荐，经参加国家规定的成人高考，由海关院校择优录取，学制2年或4年，毕业后回原单位工作。另一类是有专业特长的海关关员。培养方向是海关监管、查私、征税、统计等工作岗位上的业务骨干。他们要由各地海关推荐，经总署统一考试，择优录取，保送到海关院校的相关专业进修，学习时间为半年到一年。结业后，由有关院校发给专业证书，回原单位工作。

三、加强师资和教材建设

教育培训工作是海关事业发展的基础性、战略性工作，是海关事业兴旺的希望所在。发展海关教育事业是建立现代海关制度，实现海关管理现代化的根本大计。改革开放以来，我国海关教育培训工作，在海关各级领导的重视和支持下，通过海关教育战线广大教育工作者的辛勤劳动，取得了巨大的成绩，为支持改革服务开放，促进海关事业的发展提供了人才保障。

1994年5月18日，海关总署在上海召开了全国海关教育培训工作会议，与会代表认真讨论了海关总署党组《关于加强教育培训工作的决定》(以下简称《决定》)。《决定》根据《中国教育改革和发展纲要》所确定的我国教育事业的总目标，结合海关的实际，借鉴外国的经验，着眼于21世纪海关事业的发展，确立了逐步建立海关职业培训和海关专业教育相结合、专业结构合理、培训制度规范，能为海关事业发展培养合格人才的海关教育培训体系。海关教育应把坚定正确的政治方向放在第一位，要面向现代化、面向世界、面向未来；要从建立现代海关制度的需要出发，培养海关建设和发展所需要的管理人才、专业人才和复合型人才，建立一支有理想、有道德、有文化、有纪律、具有崇高职业精神和较高职业水准的海关队伍；要贯彻理论联系实际，按需施教，学用结合，讲究实效的原则，坚持为海关的改革和发展服务。

重视教师队伍建设是海关教育培训工作的根本。在重点提高现有教师队伍政治、业务素质的同时，根据海关院校的发展目标，采取有力措施，有计划地充实各学科专职骨干教师队伍。要选调一定数量的业务专家，到院校任教；各类业务专家都要承担院校的部分讲课任务；有计划地安排教师到海关现场实践锻炼，更新知识；采取多种渠道，培养专业学科带头人和知名专家，努力建设一支德才兼备、素质优良、结构合理、相对稳定的教师队伍。

教材是提高海关教育培训质量的关键。近年来，海关院校的教学计划、教学大纲以及教材编写工作已有长足的进步。在此基础上，要有新的发展，教材体系应与建立现代海关制度相适应，贯彻理论联系实际的原则，按照专业设置和培训目标的要求，编写出各种不同层次的教材，编写中要注意吸收引进国外教材和其他院校的相关教材。

要提高教师的科研能力，把教育和科研结合起来，开展海关专业学科的研究。配合专业建设，加强学科理论研究，借鉴国内外海关专业学科理论研究成果，尽快建立起具有中国特色的社会主义海关专业理论和海关专业学科理论体系。

第四节 海关职业精神

海关职业精神是海关工作人员在从事海关职业中应有的精神面貌和精神状态，是思想道德的基本要求，是应履行的基本义务。海关职业精神包括：海关意识、海关职业道德和海关精神。海关意识是海关人员实现职业理想的支柱，海关职业道德是其行为的准则和评价的标准，海关精神表明了振兴海关事业为国家强盛作出更大贡献的坚强信念。

一、海关意识

每一个有志于海关事业的人员，首先要树立海关意识，把对海关事业的朴素感情升华到理性认识，自觉地树立起海关人员的职业自豪感、岗位荣誉感和社会责任感，做到恪尽职守，无私奉献。

（一）海关意识是海关实践的产物

海关意识是社会意识的一个方面。社会意识又叫社会观念形态。人类社会生活包括物质生活和精神生活两个方面。社会意识是相对于社会物质生活而言的社会的精神生活过程，包括社会的人的意识要素和各种社会意识要素，即政治、法律、哲学、道德、艺术和宗教等观点，是人类社会全部精神生活及其过程的总概括。任何社会意识都是社会存在、社会实践在人们头脑中的比较直接的、系统化、理论化的反映。海关意识是海关实践的产物。海关意识是海关这一客观事物存在、发展和变化的反映，即海关实践的综合反映。它是随着社会的存在、变化和发展，以及海关实践的客观需要和可能而逐步形成和发展起来的，是从各个历史时期海关监管实践活动中概括提炼出来的一种系统的、自觉的理论化的反映形式。

一定的社会意识形式，反映着一定的社会关系。海关意识作为社会意识的一种形式，反映了海关与国家、海关与人民、海关与社会、海关与国际交往的关系。国家制度制约着海关的性质，决定着海关为哪个阶级服务。海关是国家的进出境的监督管理机关，担负着国家对外贸易经济和科技文化交流的监管职能。海关工作的好坏，海关人员素质的高低，直接影响和制约着海关职能的发挥。海关意识集中体现在海关的全过程之中，关员以什么样的指导思想、什么样的作风态度以及什么样的精神风貌出现在中外工作对象面前，直接关系到国家机关的形象、对外开放的形象，从而关系到我国社会主义现代化建设的进程。

长期的海关实践，是海关意识产生的物质基础，同时给海关意识提出了新的要求。正因为有了近50年来，特别是改革开放以来，海关事业的不断发展和丰富的实践活动，才能在1987年全国海关关长会议上，对海关意识作出理论概括。因此，海关意识的提出，是新中国海关近50年来实践的产物，是10多年来改革开放的产物，也是全体海关工作人员实践和智慧的结晶。

（二）海关意识的基本内容

1987年2月，在北京召开的全国海关关长会议的主题报告中，对新时期的海关意识作了理论概括。明确指出："海关意识，就是海关工作人员对海关在两个文明建设中所处地位和肩负责任的自觉认识。概括地说，就是为祖国把关，为国家争光，对人民负责任的意识。"

1. 为祖国把关

为祖国把关，就是要求每一个海关工作人员时刻不忘记自己的基本职责，忠于职守、严格执法。工作中要清除"左"的思想影响，真正树立起"促进为主"的观念，树立起在法律规定的范围内把原则性和灵活性有机地结合起来的观念，正确贯彻党和国家的各项方针政策；积极为祖国把守经济大门，为社会主义现代化建设服务，成为让祖国和人民放心的忠诚卫士。这是由海关在对外开放和社会主义现代化建设中所处的地位、所起的作用和肩负的责任所决定的。

2. 为国家争光

海关是我国进行对外国际交往的"窗口"，是国家政治思想和精神风貌的体现者。为国家争光，就是要求海关工作人员时刻不要忘记自己所处的这一特殊地位，牢固树立"在中国人面前，我是人民海关；在外国人面前，我是中国海关"的观念，通过自己的一言一行，体现出社会主义中国的光辉形象，体现出国家公务员的良好素质。

3. 对人民负责

对人民负责，就是时刻不忘记正确地贯彻国家政策、法律、法规，维护人民的合法权益，全心全意为人民服务。我国是社会主义国家，对国家负责和对人民负责在根本上是一致的。由于海关是行政执法机关，法律赋予关员一定的执法权力。一切从人民的根本利益出发，正确地使用手中的权力，切实保障中外公民的合法权益，而不是从个人或小团体的利益出发，这既是对海关人员的严格要求，也是每个关员应尽的社会义务。

总之，"为祖国把关、为国家争光、对人民负责"这一海关意识是在当前历史条件下，由国家赋予海关的职责和所处的地位决定的。"为祖国把关"是海关人员的根本职责，"为国家争光"是海关人员的根本目的，"对人民负责"是海关人员的根本态度。三者紧密联系互补，构成了海关意识的完整体系，反映了社会主义海关的根本要求，体现了海关职业精神的时代风貌。

（三）增强海关意识的方法和途径

海关意识作为一种观念形态，不可能自发地形成和发展，而要靠自我学习和组织灌输，并且在实践中不断增强和提高。每个关员要善于学习，把感性认识尽快提升到理性认识，并且自觉地投身到海关实践中去，通过自身的实践来检查对照，加深认识，自觉经受锻炼，做到坚持正确、修正错误、改进不足，不断把海关意识升华到新的高度。在实践中，领导要善于引导、加强教育，严格要求、严格管理，从严治关，加强基层建设，不断开拓进取，增强关员的海关意识，培养关员过硬的作风和本领。在增强海关意识的过程中，领导的表率作用十分重要。海关各级领导应当以身作则，为人师表，处处事事起模范带头作用。

二、海关职业道德

（一）职业道德的概念

职业道德，就是从事一定职业的人，在工作和劳动过程中，应当遵循的特定职业行为规范，是一般社会道德和阶级道德在职业生活中的具体表现。

职业道德是一个历史范畴，不是从来就有、永恒不变的，而是社会历史发展到一定阶段的产物，并随着社会历史的发展变化而不断完善和发展的。职业道德的形成有两个不可缺少的条件：①生产的发展和社会分工的出现，是职业道德产生的社会历史条件。社会分工使人们有了相对稳定的职业，每一职业都有自身不同的职业要求。不同职业的人们彼此之间要发生不同的职业关系，这种长期的职业要求和职业关系对人们的道德意识和道德行为发生重大影响，从而形成各种具有行业特征的职业道德。②人们从事的各种职业实践活动，是职业道德形成和发展的实践基础。实践是认识的基础。人们在各种职业生活中，一方面认识人与自然的关系，另一方面认识人和人之间以及个人与社会之间的关系，形成处理和调节这种关系的规范和规则，逐步形成自己的与职业实践密切相联的道德心理、道德观念、道德标准和道德理想。

社会主义社会的职业道德是建立在社会主义公有制基础之上的，是社会主义道德的重要组成部分。因此，社会主义道德的一般原则，当然就是职业道德的基本内容。我国人民把长期从事革命和建设的历史经验，高度概括为坚持社会主义道路，坚持人民民主专政，坚持马列主义、毛泽东思想，坚持中国共产党的领导这四项基本原则。坚持四项基本原则，是我国各项事业的总的指导方针，是全国人民基本的政治、法律准则，因而也是社会主义道德的重要内容。广大海关工作人员，必须把坚持四项基本原则作为自己职业道德的最高准则。

海关是代表国家在口岸上行使监督管理职权的机关。每一个海关工作人员除了要有较好的政治素质和较高的政策业务水平以外，还要有良好的职业道德。海关职业道德，就是海关工作人员从事本身职业活动应该遵循的行为规范。这些规范对海关工作人员在思想意识、品德修养等方面提出了严格要求，它是评价每一个海关工作人员职业活动的是非、好坏、美丑的道德标准。

（二）海关职业道德准则和主要内容

1. 海关职业道德准则

按照海关职业活动的客观要求，海关职业道德准则为：公正廉洁、文明把关。

公正，就是公道正派，是海关执法所要遵循的基本原则。在监管工作中，要秉公执法，无论对任何人和任何单位，都要依法办事，一视同仁。在行使海关征、免、验、放等权力时，要不讲关系、背景，不分亲疏、恩怨，坚持原则，实事求是。

廉洁，就是廉正清明，是对海关工作人员自身作风和品德的要求。在工作中，要掌权为公，用权为民，不利用职权谋私利，不为金钱、物质所诱惑，拒贿反腐，一身正气，两袖清风。

文明，主要是对海关工作人员海关管理水平和处理人际关系的要求。要求工作讲优质高效，履行职责时平等待人，提供方便，讲究礼貌，不卑不亢；不能以势压人，侮辱人格，故意刁难。

把关，反映了海关的职业特点，海关的职业道德规范体现在把关过程之中，落实到把关服务上。

2. 海关职业道德的主要内容[①]

（1）忠于职守

每个海关工作人员都要热爱海关工作。要自觉地意识到自己从事的海关工作对社会、对人民应履行的义务，自觉地树立高度的事业责任心。一个海关人员，既是一名守卫国家经济大门的卫士，又是一名“人民公仆”。因而既要对国家负责，又要对人民负责。这就要求我们要认识对人民负责和对国家负责的一致性，具有崇高的爱国主义思想和为人民服务、对人民负责的精神。

① 王意家：《海关管理论》，中山大学出版社 1996 年 9 月第 1 版，第 15、79 页。

在任何时候、任何情况下都要坚决维护国家主权利益，制止损害国家和人民利益的行为。而要做到这一点，就必须严格执行党和国家的有关方针、政策、法律、法令和规章制度。在当前，特别是要认真贯彻对外开放政策以及外交、侨务、民族、宗教、统战等政策。坚决反对和制止一切违犯国家政策、法令和规章制度的行为，严厉打击走私、逃税等违法活动。同时要保护人民的正当权益，方便合法进出。要努力把这种对国家负责和对人民负责的精神贯彻到海关各项实际工作中去。

（2）秉公执法

所谓秉公，就是海关人员在执行职务中，要坚持对任何公民，在法律、规定面前一律平等，不能因人而异；同时，在处理案件时，要做到事实清楚，定性准确，符合法律规定的程序。社会主义民主和法制的日益加强和健全，给我们海关查处各种走私、违章案件，创造了许多有利条件。但是，旧社会遗留下来的封建主义残余、官僚主义、特权思想以及家长制作风等仍然存在；加之长期以来，对建立和健全社会主义法制不够重视，否定法律，轻视法律，以言代法，有法不依的现象，在一些人的身上已成了习惯。在这种情况下，我们必须维护社会主义法律的权威，敢于仗义执言，甚至冒被排挤、打击、报复的风险，向特权势力作斗争。在海关查私工作中，有的当事人出于对案情的利害关系，知情人出于种种思想顾虑，往往会影响或阻挠我们的调查工作，这就要求我们必须付出艰辛的劳动，耐心细致地调查，彻底查清事实真相，做到不冤枉一个好人，也不放过一个违法分子。在海关实际工作中，由于各种原因发生个别错案也是难以完全避免的。一旦发现错误，应坚决地按照实事求是、有错必纠的原则，迅速按法律程序加以纠正。对一些申诉案件，不能感情用事，简单搪塞，而应认真办理。公正执法既是对海关的要求，也是对每一个海关工作人员的考验。要做到公正，就必须杜绝一切徇私舞弊行为。对找过自己麻烦的人，不能故意刁难报复；对自己的至亲爱友走私违章、超量携寄，也不能包庇袒护，迁就姑息。

（3）廉洁奉公

海关工作人员应当珍惜党和国家赋予的权力，把“廉洁奉公，遵纪守法”作为自己的座右铭。海关人员在口岸第一线执勤，面对广大中外旅客、大量的进出口货物和物品，权力不小；在工作和生活中，海关人员经常接触到一些中外社会的阴暗面，工作中也会常有“洋货”主动送上门；也有的同志是单独执勤，无人监督。所有这些对我们都是一种严峻的考验。实践证明，大多数海关工作人员是严格要求自己的。但是，也有少数人道德和法制观念淡薄，有的贪赃枉法，中饱私囊；有的内外勾结，受贿放私；有的不按规定，私自处理查获的走私物品。这些不仅玷污、败坏了海关声誉，造成恶劣的影响，而且也是党纪国法所不容的。

海关工作人员特别要提倡和培养“慎独”精神。“慎独”是中国伦理思想上一个特有的范畴。刘少奇同志在《论共产党员的修养》一书中，对“慎独”作了解释：“在他个人独立工作，无人监督，有做各种坏事的可能的时候，他能够‘慎独’，不做任何坏事。”海关工作人员的执法监管行为直接关系到国家的利益，祖国的尊严以及海关在国内外各界的形象，稍有不慎，就会给国家造成政治上和经济上的损失。海关工作人员，特别是一线人员，手中握有不小的权力，而且往往是单独执行监管任务，是社会上少数不法分子和心术不正的人拉拢腐蚀的焦点。因此，海关工作人员时刻要经受住考验，坚持“慎独”，严格按照国家法令和政策进行监管。否则，一害国家，二害自己。近年来这方面不少严峻的事实，给我们提供了深刻的教训。

（4）文明检查

职业道德是调整人与人之间的关系的。海关职业道德从根本上来说就是要调整海关工作人员与监督管理对象的关系。因而文明检查是调整这种关系的重要手段之一。海关工作涉及面广，政策性强，情况复杂，要求每一个海关工作人员除了有较好的政治素质和较高的业务水平以外，还必须有良好的工作作风。文明检查原则应贯穿全部海关工作领域，不仅要在行邮工作中贯彻，而且要在对运输工具的监管和运输工具、服务人员、物品验放；货管工作中的实际检验，核销合同；征税工作中及时入库，征收滞纳金；处理各种违法案件，搜查人身、讯问走私犯罪嫌疑人等方面都贯彻这一原则。具体说来，文明检查可包括 4 个方面的内容。

首先，海关工作人员要研究海关业务语言艺术。海关工作很大程度上是在做群众工作，海关人员是在口岸和广大中外人员第一个接触，最后一个离开的国家工作人员。我们的一言一行会给他们留下很深的印象。我们要善于研究和掌握各种进出境人员在接受海关检查时的心理活动和要求。在使用语言上，要和蔼有礼，多用礼貌而又亲切的语言。如请求旅客配合时，要用请求和商量的语言；因工作疏忽给旅客增添麻烦要用致歉语言；对不明规定或贪图小利、申报不实的，要用开导启发、规劝语言等。避免使用“不老实”、“想走私”等容易引起人们反感的语言；严禁使用讽刺、挖苦、嘲笑的语言。

对旅客的合理要求，应尽量满足。不能满足的，应耐心解释政策规定，说服教育，力避简单粗暴。即使是在讯问走私犯罪嫌疑人时，也不能逼供。要研究一些犯罪心理学，细致分析案情，采用各种文明的方法查清案情。

其次，要讲究检查艺术。每天进出境旅客成千上万，哪些是重点；一个旅客带了好几种行李，是否有必要件件开箱；一艘万吨巨轮，哪个部位应详细检查，这些都涉及检查艺术。要讲究检查艺术，必须研究和总结规律。目前世界各地旅客所带的物品各有哪些特点；中老年旅客和青年旅客有什么不同要求；节假日和旅游旺季旅客所带物品以及各种不同身份、职业的旅客所带物品有哪些不同等。这里面都有一些规律可循。只有掌握了这些规律，才能在检查中有针对性，才能做到心中有数，掌握主动。要实行文明检查，就要十分注意爱护旅客物品，轻拿轻放，有条不紊。为此还要掌握一定的技术常识，如对货物的包装结构有一定的了解，能够熟练地使用一些检查工具等。随着一批较先进的检查、计税、监视、查控等仪器设备的广泛使用，不仅缩短了检查时间，而且也为我们实行文明检查创造了良好条件。应该很好地利用这些有利条件，使文明检查不断向深度和广度发展。

再次，要谦虚谨慎。要坚决克服单纯"管人"思想，保持谦虚谨慎、戒骄戒躁的作风；任何时候都不能滋长盛气凌人、飞扬跋扈和蛮横霸道的坏作风。在日常工作中，碰到一些新商品、新技术、新情况、新问题，要认真研究分析，虚心请教，切不可不懂装懂，冒充内行。对各行进出境人员，不论是中国人还是外国人，不论是欧洲人还是非洲人，都应一视同仁，以礼相待。

最后，要有一个文明的检查现场。一是要有一个环境整洁、陈设整齐、朴素大方的检查场所，在可能的条件下，应尽量宽敞一些，幽雅一些。四周可配一些有民族风格的国画及宣传海关规定的图画或文字，给人以舒畅的感觉。二是现场布局要合理，流向要方便，有条不紊，既严密安全又方便旅客。各级人员分工明确、职责清楚，紧张而有秩序地工作。三是在着装风纪、仪容举止等方面，要严格要求，经常督促，不断检查。所有这些，都是文明检查不可缺少的组成部分。

（三）不断提高海关职业道德水平

提高海关职业道德水平，首先，要根据形势的发展不断注入新的内容。1987年中共中央作出了《关于社会主义精神文明建设指导方针的决议》，1996年又作出了《关于加强社会主义精神文明建设若干重要问题的决议》。这两个重要决议极大地丰富了海关职业道德的内容。目前，海关正在深入扎实地开展以“爱岗敬业、公正执法、高效服务、文明廉洁”为主要内容的海关文明窗口工程建设，这是结合行业特点，加强精神文明建设的具体行动。我们要从社会关注的海关工作人员的态度作风、工作效率和职业纪律问题入手，公开办事程序，公布办事时限和廉政规定，使用文明用语，搞好咨询服务，建立关长现场值班制度，坚决杜绝各种形式的乱扣乱罚。要切实纠正“门难进、脸难看、事难办”以及“不给好处不办事，给了好处乱办事”的不良风气。要公开监督电话，开展民意调查，主动听取企业意见，自觉接受社会监督。1997年，海关总署在全国海关业务较集中的旅检现场、报关现场推出20个文明示范窗口，以点带面，使海关职业道德建设出现一个新气象。其次，要抓海关职业道德建设的层次性。既要抓基层海关现场人员的职业道德，也要抓领导机关的职业道德；既要抓一般工作人员的职业道德，更要抓领导干部的职业道德，从某种意义上讲，后者更为重要。海关职业道德的建设，是一项长期的基础性任务，要反复抓，要随着精神文明建设的发展而不断充实其内容，要勤于检查，不断总结提高，以适应和推进改革开放的形势需要。

三、海关精神

在2008年全国海关关长会议上，总署党组正式宣布了“忠诚公正，兴关强国”的海关精神，并就全国海关大力开展以弘扬海关精神为主旋律的海关文化建设作出总体部署。同年2月，海关总署专门下发通知，在全国海关广泛开展学习实践海关精神专题教育活动。

（一）海关精神的内涵

海关精神的提炼是全体海关人政治经济生活中的一件大事，是海关文化建设的一个重要组成部分，经过千锤百炼，凝聚着历代海关人的心血。

从总体上说，“忠诚公正，兴关强国”的海关精神，体现了海关人忠于党、忠于人民的政治品质与秉公执法、清正廉洁的职业素养，表明了海关人振兴海关事业、为国家强盛作出更大贡献的坚定信念。这八个字，是海关工作本质特征的高度提炼，是海关队伍精神风貌的集中概括，是社会主义核心价值体系在海关的具体体现，是海关文化建设的重大成果。具体而言，包括四个方面的内容：一是体现了与海关工作方针、队伍建设要求不可分割的整体性；二是体现了党中央、国务院对海关工作的要求；三是体现了海关人对海关职业特征和作用的认识以及海关发展的目标和管理相对人对海关的期望；四是从精神层面传承了海关改革和建设成果，为海关文化建设找到了新的起点。在这一表述里，广大关员普遍认可的海关人必须具备的“忠诚”品格和“公正”精神得到了集中彰显，海关人“兴关”与“强国”的宏伟愿景得到了充分体现；同时，用一个“关”字，也突出了海关职业特色。

（二）海关精神提出的背景

党的十七大强调文化大发展大繁荣，总署党组在这个时候推出海关精神，并以此为新起点，大力开展以弘扬海关精神为主旋律的文化建设活动。“推动社会主义文化大发展大繁荣，兴起社会主义文化建设新高潮”，是党的十七大向全党发出的新号召，也是对中国特色社会主义文化建设出的新部署。海关文化是海关在长期发展过程中培育形成的，具有显著的行业特色，且为海关人普遍认同和自觉遵循，是社会主义先进文化的宝贵财富和重要组成部分。多年来，总署党组高度重视文化建设，先后开展了“五年回顾教育”、弘扬红其拉甫海关艰苦奋斗精神、争做忠诚国门卫士等专题教育活动，实施了《海关文化建设纲要》，举办了全国海关文艺会演，演讲比赛，书法、美术、摄影作品展览等文化成果展示活动，建立了海关文化协作区，大力推进群众性文化体育活动的深入开展。海关精神就是在这些丰富多彩、卓有成效的文化建设实践中孕育和提炼出来的重要成果。它作为海关文化最重要的组成部分，在整个海关文化体系中处于核心和灵魂的地位。可以说，海关精神表述的正式确立，为广大海关人提供了一个可供追求的精神坐标，标志着海关文化建设进入一个新的阶段。

海关精神主要是基于现阶段的历史文化背景和海关工作需要这两个方面提出来的。党的十六大以来，中央提出要建立社会主义核心价值体系。核心价值体系落实到海关的具体表现是什么，它的承接载体又是什么，这些都需要我们作出明确的回答和实践。从社会层面来看，近年来，越来越多的地方、行业、部门都通过提各自的精神表述，来陶冶情操、砥砺斗志、引领未来，为优秀的中华民族精神和以改革创新为核心的时代精神增添新的实践动力。再从海关事业的自身发展来看，总署党组早在制定现代海关制度第二步发展战略目标时，就提出了“文化育人”的总体规划，在此之前，我们已先后提炼出海关意识、海关职业道德、海关文明服务规范等，这些都为我们提炼海关精神奠定了基础；1998 年以后，中国海关的各项事业进入了一个前所未有的发展阶段，海关工作得到了党中央、国务院和人民群众的高度赞誉，是什么样的精神力量鼓舞了海关人负重奋进、继往开来、创造辉煌，需要我们认真地去总结和归纳，并在思想和文化层面上把优秀的精神成果继承下来；

2006年，总署启动了署级课题“提炼海关精神，铸造海关关魂”专题研究，这项工作历时近一年，由多个直属海关参与，取得了一批有重要价值的研究成果；2007年，总署党组在全国海关关长会议上提出，要以开展海关精神大讨论主题教育活动为依托，总结提炼海关精神。

（三）海关精神和工作方针及职业道德的关系

海关精神是海关人共同认可的价值观念、海关职业道德、海关意识和行为准则，是社会主义核心价值体系要求在海关队伍的具体体现，也是海关人在为国把关的实践中形成的共同的思想基础。海关精神与海关工作方针、海关队伍建设要求是一个不可分割的整体，它是从精神和文化层面体现海关工作方针和队伍建设要求的本质特征。海关精神的提炼与弘扬必将促进全国海关深入贯彻落实海关工作“十六字”方针和海关队伍建设“十二字”要求，为全面履行把关服务职责、推动海关事业又好又快发展提供坚实的思想基础和强大的精神动力。此外，“八字”的海关精神与“十六字”的海关工作方针、“十二字”的队伍建设要求，在表述形式上也是一致的，浑然一体的。

（四）当前如何实践海关精神

目前开展的学习实践海关精神教育活动，是全国海关弘扬海关精神的第一步。为配合这项活动的深入开展，总署专门下发了文件，印发了宣传教育提纲。其实，弘扬海关精神是一项长期的历史任务，我们在工作中要做的事情还很多：首先，要利用各种载体大力宣传海关精神，形成一种自觉学习海关精神、践行海关精神的氛围，使海关精神家喻户晓，人人皆知，发挥其教育人、感召人、激励人的功能和作用，使之真正成为推动海关事业又好又快发展的强大精神力量。其次，要通过各种群众性活动来落实。通过群众性的文化体育活动，陶冶广大关员的情操，使海关精神成为广大关员的自觉行动。再次，弘扬海关精神要体现在海关执法过程中，通过开展群众性精神文明创建活动，进一步规范行为、树立新风，提高海关人员的职业文明素质。“积土成山”、“积善成德”。只要我们把弘扬海关精神放到推动海关文化大发展大繁荣的战略高度去认识，从基层抓起，从基本抓起，海关精神将会成为一面引领海关人再创辉煌业绩的精神旗帜。

第十章　海关公共关系[①]

第一节　海关公共关系的含义、目标和特点

一、海关公关的含义

（一）公共关系及其分类

公共关系是通过双向的信息传播来密切社会组织与公众之间的关系。根本的目标就是要在公众心目中给自己塑造起良好的社会形象，获取公众的了解、信任、支持和合作，从而创造出有助于组织生存和发展的内部气氛和外部环境。所以，有人认为公共关系是“一种内求团结，外求发展的经营管理艺术”。

公共关系的功能主要是指围绕“塑造形象，优化环境”的总体目标，开展的传播、沟通活动所发挥出来的作用和功能，大致上包括信息功能、参谋功能、宣传功能、协调功能和服务功能五方面。

现代社会是以社会化大生产和社会分工协作为基础的。任何一个社会组织总是处在一定的环境中，总是要受各种环境因素的影响和制约，这种影响和制约使社会组织的管理变得越来越复杂。作为现代组织的管理科学和经验艺术的公共关系，它的核心思想是要协调组织与环境的关系。社会组织是公共关系的主体。主体的性质不同，与之相对应的公众也就不同，其相互间的关系性及其表现形式也会不一致。社会组织的种类很多，依据其目标和职能来划分公共关系的类别，大致有：生产性企业、服务性企业、商业性企业、金融性企业、福利机构、非营利性组织以及政府部门和军队八大类行业公共关系。每一大类中，又可以分出若干种具体的部门公共关系。

---

① 本章内容系根据拙作《海关公共关系概论》（载《现代海关》1996 年第 4 期）和《论海关公关的公众》（载《海关研究》1997 年第 3 期）等文章改写而成。

政府公共关系，简称政府公关，是指国家机构（主要是行政机关）就党的方针、政策、法律、法规以及社会上存在的重大问题等内容与公众进行广泛的沟通与交流，注意与引导社会舆论，维护政府与公众之间的融洽与协调，维护社会的安定团结与政府体系的平衡与稳定，从而塑造政府的最佳形象与声誉，更好地为四化建设服务。广义的政府公关，是社会沟通的一个重要方面；狭义的政府公关是将公共关系的基本原理、原则和方法，具体运用到国家机关的日常行政管理活动中去，成为某种行政活动和行政行为。

海关公共关系是政府公共关系的一种。

（二）海关公关的定义和目标

1. 海关公共关系的定义

海关公共关系是海关在特定环境中通过传播来协调其与公众的关系，优化海关执法环境，实现海关管理目标的行政管理行为。

2. 海关公共关系的目标

根据1996年5月世界海关组织在日本召开的亚太地区海关公共关系专题研讨会取得的共识，海关公共关系的主要目标有：[①]

（1）最大限度地促进企业自觉守法，有助于企业和公众更加容易地接受海关的管理要求，为海关管理节省资源，使海关能够有针对性加强管理；

（2）确保企业和公众获得海关管理的有关政策、制度和管理服务的信息和资料，知道如何正确、恰当地同海关打交道，有利于海关有效地达到监管目的；

（3）确保公众关心的问题和利益在有关政策、制度的制定和执行中得到充分和有效地体现；

（4）使海关管理置于公正和有效的监督之下，有利于提高海关管理的质量和效率；

（5）增进了解，帮助海关在公众心目中树立良好形象。

二、海关公关的重要性

在现代化大生产条件下特别是在经济全球化的今天，社会生活日趋复杂，政府工作日益多样化和专业化，需要处理的信息和行政事务大量增加。同时，

① 鲍坚：《关于赴日本出席世界海关组织亚太地区海关公共关系专题研讨会的情况报告》，载《海关政策法规研究》1996年第31期。

政府还面临着国内和国外的各种公众。政府工作人员要与社会各方面公众进行广泛而深入的接触和交往，如与平行的其他政府部门、与上下级政府、政府内部各部门之间以及本政府管辖范围的公众，每天都进行着广泛的联系。

海关，作为进出境货物、物品和运输工具的行政管理监督机关，做好公共工作有很重要的作用。

1. 有利于树立海关的良好形象，树立政府的威信

海关是国家权力的执行机关。按照法律规定，海关可以通过一定的强制手段来执行政策或主张。如，对进境货物、物品和运输工具的检查权，人身检查权，扣留移送权，以及没收、罚款权等。但是，在相当多的情况下，还必须通过公共关系的手段来处理。通过这些手段，使企业和群众了解制定这些政策的必要性和迫切性；使公众理解国家的主张，自觉地遵守和服从国家的政策规定。既树立了海关良好的执法形象，又树立和维护了政府的威信，海关也能更有效地行使职权，代表国家管理好进出境事务。

2. 有利于国家决策的制定和推行

在现代国家管理中，正确的政策制定，取决于许多因素。其中一个很重要的因素，就是要通过公共关系的方法，去了解人民群众的愿望和要求，调查舆论，体察民情，在此基础上作出的决策才能符合客观实际。国家决策一旦作出后，就必须付诸实施。要想使决策的实施获得最佳效果，就必须依靠人民群众的理解、信任和支持，使人民群众与政府同舟共济。海关在执行这些决策的过程中，应该将人民群众的意见和要求，反馈给有关决策部门不断修订、补充和调整，使之日臻完善。海关要做到这些，必须依靠良好的公共关系。

3. 有利于密切与地方的联系和协调各方关系

我国是一个多民族、多党派和多团体的人口众多、幅员辽阔的大国，政府面临着非常复杂的公共关系。海关作为中央垂直领导的国家行政机关，应与地方密切联系，坦诚相待，处理好彼此的关系。随着我国对外经济贸易交往的不断发展，新设口岸不断增加，口岸上的管理机构越来越多，纵向联系也越来越深。由于各部门的管辖范围不同，职权不同，观察和处理问题的角度不同，就有可能形成各部门之间的不协调，有时甚至产生矛盾和冲突。海关在处理这些问题时，除了依靠行政手段以外，还要依靠公关活动来协调，化解矛盾。

4. 有利于促进对外经济贸易的发展

海关是国家的进出关境监督管理机关，负有为国把关和促进对外经济贸

易发展的责任。因此，海关公共关系从某种意义上讲也是我国国际公共关系的一部分。特别是经济全球化的今天，在海关的实际监督管理中，灵活主动地运用多种公关手段，可以加强国际社会的理解、交流和合作，塑造政府民主、廉洁和精明强干的形象，在吸引国际投资、加强中外经济合作和发展等方面发挥更大的作用。

三、海关公关的特点

海关公共关系作为政府公共关系的一种，与其他行业的公共关系相比较，具有自身的特点。

1. 公众的广泛性

一般行业公共关系面对的公众，基本上是特定的。而海关公共关系的公众，则既包括海关内部的公众人员，又包括海关管辖范围内的公众和组织，还包括与海关平行或上下级的其他政府部门等。另外，还包括相当一部分外国的组织和公众，如：外国使、领馆，外商独资企业、合资企业的外商，外国专家、学者、留学生以及外籍运输工具、服务人员和旅客等。

2. 内容的复杂性

各种行业都有特定的经营项目、主导产品或职能分工、服务内容，这就形成了各自公共关系的主导内容。随着改革开放的不断深化发展，和海关发生业务联系的地域范围，企事业部门以及个人也越来越多，并且都有各自的业务特点，由此而引发的公共关系也越来越复杂。

3. 行为的权威性

海关实施公共关系的最终目的是树立起贯彻和实施政策的权威性。因此，海关的公共关系行为必须基于法律的授权，具有权威性和强制性。在海关业务涉及的范围内的社会公众，都有遵守和服从的义务。而企业就不拥有这种权威，任何企业都无权强制消费者接受他所不喜欢或不感兴趣的产品和服务。正因为海关拥有这种权威性，使官僚主义和命令主义容易在此滋生。因此，海关公共关系不仅是一种应用技术，而且也应该成为一种思想意识。

4. 目的的服务性

海关公共关系的根本出发点是明确海关必须为人民服务和为社会组织服务的宗旨。因为，为人民服务是我国行政机关的宗旨，是政府工作的基本点。随着我国改革的深入发展，政府的职能也将发生较大的转变。要减少对企业的行政干预，要简政放权，要实施“小政府、大社会”的基本方向。政府机构的改革及其职能的转变，所要达到的直接目的就是各级政府要为社会经济的发展提供更好的服务。加强和改善政府的服务工作，必须要运用好公共关系这一手段。目前，在各级海关的一部分工作人员中，仍然存在着“门难进、脸难看、话难说、事难办”的现象，这极大地损害了海关的形象。因此，开展海关公共关系，要突出其服务性，转变海关的工作作风，密切海关和群众的关系。

第二节　海关公关的公众分类

一、什么是海关公众分类

公共关系亦称“公众关系”，其工作对象就是公关行为主体相关的公众群体。正确地认识公众，分析和研究海关的公众对象，是做好海关公共关系工作的重要前提。

所谓海关公众，是指与海关利益相关并相互影响和作用的个人、群体和组织的总和，即海关公共关系传播沟通活动的目标对象。一般情况下，海关公众对象不是单一的，而是与某一组织运行有关的群体环境，是具有某种内在共同利益的群体。具体的公众对象可以是个人，可以是群体，也可以是团体或组织；他们不是封闭僵化，一成不变地，而是一个开放的系统，处于不断变化发展的过程之中。

二、海关公众的分类

海关公众的构成是复杂的。科学的公关工作应该建立在科学的公众分类基础上，以便根据不同类型的公众制定不同的方针、政策和措施。海关常见的公众分类主要有下面四种。

（一）根据海关内外对象，可分为海关内部公众和海关外部公众

海关内部公众即海关内部的成员群体，包括干部、职工、事业单位人员以及临时工作人员。按照美国实施海关重组，扩大了海关概念的内涵和外延来看，海关不仅包括各级海关机构本身，还包括海关的服务对象即贸易界的进出口商及其代理人和担保人等。这样，后者的这些机构的组成人员也应列为海关内部公众。

海关外部公众即海关的外部沟通对象。包括：服务对象，与海关平行的政府部门、上下级政府以及政府内部公众各部门、新闻界人士以及社会名流等。

把公众区别成内部公众和外部公众，其目的在于内外有别。海关内部的情况不能毫无控制和节奏地宣扬出去，必要的保密也是一种重要的传播政策；内部传播和外部传播在形式、尺度和时间等方面应有区别。在对外传播之前，必须统一口径，否则就会造成海关整体形象的混乱。

（二）根据关系的重要程度，可区分为首要公众、次要公众和边缘公众

首要公众即关系到海关工作成败的那部分公众对象。如：和海关平行的有关政府部门的重要部、委，进出口货运量特别大，进出境旅客特别多，进出口税源特别丰富的口岸的有关部门以及走私特别严重的地区及其有关人员等。

次要公众是指那些对海关的生存和发展有一定影响，但没有决定性意义的公众对象。这部分公众往往占海关公众的比例比较大。

边缘公众是指对海关工作有时会有一定的影响力，但带有偶然性和不稳定性的那部分公众对象。如：走私人的家属，偶尔为海关提供情报的人等。

把公众区别成首要、次要和边缘三部分，其目的在于确定海关公共关系资源的轻重缓急。任何一个组织的公共关系投资往往都是有限的。从投入产出的比例来看，虽然海关首要公众，仅占公众数量的10%或更少，但他们给海关带来的传播效益却可能占80%以上。因此，我们要投入更多的人力、物力、财力和时间，来维持和改善与首要公众的公共关系；同时，在保证首要公众的前提下也应兼顾次要公众；因为，一是其比例大，影响大，二是其可能会转化为首要公众。当然，对边缘公众也应有选择地做些工作。

（三）根据关系的稳定程度，可区分为稳定公众、周期公众和临时公众三类

稳定公众是指具有稳定结构和固定工作关系的公众对象。如：口岸检查和管理机构及其成员进出境货物的收发货人及其代理人，运输工具服务人员及其他有权经常进出境的有关人员等。

周期公众是指按一定的规律和周期出现的公众对象。如：每年两次的广交会进出境商人，每年春节回境内过年和每年清明节回境内扫墓的港澳旅客。

临时公众是因某一临时因素，偶发事件或特别活动而形成的公众对象。如：1989年“六·四”风波后，国内外一些特别关心此事的人士，他们往往带进或寄进一些非常规物品和政治宣传品；1995年联合国第四次世界妇女大会期间进出的一些特殊代表。

划分稳定、周期和临时三部分公众，主要是作为制定海关有关公关策略的依据。稳定的公众对象作为海关的基本公众，需要采取特殊的措施和政策，以示关系的密切。周期公众的出现是有规律的，可以预测的，能够事先制定公关计划，作好必要的准备工作，按照一定程序来处理。而临时性的公众往往是事先完全难以预测，给海关构成临时的额外的压力，需要公共关系部门临时应急处理，因此需要有应变的政策。

（四）根据公众对海关的态度，可以分为顺意公众、逆意公众和中立公众

顺意公众是指对海关的政策和行为等持赞成意向和支持态度的公众对象。如：在反走私斗争中，中央一些主管机关和公、检、法以及地方主管部门。

逆意公众是指对海关的政策和行为等持否定意向和反对态度的公众对象。如：在反走私斗争中，一些依靠走私致富的地区、企业和个人，加工贸易单位经常违反海关规定，经常只进不出或多进少出的那部分人，有进出口权企业中经常偷、逃关税的C类企业。

中立公众则是指对海关持中间态度、观点和意向不明朗的公众对象。在反走私斗争中，这部分人往往占多数，他们对走私的危害性认识不足，无动于衷。对反走私不关心，甚至还会产生一些模糊观念。如：“走私走成了，对企业和个人有利；走不成，则对国家有利”。

公关的一项基本政策是“多交友，少树敌”。因此，应该尽可能争取支持，减少敌意。首先要巩固和发展顺意公众，把这部分人当作海关工作的基本依靠对象。最后，要注意做好逆意公众的转化工作，改变其转化为中立公众。最后，对中立公众这个“大多数”，要做耐心细致的引导工作，要引导他们成为顺意公众，防止他们成为逆意公众，这部分中立公众往往是公关竞争中的“必争之地”，是工作成败的关键之一。

第三节　海关公关公众举要

前已论述，海关公关是政府公关的一种，有它自身的特点。现就海关公关目标公众对象的内容、目的和传播意义等作一分析。

一、内部公众

海关内部公众是指海关内部沟通传播的对象。包括海关内部全体人员构

成的公众群体，如海关干部、职工和临时工作人员等。从目前我国的国情来看，由海关主管的报关单位及其工作人员，也可列为海关内部公众。

加强海关内部公众沟通的目的，主要是培养海关成员的向心力、凝聚力；培养海关成员的主体意识和形象意识。其传播意义主要有两个方面。

（一）通过全体关员的支持来增强海关内聚力

良好的内部关系是公共关系的起点。海关内部的公关工作首先要增强内聚力，将全体成员组合成一个有机的整体。使全体海关工作人员始终围绕各个时期的工作中心全力配合，互相支持，优质高效地合力工作。使全体员工对本海关有信任感和归属感，把自己的命运和单位联系在一起。要达到这一目的，就需要将本海关的成员作为传播沟通的首要对象，尊重所有成员分享信息的权力；职责分工明确，有职有权；争取员工的了解和理解；形成信任与和谐的内部气氛。要健全海关内部的传播渠道，完善内部的沟通机制，使全体关员在信息分享、职权明确和感情沟通中与本单位融为一体。要尽量避免和减少内部传播障碍，及时沟通不良的状况。如果自己的关员对本海关的信息没有了解的优先权，甚至于外部社会早已沸沸扬扬，本关的员工还蒙在鼓里，就会在本关内部产生麻木不仁、忧虑不安、焦急烦恼、猜疑传言等不良现象。从而形成隔阂冷漠、离心离德的状况。这些都是和增强本单位内聚力的目的相违背的。

（二）通过全体关员的公共关系来增强外张力

一个海关的对外影响力有赖于全体关员的努力和配合。因为每一个海关成员都是组织与外部公众接触的触角，都处在对外公共关系的第一线；海关的整体形象必须通过他们每一个人在各自工作岗位上的良好行为具体体现出来。如：电话总机的接线员、旅检现场的检查员、报关台窗口的接单员、审单员等岗位尤为重要。他们都是有形无形的公关人员，他们的一言一行都代表着海关的形象。在对外交往中，每一位海关成员都是非常重要的公共关系行为主体。这种主体作用的发挥则有赖于他们对海关的认同感和归属感，向心力和凝聚力。海关的外张力和内聚力是成比例的。一个海关如果希望其成员能时时处处都自觉地维护其形象，就应该时时处处尊重自己的成员，将他们列为首要的公共关系对象，努力培养他们对海关的认同感、归属感，增强他们对海关的向心力和凝聚力。

二、服务公众

为人民服务是我国行政机关的宗旨，也是政府工作的基本出发点。海关服务公众就是海关提供服务的个人、团体和组织。包括进出境货物、物品和运输工具的有关当事人或他们的代理人。服务公众是海关传播沟通的重要目标对象。

建立良好的海关服务公众关系的目的，主要是为了提高政府的美誉度，塑造良好的国家机关形象，增强国家管理的民主化程度，完善沟通机制，疏通沟通渠道，提高政府机构的工作效率，克服官僚主义和形式主义倾向，多办实事，为民造福，取信于民。

对服众公众做好公共关系的意义在于：

（一）良好的服务公众关系体现了海关的工作方针

改革开放以来，海关先后制定并贯彻“促进为主”和“依法行政、为国把关、服务经济、促进发展”的方针，实现了海关指导思想的根本性转变，建立了科学、高效的海关管理和业务运作体制。海关管理的根本目的，是在维护国家根本利益的同时，最大限度地帮助企业实现进出境的合法经济利益。通过海关的良好服务公众关系，既维护国家利益，又帮助企业实现合法经济利益，也体现了海关的工作方针。

从职能上讲，海关主要是要实现对进出口的有效管理，要树立“管理就是服务”的观念，克服“管理就是管人”的片面思想，进一步改进工作作风，增强公仆意识；树立良好的关风关貌，进一步增强服务的主动性，提高服务的热情性。在向社会主义市场经济的过渡中，我们要对“促进为主”方针，赋予新的内容。在认真落实优惠政策、帮助企业排忧解难，创造便捷通关条件的同时；必须强调维护国家整体利益，坚持依法行政，贯彻政策，全面加强税收征管工作，完成国家税收任务，确保中央财政收入，严厉打击走私，净化进出口环境，维护正常贸易秩序。海关执行政策的好坏最后要体现在对进出口企业的管理上。但海关的管理资源和公共资源总是有限的，因此，就必须采用分类管理的方法。海关根据相关监管企业的状况，依照海关监管指标，运用风险因素分析等方法，对企业进行差别管理：A类企业、B类企业、C类企业。一般情况下，A类和C类企业是海关的重点公关和管理对象。这样可以合理分配和有效利用所拥有的资源，实现管理目标，落实海关工作方针。

（二）良好的服务有利于海关任务的完成和经济利益的实现

海关管理目标的实现，离不开地方各级党政部门和有关群众的支持。由于海关的良好服务，取得了应有的效应。我们要运用多元化的传播沟通方法疏通渠道，理顺关系，清除障碍，联络感情，吸引公众，争取人心。这样就有利于海关各项任务的完成，也有利于海关征收进出口税收的财政职能的实现。

三、媒介公众

媒介公众是指新闻传播机构及其工作人员，如报社、杂志社、广播电台、电视台及其编辑、记者等。

（一）媒介公众的两重性

媒介公众是海关公共关系对象中最敏感、最重要的一部分，这种关系具有明显的双重性。一方面新闻人士本身就是海关需要特别争取的首要公众对象。因此，这种对象和中介的合一，决定了新闻媒介关系是一种传播性最强，公共关系操作意义最大的关系。另一方面，更重要的是，新闻媒介是海关和广大公众沟通的重要中介。海关的大量信息通过新闻媒介传播出去，从而产生了海关对社会的影响力。20 世纪 70 年代末 80 年代初，由于海关在验放尺度、通关速度、作风态度等方面存在一些问题，所以，在侨务等部门会议和每年的全国“两会”期间，通过新闻媒介传播出去，海关常常处于“受审”的地位。近年来，海关改革了观念，适应改革开放的需要，为国民经济的发展做了一些促进工作，也是通过新闻界的传播，受到了社会的赞扬。

（二）良好的媒介关系有利于海关良好社会公众舆论的形成

从传播学的角度讲，新闻传播机构及其成员在社会信息的流程中处于把关人和守门人的地位，他们决定各种社会信息的取舍、流向和流量，他们能确定公众舆论的中心议题。海关信息通过新闻界的客观报道，容易获得公众的信任，有利于海关美誉度的提高。因此，海关要与新闻传播界建立良好的合作关系，尊重他们的劳动。了解他们的工作规律，主动争取媒介报道机会，使海关的信息能比较顺利地通过传播过程中的层层关口，从而形成良好的公众舆论环境。

四、政府公众

政府公众是指与海关平行的其他政府部门及其内部各部门和工作人员；

争取他们对海关的了解、信任和支持，从而为海关的生存和发展争取良好的政策环境、法律保障、行政支持和社会政治条件，是海关公关的重要内容。

（一）利用他们的某一方面的最高权威做好海关工作

某一个政府部门往往掌握着某一方面制定政策、执行法律、管理社会的权力职能；具有强大的宏观调控力量，代表公众的意志来协调各种社会关系的力量。打击走私是海关的四大任务之一。但面对目前社会上纷纭复杂的严重走私情况，光靠海关一家的力量是远远不够的。因此，就需要各行业主管部门、公安部、最高人民检察院、最高人民法院以至总参等有关部门的支持和配合。在国务院的统一领导和部署下，从政策规定和具体执行等方面步调一致、统一行动。这样才能有效地遏制走私的猖獗势头。

（二）在他们的职权范围内支持海关

海关既是政府职能的进出境的管理部门，同时又是政府职能分工主管部门的被管理者。如：财政、税务、物价、审计以及交通管理部门等。因此要和这些部门主动建立和加强双向沟通。一方面海关应详尽地研究他们工作范围内的政策法规，尊重他们的规定，使海关的工作保持在政策允许的范围内，并随时按政策法规的变动来修订海关的政策和行为。管理者必须首先要自觉地受人管理，才能做好自身的管理工作。另一方面，要将海关的有关工作情况，向有关部门作必要的通报，以争取他们的理解和支持。

五、社区公众

“社区”是一个社会学中的概念，是指人们共同活动的一定区域。如：市县、区乡、港区等，具有明显的空间意义。海关社区公众也可称为地方公众，是指海关所在地的地方关系对象，包括当地的权力管理部门、地方团体组织、左邻右舍的居民百姓等，其实质是如何处理好地方关系。社区是海关赖以生存的基本环境和根基。发展良好的地方关系是为了争取社区公众对海关的了解、理解和支持，为海关创造一个稳固的生存环境；同时也体现海关对地方的责任和义务，通过社区关系扩大海关的区域性影响力。

（一）地方关系直接影响着海关工作环境

地方社区公众是海关扎根的土壤，没有良好的地方关系，海关就失去了立足之地。地方社区公众是有特定的活动空间的，区域性、空间性很强。社区关系直接影响着海关其他各方面的关系。海关工作离不开地方的支持，首先离不开地方党政领导的支持。要注意经常向地方党政领导汇报海关工作，及时通报国家有关政策的调整变化，为地方领导正确决策提供参考。特别是在政策调整不利于地方利益时，更要及时、主动地向地方领导通报情况，阐明政策调整的背景和原则性，说明原因，讲清道理，争取理解和支持。汇报工作的过程，也是沟通情况、增进认识和感情的过程。在处理和地方政府的工作关系中，要注意一不违规，二不越权，三不自行其是。要注意及时向总署请示汇报，按上级的决定要求办理。另外，矛盾无处不在，无处不有。海关在与地方的关系中，也不可避免地会产生一些分歧和矛盾。因此，我们一要有敏感性，二要正视矛盾，三要及时解决矛盾，宜早不宜晚，及时化解矛盾，消除隔阂。

另外，海关是中央垂直领导的跨地区组织，还要善于同各种不同背景的地方社区公众打交道，以争取这部分人的支持、理解和合作。如：福州石狮、晋江，广东江门、新会等地是侨眷和归侨比较集中的地方，对这些侨乡，海关要倾注更多的人力和时间做更多更细的工作。这就要求我们经常向地方公众通报宣传海关的方针、政策、业务范围、机构设置、职责分工和人员配备等。并且要经常广泛收集和征求社区公众的意见和要求，借以检查和改进自己的工作。

（二）地方关系直接影响着海关的公众形象

海关生活在一定的社会区域内，它的一切公务活动和生存活动都要和社区内的公众发生直接或间接，有形或无形，或多或少的各种联系。因为社区是海关开展各种活动的“根据地”，是其赖以生存和发展的环境，社区关系是公共关系的综合体现。如果得不到社区公众的理解和支持，就会在本社区陷于孤立，就会给海关工作带来麻烦和困难。就可能面临“远亲不如近邻，远水解不了近渴”的处境，因此，除了做好本职工作，尊重和支持地方上开展的一些活动，为地方的发展服务以外，还要以地方社区一员的态度，尽到应尽的社会责任。要了解和掌握社区公众最关切的社会问题，积极关心和参与地方的集体和公益福利活动。如：运动会、文艺会演、修桥、铺路、绿化以及救灾、赞助等，要主动承担社会责任，为地方发展作出应有的贡献。

六、名流公众

名流公众是指那些国内外对公众舆论和社会生活具有较大的影响力和号

召力的有名望的人士。如政界、工商界、华侨界和国际组织的首脑人物，影视、体育明星，著名科学家，作家等。此类公众人数不多，能量颇大，影响力强，通过社会名流去影响公众和大造舆论，往往具有事半功倍的效果。

（一）借助于社会名流的知识和专长

与社会名流建立良好的关系，能充分利用他们的专长和知识为海关服务。社会名流往往是见多识广，或是某一方面的权威。海关在和他们的交往中能获得广泛的社会信息和宝贵的专业信息，对某一个时期的海关都会产生巨大的影响和帮助。如在1987年前后《海关法》起草通过和实施过程中，海关总署和我国著名法学家张友渔、张尚鷟有较多联系，各地海关也和各地的法律界人士密切合作，对工作推进起到了很大的作用。

（二）借助于社会名流的声望和关系网

海关可以借助社会名流的社会声望，来提高海关的社会美誉度。由于社会名流有较高的社会地位，对社会有特殊贡献和特殊成就，利用一般公众的“崇尚英雄”、“崇拜明星”等社会心理，海关和社会名流建立良好的关系，可以提高海关在公众心目中的威望。同时，社会名流与社会各界有广泛的联系，或对某一方面有特别重大的影响力，海关可以通过他们向有关公众对象疏通关系，扩大社会交往的范围，从而产生较大的社会影响。如有些进出境旅客，凭借一时一事，以偏盖全，对海关执行政策或作风态度发表偏激的言词。我们可以通过经常进出境的明星、作家和记者等，特别是港澳地区一些有名望的人士，组织撰写系列文章，全面地报道海关工作，以使大众对海关有一个全面的认识，避免一些错误的舆论导向。

名流们的事务多、工作忙、时间宝贵，有些还颇有个性。因此，在与名流公众交往过程中，要掌握他们的特点，把握机遇，结合日常工作，穿插在有关业务之中；有事要找他们。平时无事也要注意联络感情，加深印象，“养兵千日，用在一时”。

第四节　海关公关形式

随着科学技术的进步和宣传媒介的增多，公关的形式越来越多。结合工作实际，海关常用的公关形式主要有下列几种。

一、宣传报道

公共关系需要将组织的有关信息准确、及时、有效地传送给社会各界公众。提高海关工作的透明度和美誉度，创造良好的舆论气氛，推广良好的社会形象，运用各种传播媒介作公关宣传报道，是海关公关的一种最常用的形式。目前，总署和一些大关都设有“新闻办公室”，从组织上保证了这项工作的顺利开展。

（一）建立畅通的内部信息传播体系

要根据各级海关的具体情况，建立健全畅通的内部信息传播体系，充分运用请示、汇报、简报、内参和其他各种信息载体以及接待来访、接受检查、视察等多种方式和渠道，积极主动地汇报情况、通报信息，建立正常、必要的工作关系和情况交流，以争取各级党政机关和领导对海关工作的支持。

（二）公关新闻宣传

1. 一般新闻稿件

对海关新近发生的具有新闻价值的素材，应及时撰写成新闻稿，发送有关新闻单位。稿件应符合新闻学规范，基本要素齐全，即：何时、何地、何人、何事、何因及过程等六方面。稿件应简短、准确、具体、流畅、标题醒目、格式恰当。针对不同新闻媒体，在文字稿、图像稿和录音稿等方面恰当处理，方便使用，提高利用率。

2. 策划新闻事件

所谓“策划新闻事件”，就是有计划地策划、组织和举办具有新闻价值的活动和事件。制造新闻热点，吸引新闻界和公众的注意与兴趣，争取被报道的机会，并使本组织成为新闻报道中的主角，以达到提升社会美誉度，扩大社会影响的目的。如：新设海关的开关庆典、《海关法》颁布5周年、海关法律知识竞赛、海关“金钥匙”希望小学落成典礼等。

3. 记者招待会和新闻发布会

记者招待会和新闻发布会是公关新闻传播的一种重要方式。这是一种二级传播方式，首先通过记者招待会，以人际沟通和公众传播的方式，将消息告知记者；然后由记者们以大众传播的方式进一步将消息告知社会公众。记者招待会和新闻发布会，事先应作好充分的资料准备，并做好有关组织准备工作，选择好发言人或主讲人。

……

（三）印刷品和影视制品宣传

印刷品和影视制品是一种宣传功能比较直接、方便和灵活的形式。其主要种类包括：

1. 内刊

内刊是海关内部沟通的媒介。其内容是海关关员所关心、期待的事情，如：方针政策的变动、重要人事变动、工资奖惩、批评建议、外界反映等。

2. 外刊

外刊是海关对外的传播媒介。其内容主要是针对海关公众对象所要了解的海关信息，如：海关政策的调整、税率的变动，管辖区域或分工的变动以及工作程序的变化等。

3. 小册子和书籍等

主要是配合海关某一个特定的主题，专门编辑的宣传性出版物。如：××海关成立十周年纪念专刊、海关知识问答、海关法规汇编以及单张卡片、宣传活页等。

4. 影视制品

常用的影视宣传手段有专题影片、录像带、幻灯片及激光视盘等。这些由海关自控的直视形象媒介，不同于大众传播的电影、电视。在内容方面不是大众娱乐性质，不适用于广大公众，而是具有特定的宣传教育主题，用于影响特定的公众群体。如：《进出境货物监管》、《在反走私的战线上》等。

二、谅解备忘录

谅解备忘录是指海关和政府职能部门或服务部门、社会团体、守法经营者，就双方关心的问题进行磋商，明确各自的权利和义务后，共同签订出来供双方在日后合作中共同遵守的条文，它虽然属于协议性质，不具有法律效力；但一经签字形成协议，双方就必须认真按条文执行。

三、展览会

展览会是一种综合运用各种媒介的传播方式，通过现场展示和示范的方法来传递信息，使公众加深对海关工作的了解和理解。具有全面、形象生动，直观和双向沟通的特点。根据海关工作的实际情况，一般可分 4 种。一是以海关为单位，搞小型的陈列室或展览室，可以是综合性的，如关史展览；也可以是单项的，如“三假”单证展览，“藏私”手段实物展览。二是以地区为单位的较大型展览会，如××省、××市反走私展览，可以是固定场所的，也可是巡回流动展览。三是全国性大型展览，如1997年3～6月在北京、广州和上海巡回展出的“全国反走私展览”；2004年11月～2005年1月在北京、南京和深圳巡回展出的“以国门的名义——全国打击走私成果展览”。四是固定展览馆，中国海关博物馆广州分馆已于2007年12月28日正式开馆；中国海关博物馆在北京建设中，预计2011年可建成开馆。

四、综合联谊交际活动

海关面对着各种复杂的社会关系和社会矛盾，需要运用各种协调沟通的手段，广交朋友，减少摩擦，化解矛盾和冲突，联络感情，增进友谊，为海关创造“人和”的社会气氛。目前，海关常用的联谊交际手段有：

（一）接待

分一般的日常交往接待、业务接待和专门的来信来访接待3种。总的要求是有专人负责，充分准备，严格遵守时间，有礼有节，有始有终。一时难以立即答复的问题，应建立交办制度。

（二）会见或会谈

为了融合双边关系，增强双向沟通、了解和合作，应安排主客双方的会见和会谈活动，这是较为正式的社交活动。分礼节性、政治性和业务性3种。总的要求是目的明确，准备充分，主人应提前到达候客，注意礼宾次序，时间适宜。有些重要的会见、会谈事后还应整理成书面材料。

（三）联谊活动

为增进了解，密切往来，联络感情，可在非工作时间搞一些联谊活动。如在双方的国庆节或其他传统节日，举行座谈、茶话会、舞会、文体活动或郊游、野营等。总的要求是互相商量，分工明确，准备充分，程序从简，廉政节约，适度进行，注意安全。

五、学术理论研究

学术理论研究是一种高层次的公关活动。涉及面广、影响面大，参加的人多，层次也比较高，不仅对海关工作有现实的指导意义，而且对今后的工作也有深远的历史意义。可以站在一定的学术和理论的高度，对现行的一般做法，如：“关税制度”，“建设有中国特色的社会主义海关”等开展学术讨论。也可以对海关历史问题进行学术研究，如：举办中国海关近代史研讨会、中国海关史国际研讨会、解放区海关研讨会等。这样，可以扩大海关的社会影响，让海关理论研究走向社会，接受社会的检验，取得社会的认可。

第五节　海关公关与廉政建设

一、树立全员公关意识

全员公关的理论依据和现实基础是“参与管理”。公共关系的责任是管理一个组织的“无形资产”——美誉度或知名度。因此，海关公共关系的成功，不仅需要一定专职人员的不懈努力，而且更有赖于全体海关人员的整体配合。必须进行个人形象指导和礼仪训练。海关实行准军事化管理，应有更严格的要求。外部公众总是以一位员工的行为举止、言谈装束来判断整个单位的形象。所以，上至关长，下至电话总机接线员、门卫等，都是有形无形的公关人员。要对全体员工进行公关教育和培训，增强全员公关意识，提高全员公关行为的自觉性，加强整体的公关配合和协调，形成浓厚的组织公关气氛和公关文化。

（一）树立领导的公共关系意识

一关之长，必须对本关的声誉和形象承担直接责任。因此，关长首先要有强烈的公关意识，关注全关的公关状况；对各级领导和岗位要提出公关要求，挑选精干的人员，专司此职，并在实际工作中要支持和指导公关工作。公关业务的特点在于，它渗透在日常行政事务和各项业务的每一个环节，关长必须从全局和战略的角度来协调和管理。

（二）注意全关人员的公共关系配合

要把公关的经常性工作同全关干部、职工日常的行政事务和业务工作结合起来，并制定相应的目标和考核标准。明确责任，如报关台和旅检现场的服务态度、办公室的新闻界关系、人事部门的干部职工关系、调查和保税部门的社区关系、电话总机接线员的速度和耐烦程度、门卫的仪表仪态和责任心等。这些具体工作的好坏，均程度不同地影响海关的整体形象和声誉。

（三）海关的公共关系文化

全员公共关系有赖于海关内部形成一种浓厚的公关风气和公关氛围。通过公关教育，使全体干部、职工认识到，一个海关的形象、声誉等无形资产比有形的设备、人数以至机关级别等更为珍贵，更为难得。而创造和维护良好的形象和声誉人人有责，要大家的共同努力；应该人人讲公关，人人搞公关。凡是为海关赢得声誉的言论和行为，都应得到评价和奖赏；凡是损害海关形象的言论和行动，都应视作形象事故来认真处理。应使全体干部、职工在内外交往中自觉注意公共关系，使之蔚然成风。

二、正确区分公共关系学和庸俗关系学的界限，努力促进廉政建设

我们研究公共关系，就是为了正确处理和协调社会组织与公众之间的利益和矛盾，引导人们以正确的公共关系手段，寻求社会组织之间的相互沟通、相互理解，造成一种融洽和谐的局面，进一步团结社会各界公众。在中国共产党的领导下，在马列主义、毛泽东思想的指引下，围绕经济建设这个中心，同心同德，奋发进取，艰苦创业，为建设有中国特色的社会主义而奋斗。公共关系学和庸俗关系学是有本质区别的。公共关系学，是考虑本组织的长远目的和社会整体利益，运用公开的、合法的、符合社会公德准则的传播、交往手段，取得社会公众的理解和支持，有利于发展各种横向联系，增进社会各界和各阶层人士的融洽关系，从而净化社会空气。大量的公关实践表明，发展公关事业与我们党和政府加强廉政建设、惩治腐败的要求是不矛盾的。我们反对的庸俗关系学则是从个人或小集团的利益出发，以不适当的手段，甚至用违法乱纪的行为去进行肮脏的“后门”交易，破坏平等交往的社会准则，腐蚀正常的组织机体，损害公众利益，堵塞公开正常的合作渠道，败坏党风和社会风气。它不仅与我们党和人民的根本利益背道而驰，而且也违背公共关系的基本原则。我们海关系统要积极倡导和普及正常的公共关系观念，开展健康的公共关系实务；抵制和鄙视庸俗关系学，使它的市场越来越小。在社会交往中，人人讲文明竞争和真诚合作。对于任何背离社会主义方向，忽视中国国情的所谓公共关系的理论和实践，都要坚决摒弃。推动海关反腐倡廉建设深入发展，为建设让中央放心，让人民满意的海关提供坚强有力的保证。

第十一章　海关科技

第一节　海关科技概述

一、海关科技的含义及其重要性

先进的科学技术，对经济发展和社会进步具有广泛而深刻的影响。我国海关的科技工作基础差、底子薄，经过 60 年的努力，已经发展成为实现海关现代化建设的一个重要方面。业务科技一体化是建立现代海关制度的一项核心工程。我国海关科技应用在全国行政管理机关，以至在世界海关界都处于领先地位。

（一）海关科技的含义

海关科技是指用以提高海关工作质量、效率和现代化水平所采用的技术手段、方法和设备，包括科技应用开发和科技管理两部分。海关科技应用是指计算机、网络、信息安全、监控检查、通信、化验等技术及设备的使用和开发应用。海关科技管理是指对海关的人才、资金、设备等科技资源在时间和空间上合理、经济、有效的管理，内容有计划管理、科技工程开发管理、科技项目运行维护管理、科技队伍管理、科技经费管理、科技设备管理、科技成果管理和技术协作、交流、培训等。本章主要介绍科技应用开发的一些情况。

（二）海关科技对海关管理的重要性

1. 加快了验放速度，实现了文明检查，方便旅客行李物品检查工作

由于装备了先进的技术设备以及改革了查验作业制度和方法，现场工作面貌发生了明显的变化。应用技术设备检查行李物品后，绝大多数正常旅客所带的行李不需开箱查验，验放速度加快了 7 倍；办理进出口货物和旅客行李物品的征税，也比手工办理分别提高速度 11 倍和 3 倍，改变了过去排长队

等候的现象。罗湖、拱北海关，每天进出境旅客达5万～6万人次，罗湖海关高峰期达到20万人次，由于装备了先进的技术设施，旅客通关时间缩短，一般不超过两分钟甚至几十秒，现场秩序井然，旅客交口称赞。

2. 减轻了劳动强度，提高了工作效率

利用计算机进行口岸进出口贸易统计，比人工统计节省人力92%，统计差错率由人工的0.5%，下降到0.01%以下。全国海关统计的汇总任务，由1987年起由北京海关计算机中心进行，大大提高了海关统计的时效性和准确性。深圳文锦渡口岸使用计算机后，平均每辆车过境登记时间仅用3秒钟；报关纳税的时间由原来的两小时缩短为十几分钟，使口岸的吞吐能力提高了50%。文锦渡和皇岗海关的H915程序投入使用后，进一步提高了口岸的吞吐能力，并提高了检查质量。吴淞海关在货管码头使用电视监视系统后，能昼夜全天候监管17个泊位停靠的100艘船舶。全国海关三级信息网络的建立，保证了各项海关监管与缉私业务联络和信息的及时传递，加强了海关总署机关对各海关工作的调度和指挥。

3. 严密了监管，打击了走私犯罪活动

各地海关普遍使用了电子扫描检查设备，查获了大量的走私物品，其中包括黄金及其制品、文物、字画、货币、有价证券和海洛因等。利用音像检查设备，查获了大量的有反动和淫秽内容的违禁音像制品。此外，还利用这些设备，对重大走私案进行了录像，为案件审理和法庭应诉工作提供了实况材料和证据。通过防伪以及文件鉴别技术设备的使用，查获了大量的伪造、涂改单证案件。这些设备和技术的应用，不仅提高了海关管理水平，而且取得了显著的经济效益和社会效益。

二、海关科技的发展历程

海关是我国政府中最早开展信息化应用的部门之一。历经60年的发展，海关科技从无到有，逐步发展壮大，建设形成了“电子海关、电子总署、电子口岸”的全方位应用格局，海关监管、征税、统计和缉私等主要任务已离不开海关科技的支持，海关科技在海关改革和建设各项工作中发挥着重要的基础性、先导性作用，取得了巨大的经济和社会效益，是我国政府八大重要电子政务系统之一，在世界各国海关中也达到了先进水平，多次受到中央国务院的肯定和表扬。

从我国海关科技发展的过程看，经历了五个阶段。

（一）起步阶段

20世纪50年代初期，各地海关的技术设施很少，只有少数几个海关有一些化验仪器，几套固定电台，海关现场检查主要依靠手工作业和小工具。

1953年，原九龙海关为了加强查私，首先组织技术人员自己动手，试制简易探测仪器，用来检查和发现藏匿的走私物品，取得了一定成效。从此，中国海关在检查工作中，开始使用技术手段。这是中国海关进行科技研究应用的萌芽。

1956年6月，全国海关查私工作座谈会讨论了检查技术设备的改进问题。同年12月，海关总署发出通知，对各地海关购置使用检查技术设备作了具体安排。

1958年，在全国掀起技术革新高潮的形势下，全国海关关长会议作出了《关于开展技术革新运动的决议》。在技术革新中，广州、九龙、汕头、上海等海关积极发动群众，研制、改进了不少现场检查工具。1959年，各地海关又进一步创制、改进了检查、征税等技术工具设备157件。其中，最为重要的是电子技术在部分海关得到了应用。与简易的探测仪器相比，电子技术的采用，是海关技术检查应用上的一个重要发展。1963年10月，为了提高检查技术，在广州举办了全国海关技术人员训练班。

（二）停滞阶段

1966年以后到1974年，受“文化大革命”的严重破坏和影响，海关科技工作被视为搞“神秘化”，使用技术检查设备被视为“唯武器论”。海关的不少技术设备仪器被迫停用或变卖，许多技术人员转行流散，使刚刚起步的海关技术工作陷于瘫痪。

（三）恢复阶段

1974年11月，国务院领导人对海关工作作了“能够机械化否?”的批示，此后海关管理局及时采取一系列措施，着手对海关科技工作进行恢复和整顿。

1. 培训科技人员

1974年12月，在广州举办了全国海关技术设备应用训练班，学员近百人。这次训练班交流了在海关工作中应用科技的经验，培训了技术操作维修人员，为恢复和开展海关技术工作作了思想和组织准备。

2. 制订发展规划

1975年3月，海关管理局召集广州、九龙、拱北、汕头、江门、上海、北京、天津、大连等9个海关和广东省外贸局海关处共16名从事过海关技术工作的人员，在上海召开技术工作座谈会。会议讨论提出了全国海关技术发展5年（1975~1979年）规划，研究了电子计算机、技术检查、电子计税器、流动技术检查车、探测仪器和化验鉴别设备等15个重点科研项目的开发应用。

3. 建立工作制度

1975年5月，海关管理局向各地海关发出了关于加强海关技术检查工作的10条意见的通知和海关技术检查使用守则，对海关技术检查工作的各个方面提出了具体要求。

4. 报批科技经费

经联系财政部申请“五五”计划期间海关购置技术检查设备费用，该部一次性拨给海关人民币2000万元，作为这一期间海关购置技术检查设备的专项经费。

5. 开展内外协作

组织有关海关与国内科研、生产等单位挂钩协作，明确分工任务和工作进度，进行研制、引进和试用。从1976年开始，以DJS－130计算机的研制和应用为标志，海关科技使用计算机等先进科技设备。首先是在深圳、拱北海关使用国产DJS－130计算机，随后在上海和广州海关引进使用美国DEC公司的PDP11/04计算机，同时了在部分海关开始引进使用行李物品检查设备。

（四）全面发展阶段

党的十一届三中全会以来，在党中央、国务院领导同志的关怀下，全国海关逐步提高了对科技工作的认识，加强了领导，使海关科技工作进入了一个有计划、有步骤的全面发展的新阶段。在此期间，海关总署召开的历次全国海关关长会议，都研究讨论了海关科技工作，并作出了相应的决议。

从20世纪80年代初开始，以多种高新技术在海关全方位的应用为标志。这一阶段海关科技进一步以计算机应用为主，检查技术、通信技术也全面发展，逐步形成多种高新技术在海关应用的格局。各种技术应用开始向系统化、专业化方向发展。H883通关管理系统的应用成为海关科技进入全面发展阶段的重要标志，是海关科技现代化建设开始起步，逐步形成全国海关第一个数据传输网，同时开展了电子数交换（EDI）的开发和应用。监控检查技术以H915集装箱检查系统的应用为标志，使海关检查手段走向自动化、系统化、智能化。以H966工程应用为标志，有线（模拟和数字通信）和无线（短波、超短波和微波通信）等技术在海关各项监管业务中广泛应用。期间，1985年海关总署设立了科技装备司，1986年成立全国海关电子计算中心，标志着海关科技开始走上科学有序的发展道路。1985年、1992年海关总署分别在深圳和广州召开全国海关第一届和第二届科技工作会议，研究和部署海关的科技工作和发展规划。

从1996年开始，H883通关管理系统在全国海关全面推广应用。海关科技工作坚持以业务需求为导向、以应用管理为重点，服从、服务于海关改革和建设的中心任务。1995年底，海关总署在广州召开了全国海关第三届科技工作会议，作出《海关总署关于加强和改进海关科技工作的决定》，加大科技投入，充分发挥科技在海关改革和建设中的基础性和先导性作用，海关科技应用水平进一步提升，海关启动了H2000工程，并建成了海关专用ATM网，集装箱检查系统、电子地磅、电子车牌、电子闸门、闭路电视监控等现代化检查监控技术进一步得到广泛应用。

（五）集成应用阶段

从2000年开始，以“电子海关”、“电子总署”、“电子口岸”全面应为标志。这一阶段，海关科技呈现出各种技术集成应用的特点。科技业务一体化进程大大加快，科技与业务深度融合，适应了现代海关制度第二步发展战略的需要。

2001年海关总署党组在北京召开了全国海关第四届科技大会，强调指出全国海关要树立“科技强关”的意识，积极运用现代科学技术特别是信息技术，大力推进海关科技工作，建设科学、文明、高效、廉洁的现代化海关。全国海关必须依靠科技进步，增加海关工作的科技含量，大力推进通关作业改革，做好“口岸电子执法系统”的推广应用工作。总署党组为进一步加强对科技工作的领导，作出了《海关总署关于加强海关科技工作的决定》，成立了由署长担任组长的科技应用领导小组，通过了《“十五”期间海关科技发展计划纲要》。

2006年海关总署在厦门召开了第五届全国海关科技大会，确定了“十一五”时期海关科技工作的总体要求是：贯彻落实科学发展观，坚持走科技强关之路，以需求为导向，以应用促发展，以安全为重点，以管理为抓手，努力实现海关科技发展从系统建设为主向能力建设为主的战略转移，到2010年，基本建立起与智能型海关相配套、与国家信息化建设相适应、与国际先进技术必发展相同步，应用广泛、配置合理、功能强大、运行安全的海关科技应用体系，实现海关科技工作科学、高效、安全、协调发展，为提高把关服务能力，高质量地完成党和人民交给海关的各项任务，提供可靠的科技保障。海关科技正在按照这次会议明确的重点任务和发展方向稳步推进。

第二节 海关科技的构成[①]

一、海关信息化

海关是国内最早使用计算机的行政执法部门之一，其信息化建设始于1978年，随着中国的对外开放开始起步，先后经历了单项应用、系统化应用、跨地区联网应用、跨部委综合应用和业务临近分析及辅助决策应用5个发展阶段，通过业务与科技紧密结合，海关的信息化不断向深度和广度发展，2003年开始形成“电子海关”、“电子总署”、“电子口岸”三大方面的应用，信息化网络建设也发展成为既相互独立，又相互支持的海关内部网和海关外部网。海关信息系统与银行、国税、铁路、民航、电力、证券信息系统被列为7个“国家重要信息系统”。海关信息化发展可分为5个阶段：

（一）单项应用阶段

从1978年开始，以计算机在旅客行李物品征税工作中的应用为标志，海关信息化进入单项应用阶段。这一阶段主要是在征税、统计等部分海关业务中分别单独使用计算机。

1978年以前，海关各项工作几乎是手工操作。随着国家建设的发展和对外交往的频繁，海关业务量不断上升，手工操作方式越来越不适应对外交往的要求，根据中央领导的指示精神，海关总署（时为海关管理局）着手研究现代信息科技的应用，并于1976年组织深圳、广州、拱北、汕头、江门等海关人员与上海市计算技术研究所、中山大学、苏州计算机厂合作研制电子计算机，定名为H761工程。1977年1月在深圳海关投入试运行，经过不断地修改完善，1978年1月第一台国产DJS－130计算机在深圳罗湖口岸正式投入

① 此节内容参见《海关科技》杨国勋编，北京中国海关出版社2008年3月，第一版，第73、253、293、309页。

使用，揭开了海关信息化的序幕，也标志着传统的海关业务手工操作模式开始走上了现代化的道路。并从 1980 年开始，在上海、广州两关引进国外更为先进的计算机继续开展试点工作。从 1983 年开始海关信息化建设工作走上有计划有步骤的发展道路，从国外引进十多台 VAKll/750 计算机，把计算机应用逐步扩大到沿海业务量较大的海关。

（二）系统化应用阶段

从 1988 年开始，以海关通关管理系统（H883 系统）的开发应用为标志。海关信息化进入系统化应用阶段。这一阶段计算机代替了人工作业，初步实现了报关手续的自动化处理，并逐步扩大到运输工具监管、载货清单核销、加工贸易管理、许可证管理和税费减免等业务，大大促进了通关效率和业务规范化水平的提高，适应了海关业务迅猛发展的需要。

到 1987 年计算机在海关的应用已经比较普通，单机单项应用已越来越难以满足海关业务的需求，客观上需要进入系统化应用。为此，海关总署着手组织建造集约化的通关管理系统，该系统 1988 年 3 月正式立项，后来称为 H883 工程。工程的目标是利用电子计算机辅助决策技术对进出境货物管理的全过程，包括前期管理、现场监管及后续管理，进行全面控制和处理，其记录和存贮的数据信息反映进出境货物及其监管过程的全面情况，构成海关进出境货物综合数据库。在 H883 工程中，创新地提出了“结构化分解”、“逻辑化综合”、“数字化表达”的三要素法。这一重要的方法构架了文件型业务法律法规转化为数字化法律法规的通道，奠定了通关业务决策支持系统的设计基础。

H883 系统从 1989 年设计开发、1989 年试点应用，到 1995 年在全国海关普及推广，历时 8 年。初步实现海关通关手续的自动化处理，并根据业务的不断需要，信息化建设逐步扩大到货运监管、税收征管、统计、查私的各个业务环节，甚至在政务、办公、各种事务处理等方面，大大提高通关速度和办事效率，使海关业务规范化水平进一步提高。适应了海关业务迅速发展的需要和国家及社会各界对海关的要求。H883 工程是中国海关一项对促进改革开放，加强进出口管理具有综合性和全局性意义的系统工程，是国家电子政务中一个大型的、综合性的信息系统。其开发思路和策略为发展我国电子政务提供了有益的借鉴。在国家科委组织的鉴定会上，受到国内同行专家的高度评价和肯定，并荣获国家科技进步一等奖。

（三）海关内部联网应用阶段

从 1998 年开始，以通关作业改革 H883 系统 5.0 版的推广应用为标志，海关信息化进入了海关系统内跨部门、跨地区联网应用的阶段。联网应用大大提高了海关监管的整体效能，初步建成了以各地海关业务运行管理信息化、网络化为基本内容的“电子海关”信息化的应用效益发生了质的飞跃。

由于 H883 是分布式计算机系统，通关数据分散，很难实现真正意义上的全国海关实时联网，加上 H883 使用的是 1988 年以前的信息技术，有很大的局限性，不适应海关工作飞速发展和国家及社会各界对海关的要求。要改变这种状况，必须另辟蹊径，使用更先进的技术开发新的系统。为此，1995 年在 H883 完成全国海关推广任务后，总署科技司就着手组织研究面向 21 世纪的新的计算机系统，召开多次研讨会，并定名为 H2000 工程。该工程从 1996 年开始组织部分业务技术人员集中研究，开展新技术、新方案的研究和测试，选定方案，并在解决两套系统并行的难题后，于 2001 年投入试运转，2004 年全国海关完成从 H883 向 H2000 的切换。这标志着“电子海关”趋于成熟。

（四）跨部委综合应用阶段

从 1999 年开始，以外汇报关单联网核查系统投入使用为称志，海关信息化进入了口岸执法管理跨部委综合应用阶段。初步建成了以“电子底账＋联网核查”为主要内容的“电子口岸’，密切了部门之间的合作，发挥了综合治理的优势，有效地提高了行政管理的效能，方便了企业办理海关及其他与进出口有关的手续。

1998 年 10 月，国务院召开八省（区）打市走私骗汇工作座谈会，针对骗汇活动十分猖獗的情况，明确要求：要加快银行、外汇管理局和海关之间的计算机联网，加强对报关单和进出口核销工作的管理，从源头上防止骗汇、逃汇违法活动的发生。按照会议的精神，海关和国家外汇管理局联合开发了“进口付汇报关单联网核查系统”，1999 年 1 月起在全国推广，很快取得了明显成效。一是外贸顺差、顺收趋于平衡。二是由于严密了外汇管理，切断了走私的资金流，走私活动受到极大的遏制，促进了海关税收大幅度增长。

1999 年 4 月，国务院领导视察海关信息化工作时进一步提出：海关、外汇、外经贸（现商务部，下同）、税务等有关部门要加快“金关工程”建设步伐，上水平，上档次，上规模。要在巩固“全国进出口报关单联网核查系统”的基础上，尽快解决依靠计算机联网实现对出口结汇核销单、许可证、出口退税等电子数据计算机核查问题，建立进出口监管、外汇管理、许可证管理、出口退税管理等共享数据库，全面提高进出口执法管理的综合水平。为此，海关总署会同国家外汇管理局以及中办机要局、中国电信、总参三部等有关单位。全面开展“口岸电子执法系统”（简称“电子口岸”）的研究开发工作。2000年底，完成了数据库、网络平台、安全认证以及出口收汇核查应用项目的开发测试工作。2001年3月，国务院办公厅《关于做好“口岸电子执法系统”推广工作的通知》下发后，全国各地推广工作全面展开。

（五）监控分析及辅助决策应用阶段

从2001年开始，以海关执法评估系统的开发应用为标志，海关信息化进入了业务监控分析及辅助决策应用阶段。初步建成了以海关总署对全国海关业务监控和涉密办公为主要内容的“电子总署”，为海关总署全面掌握全国进出口和海关执法状况，及时调整政策、加盟管理，提供了有效的手段。

经过30年的不懈努力，“电子海关”已经基本建成，“电子总署”和“电子口岸”已初具规模。“电子海关”、“电子总署”、“电子口岸”构成海关三大信息应用体系。

电子海关是指覆盖全国海关各项业务，联接海关各部门、各关区，以通关作业网络化，物流监控智能化为主要特征的海关管理信息系统。电子海关项目运行于海关的内部网中，面向海关所有与通关业务有关的工作人员。实现通关业务处理和通关业务管理的信息化应用，通关业务处理主要包括：审单、查验、征税、放行、结关、理单、统计、物流等功能；通关业务管理主要包括：舱单管理、企业备案、监管证件管理、知识产权备案、通关参数维护等功能。电子海关的核心应用项目是通关管理信息系统。2004年，已从第一代的H883系统升级为第二代的H2000系统，此外还包括监管通关、加工贸易、物流监控类信息系统。

电子口岸是指依托国家电信公网建立的跨部门、跨地区、跨行业的公共数据中心和数据交换信息系统。这个系统集中存放有关进出口企业信息流、货物流、资金流等电子数据，为公安、工商税务、海关、外汇、外贸、交通、质检等国家行政执法部门提供电子数据交换和联网核查，同时，向企业提供网上办理报关、报检、结付汇核销、出口退税、网上支付等实时在线服务。电子口岸实现海关与政府部门和企业的联网应用、信息共享。主要应用系统包括电子业务证书管理、进口报关单联网核查、出口退税、铁路口岸信息平台、CEPA原产地证明核查、保税仓库监管等系统。

电子总署实现分析决策层的信息化应用，主要是实现海关总署对全国海关通关程序和业务管理工作的支持与监督指导，实现监控分析数字化、职能管理决策科学化。电子总署项目运行于海关的内部网络中，面向海关内的业务管理人员，主要应用在政务办公、关税管理、统计分析、稽查管理、缉私管理、职能管理等方面。重点应用项目包括风险管理平台、进出口统计分析和预监测系统、执法评估系统、关税监控分析系统、涉密办公系统等。

海关信息化长盛不衰，效益显著，得到党和国家领导的肯定，受到社会各界的好评，其根本原因在于始终坚持“以需求为导向，以应用促发展，以效益为根本，以实用为目”的原则，坚持以思路创新引领体制、机制、制度和科技手段创新，使中国海关信息化达到国际海关的先进水平，在国家电子政务信息化建设中也居于令先的地位。

除海关信息化的基础工程建设以外，按照海关业务的应用分类，海关的各类信息系统可分为：

1. 政务信息化应用系统；
2. 政策法规类业务管理信息系统；
3. 关税管理类业务信息系统；
4. 监管通关类业务管理信息系统；
5. 加工贸易及保税物流类业务管理信息系统；
6. 统计管理类业务信息系统；
7. 稽查管理类业务信息系统；
8. 缉私管理类业务管理系统；
9. 职能管理类信息系统；
10. 科技管理类信息系统。

二、海关监控检查

海关监控检查技术的应用经历了从手工操作方式到自动化、智能化的发展过程。在20世纪70年代前，海关对行李物品和进出境货物的查验，基本上靠人工操作，采用人海战术。旅客行李物品的查验，靠手工翻箱倒柜检查；进出口货物的查验监管使用很简陋的螺丝刀、手电筒、探测棒、望远镜、显微镜等检查工具和“土法上马”自行研制的X光检查设备。

进入到20世纪80年代，随着我国改革开放的不断深入和科技的进步，海关监控检查技术应用也随着海关业务的迅速发展而发展。1980年首次引进和应用行李物品检查机和人身检查机（100E机和122E机），标志着海关检查手段开始走上自动化道路。在试点应用的基础上，开始在全国部分旅检业务量大的海关推广使用。随后又逐步引进采刚计算机图像处理、新型射线源等技术的检查设备，在旅检和货运业务现场开始安装闭路电视监控系统。

到了20世纪90年代，海关开始大规模地采用监控检查技术，引进安装各类监控检查设备，第一套大型集装箱检查系统（H915工程）在深圳口岸建成并投入使用，使海关通关的车载货物，从传统的人工装卸查验改变为通道式的自动查验，对海关的查验工作产生了深远的影响。1998年开始，H986工程（大型集装箱系统）在许多海关建成安装使用，闭路电视监控系统、电子地磅、电子车牌、电子闸门等监控设备开始普及利应用。特别是自动化卡口工程的建设大大地改变了口岸的通关模式，提高了通关速度。

进入新世纪，海关工作面临着前所未有的机遇和挑战。海关为了适应经济全球化、物流国际化的发展，满足贸易便利化、便捷通关的要求，在物流监控手段基本实现自动化的基础上，通过信息系统平台，把各种监控系统连接起来，形成物流监控系统，实现物流监控的自动化、智能化、一体化，极大地促进了海关业务改革和业务科技一体化的进程。

（一）检查系统工程

20世纪80年代初，在旅检业务中，行邮物品检查技术设备的引进和二次技术开发，促进了海关旅检业务工作改革。20世纪90年代开始引进大型集装箱检查系统（“H915”工程），安装在当时业务最繁忙的深圳皇岗口岸和文锦渡口岸，对走私分子起到了极大的震慑作用，显著提高了查验效率。

根据国务院领导的指示精神，1998年开始，海关总署在全国范围内先后部署了48套大型集装箱/车辆检查系统（“H986”工程），从第一套国产固定式集装箱检查设备安装在天津海关，到2005年底，最后一套设备在广州南沙新港海关验收完毕，历时6年的大型集装箱/车辆检查系统工程全部顺利完成。

1. 集装箱检查系统工程

集装箱检查系统主要用于货运集装箱的快速检查，能够将集装箱的检查时间由传统人工开箱约4个小时缩短到2分钟，并且能够发现人工开箱难以发现的暗藏于集装箱箱体上、货物中的违禁物品。

集装箱检查系统按照其设计规划及不同的应用方式，可以分为固定式、组合移动式和车载移动式3种类型。集装箱检查系统的应用，改变了海关监管的作业模式，对海关货运查验工作产生了重大的影响，是海关监管模式现代化的标志之一。它的应用促进了货物的“快捷通关”和“文明查验”，并极大地震慑了各种走私违法活动。同时，它的应用也促进了海关文明执法和廉政建设，提高了海关工作效率和把关服务水平。以深圳海关为例，2004年至2006年9月，利用集装箱检查系统查验353609箱（辆）次，查获各类案件3675宗，案值34057万元。

2. 海关行邮旅检业务量大，对检查设备的依赖度非常高

利用物品X光机检查设备和金属探测器对旅客行李物品、邮寄物品实施监管是行邮旅检业务的主要检查手段。它不仅提高了海关工作效率，改善文明检查形象，还在打击走私，特别是打击走私团伙“蚂蚁搬家”式走私活动中发挥了极为重要的作用。海关行邮旅检业务现场一般都配备了X光机检查设备、金属探测门（器）等检查设备。

（二）卡口联网与控制系统工程

卡口联网与控制系统简称卡口系统，是物流监控系统的重要组成部分。卡口系统把卡口的各种设备科学高效地集成起来，通过卡口设备自动采集的数据，与海关风险信息平台的分析数据相结合，解决货物在装卸、堆放、查验转关运输和放行等环节中的信息监控和实体监控相结合从而加强海关对进出口物流的有效监管。

卡口系统由海关总署平台和直属海关平台构成，总署平台承担数据交接功能，直属海关平台承担数据交接和卡口管理控制功能，系统部署在海关业务运行网上。卡口系统的硬件设备包括集装箱号识别设备、电子车牌、IC卡及读卡器、电子地磅、电子闸门、GPS（全球卫星定位系统）、电子关锁、LED（发光二极管）显示屏、卡口工控机卡口平台服务器等。

卡口监管场所包括海运口岸监管场所、内陆海关监管场所、公路口岸海关监管场所、空运监管场所及保税监管区域等，各类卡口场所根据监管车辆数量配置不同的卡口设备，适应不同的监管方法。

（三）视频监控系统工程

海关于1980年初开始建立视频监控系统，随着科技水平的不断发展，视频监控技术从当初的真空管、开关电路控制、普通电缆传输技术发展到今天的CCD（电荷耦合器件）、计算机控制、数字视频、多媒体、光纤网络通信等高新集成技术；系统设备从真空管摄像机、黑白监视器、时序控制器等更新为现在的CCD摄像机，等离子、DLP（数字光学处理）投影显示器，以及多媒体图像工作站、视频服务器、矩阵控制等；规模从当初功能单一的系统发

展到今天复杂的综合大型系统。在业务应用上，从着重查私、文明查验发展到今天海关业务现场监控、人力调配、录证以及内部监管制约等；从原来单一的旅检现场监管到今天的涵盖口岸整个业务现场的监控。深圳、上海、黄埔、北京、天津等海关都建有大型视频监控系统。20多年的应用表明，视频监控系统已经成为海关加强业务现场物（人）流监控，提高通关速度，加强队伍建设，促进现代化管理的高科技手段之一，是海关监管体系中的一个重要的、有效的组成部分。

视频监控系统主要应用在旅检、货检、港口、保税区、物流中心业务监控等海关监管场所。

1. 旅检现场监控

旅检现场主要监控以下场所：出入境通道、申报台、查验台、征税台、X光机、电梯间、楼梯间、免税店、工作人员通道、各出入口、海关对外办公窗口、出入境候检厅、出入境车通道等。

2. 货检现场监控

货检现场主要监控以下场所：出入境货检通道、查验台、转关台、进出境车场、部分门岗、固定式集装箱检查系统周边、海关对外办公窗口以及其他有要求的场所。

3. 港口码头监控

港口码头主要监控以下场所：泊位前沿、闸口、港区全景、查验场、堆场作业通道等。

4. 保税区监控

保税区主要监控以下场所：进出区闸口、装货台、卸货台、车场、保税区内的旅检现场等。

5. 物流中心监控

物流中心主要监控以下场所：进出中心闸口、装货台、卸货台、车场等。

（四）物流监控系统工程

全国海关物流监控系统是在集装箱检查系统（H986）、电子车牌、卡口系统、视频监控系统等应用的基础上，通过系统集成发展起来的，经历了基础建设阶段和大规模建设阶段。

2000年以前，是物流监控系统的基础建设阶段。1998年“全国海关打私工作会议”之后，海关总署加强物流监控基础工程建设，加大投资力度，共部署安装了集装箱检查设备50余台（含H915设备2台），电子地磅近1000

台以及一批监控设备，基本满足了局部性的监管需要。这一阶段的特点是物流监控开始走向自动化、集约化管理。

2000年以后，物流监控系统进入大规模建设阶段。采用多平台联网、多设备集成，逐步实现海、陆、空运全过程、全方位的物流监控系统建设。这一阶段的主要特点是自动化、集约化程度高，投资及工程规模巨大，综合性、全局性的特点更为明显，社会及经济效益也更加显著。

2000年全国海关关长会议强调“建立健全物流监控体系，确保实际监管到位”。确定天津、大连、青岛、上海、南京、宁波、黄埔为首批7个试点海关。制定了物流监控系统工程指导方案，明确了以海关通关信息平台为依托，结合本地情况建立联网应用的物流监控系统，并向全国海关推荐了一种海运监管全过程、全方位的物流监控系统模型，该系统模型包括船舶管理、场站管理、自动卡口系统（含电子地磅、电子车牌、集装箱箱号识别）以及转关（含远程数据传输、电子关锁和GPS）、H986联网和视频监控等子系统。

物流监控系统按照地域、运输方式和监管要求的不同，可分为海运、海陆、空运3种系统。

三、海关通信

海关通信技术应用始于1976年，当时以超短波通信为主；1981年首次在上海海关使用语音寻呼机，并开始在业务量较大的上海、广州、拱北、深圳、北京和天津等海关配备超短波对讲机；1984年建立海关系统图文传真网络；1985年制定了《全国海关“七五”期间通信网络建设实施计划》，从此海关通信技术应用工程迅速发展。1986年海关系统首次在海关总署机关大楼采用数字程控交换机。1989年海关第一批一点对多点微波通信网投入运行，满足部分海关区计算机联网需求。1995年海关通信技术的一个重大项目海关卫星通信专网正式开通使用。1997年H966工程（全国海关海上缉私指挥通讯系统）建成使用。1998年海关ATM网络建成运行，在满足全国海关数据联网的基础上实现了海关总署与各直属海关的数据、语音、图像的三网合一联网，同时建成了全国海关电视电话会议系统。自2000年开始，各关区相继建立了关区IP电话语音网，方便了关区各单位和部门间的联系，同时延伸了全国海关电视专网。海关总署的通信综合应用系统工程的建设完成，将总署相关固定电话、语音专网、移动虚拟网有效地结合在一起，方便海关人员通信联络，节省了通信设备，提高了电话接通率，降低了通信费用。经过多年的发展，海关通信系统已经形成了一个有线与无线相结合、公网与专网相结合的通信体系。

海关通信技术应用工程包括：海关 ATM 专网建设工程、H966 工程、电视电话会议工程、移动虚拟专网工程。

四、海关化验

中国海关设立化验已有 100 多年的历史。化验室的任务是鉴定货物品质、成分，以确定商品归类并据此估价征税。虽然当时海关化验室仅有一些简单的化验仪器，但它的建立“是海关科技应用的肇端”。1953 年 9 月 11 日，根据外贸部要求，海关将广州、上海、天津、厦门、青岛等海关化验室的全部设备和人员移交给当地商检局。

1991 年 3 月 10 日，海关总署为适应海关业务发展需要，在广州海关原技术处检验组的基础上，成立了新中国海关第一个地区性海关化验中心。此后，海关总署又陆续建立了天津海关化验中心（1993 年）、上海海关化验中心（1996）、大连海关化验中心（1999 年）。它们分别承担着对泛珠江三角洲地区、华北及西北地区、华东地区、东北地区海关进出境货物和物品的化验鉴定任务。

海关化验中心成立以来，每年完成近 2000 宗由海关业务现场送检的商品检验任务，具有对无机化工品、有机化工品、生物制品、塑料、橡胶、矿产品、金属材料、纺织材料、石油产品、农药、食品、毒品和其他化工品的分析检验能力。海关化验中心已全部通过中国实验室国家认可委员会根据国际标准《检验和校准实验室能力的通用要求》（ISO/IEC1025）进行的认可。经过认可的检验项目，其检验结果在国际上可以互认。

除 4 个海关化验中心外，海关总署缉私局于 2000 年 4 月成立了海关总署缉私局昆明刑事技术鉴定中心，并在广州、深圳、乌鲁木齐、上海、北京、拱北、重庆、南宁、黄埔、汕头缉私局成立刑事技术处，在刑事技术部门设有刑事化验专业，为侦破走私刑事案件提供化验技术支持。

海关化验技术应用工程包括海关化验信息平台建设、海关进出口商品数据库建设、海关化验技术的应用和海关化验技术的开发研究等。

第三节　海关科技的发展前景

一、海关科技的总体目标

海关科技要按照科学发展观的要求，坚持科技强关战略和可持续发展战略，继续推进"电子海关"、"电子总署"、"电子口岸"的建设，全面、协调地推进海关科技的基础建设，加强信息化建设的规范化管理，有效提升项目开发、系统运行和信息安全保障能力。

在信息化建设方面，到2010年，已基本建立起与全面建设数字化智能型海关相适应、与先进的现代海关制度相配套、与国际通行规则相衔接、项目建设与安全运行管理并得的信息化发展机制，建设成功能强大、应用配套、技术先进、运行安全的海关信息系统，使总署到直属海关的内、外骨干网可用性达到99.98%，H2000核心系统的可用性达到99.9%，保持海关内外网信息化建设在国内的领先地位，实现海关信息化科学、高效、安全、和谐发展。

在监控检查技术方面，以建立智能化物流监控系统为目标，加强检查技术设备的综合应用和管理。继续推广应用集装箱检查、电子地磅、电子闸门、闭路电视等监控检查技术。同时要把监控检查技术与信息技术、风险管理技术紧密结合起来，不断提高海关物流监控手段的智能化水平，逐步形成高效、严密的物流监控技术体系。

在通信技术应用方面，以完善全国海关业务通信系统为目标，继续扩大有线、无线、网络通信技术的应用。完善海关内部网语音、视频通信项目，完善各直属海关关区的有线、无线通信网，为海关行政执法和刑事执法提供强有力的通信联络支持。

二、海关科技的基本原则

为保障现代海关制度第二步发展战略目标的实施，全面、高质量地实现"十一五"期间海关科技发展的总体目标，海关科技发展必须坚持"依法行政，为国把关，服务经济，促进发展"海关16字方针和"政治坚持、业务过硬、值得信赖"海关队伍建设12字要求，必须始终遵循以下五项基本原则。

（一）统筹规划

实行统筹兼顾，是科学发展观的总体要求。必须统筹“电子海关”、“电子口岸”和“电子总署”建设的配套发展，统筹项目建设和安全运行保障的同步发展，统筹海关科技建设与管理的协调发展，才能保障和促进海关科技的和谐发展，实现海关科技服务业务的根本目的。

（二）安全第一

要把系统、网络、环境的安全保密和稳定可作为海关科技应用管理的头等大事来抓，从方法、手段和制度上全面予以充分的保证，并贯穿于研究开发、应用管理、运行操作的全过程。安全运行是海关信息化发展的前提。只有保障海关信息系统安全，才能实现海关信息化的目的，巩固海关信息化的成果，使海关信息化可持续发展。要在信息系统项目的开发、运行、完善的整个生命周期中贯穿“安全第一”的思想，不断加强信息系统安全的主动防御能力，不断提升技术手段，确保信息系统的安全运行。

（三）标准规范

标准规范是海关科技健康发展的保证。海关科技建设只有按照统一的标准和规范的管理，才能使信息系统互联、互通和信息共享成为可能，使信息系统的功能和作用得以最大限度的发挥，使安全运行具有可靠的保障，使资金的投入和效益的产出达到最佳，从而实现海关科技的效能最大化。

（四）强化基础

基础建设是海关科技发展的必要条件。海关科技要向更高层次发展，只有强化基础设施建设，加强队伍建设，建立规范化管理机制，健全管理手段，理顺与各方面的关系，才能使海关科技更快、更好、更合理地发展。

（五）以人为本

坚持以人为本，是科学发展观的核心内容。海关科技建设的成败关键在人。必须尊重人、培养人、教育人和关心人，充分调动广大科技人员的积极性、主动性和创造性，努力实现思想理念、业务技能、精神风貌的与时俱进，促进科技队伍的稳定和全面发展。在满足海关信息化应用需求的同时，使海关信息化的建设者和受益者提高工作质量和效率、减低劳动强度、促进自我完善，让海关信息化的建设成果惠及海关各项工作和全体人员。

三、海关科技发展的主要任务

要实现现代海关制度第二步发展的战略目标，在信息化建设方面必须紧紧围绕“全面提升海关信息化保障能力”这个中心，即提升应用开发能力、基础设施能力、安全运行能力、规范管理能力和综合保障能力5个方面的能力建设。在科技管理方面，加强海关科技的宏观管理和统筹规划，建立科技规范化管理体系，在科技应用项目方面要与海关业务改革和现代海关制度相配套，保障重点急需的项目建设。

（一）构建科技规范化管理体系

科学管理是推动科技进步和创新的重要环节。针对当前海关信息化建设规模大、项目多、发展快的情况，必须开发和综合管理内在的一整套科技规范化管理体系，努力向管理要效益，以管理促发展。这些体系包括：

1. 信息系统安全运行保障体系；
2. 科技应用项目规范管理体系；
3. 海关科技综合管理系。

（二）构建海关应用技术支撑平台

在以业务需要为根本需求，追求应用效益，完善深化“电子海关”、“电子总署”、“电子口岸”建设的同时，为了统筹规划海关信息系统的发展，满足海关业务的新需求，着力构建具有相同的系统和网络结构、一致的软硬件支持环境、统一的安全管理和共享的数据资源为特征的主要应用技术支撑平台。

各支撑平台可根据业务需要进行扩充和完善，同一平台内的各应用系统可实现协同处理和数据共享，不同平台间可实现数据交换，从而使海关信息系统层次分明、结构灵活、互联互通、资源共享、安全运行，具有全面兼容性和主动适应性。主要平台经研究论证确认后，将作为今后海关应用系统开发和运行的基础环境，所有新增项目都必须按照其特点整合纳入到对应平台中进行统一建设，严格遵循相关平台的应用开发规范，这些平台包括：

1. 业务处理平台；
2. 业务管理与决策支持平台；
3. 对外数据交换平台；
4. 行政管理平台；
5. 政务办公平台。

（三）推进H2010工程建设

H2010工程既是海关科学发展的体现，也是海关实现新发展的需要，是承载海关大监管体系的综合型海关管理信息化平台。要按照海关大监管体系提出的整体业务需求，统筹海关信息系统总体设计和规划，引入先进的设计理念和技术手段，提升对海关大监管体系的支持保障能力。大监管体系的规划建设和 H2010 的设计实施要密切配合、同步推进，同时要兼顾综合治税、监测预警等重点项目的开发运行。

四、海关科技业务一体化

（一）科技业务一体化的基本内涵

科技业务一体化是指：以“科技强关”战略为指导思想，找准科技工作与海关业务工作、队伍建设的切入点、对接点，业务部门和技术部门深度融合、积极配合，把科技这一基础性作用贯穿于海关各项工作的全过程。科技业务一体化概念的提出。使海关科技应用明确了方向，最大限度地发挥科技作为第一生产力的作用。

从海关总署党组确定的“十一五”时期海关科技工作的总体要求中可以看出，“以需求为导向，以应用促发展”是海关科技工作的根本出发点。科技业务一体化的实施使科技工作更好地融入业务工作中，更深入、更直接地了解业务工作的需求。通过科技业务一体化的实行，科技工作改变了过去等待业务部门提出需求的被动局面，主动融合到各项业务工作中去，更好地发挥了科技工作的作用。

（二）业务改革和科技创新的有机融合

海关现代化建设一要靠业务改革，二要靠科技创新。科技业务一体化将二者有机地融合在一起，有效地调动了海关科技工作者的主观能动性。以业务改革促科技创新，以科技创新促制度创新，形成业务与科技相互支持、相互促进的良性互动。只有实施科技业务一体化，才能充分发挥好科学技术作为第一生产力的作用，才能贯彻落实现代海关制度第二步发展战略，完成建设新型海关的任务。

科技业务一体化的实施有利于加强统筹规划，合理配置资源，进一步提高海关科技工作的效能。科技业务一体化使得海关科技工作贯穿到了业务工作的全过程，便于海关科技部门保持清醒头脑，分清轻重缓急，避免盲目决策，在了解业务实际需求的基础上，有的放矢，突出重点，集中人力、物力、财力，合理调配科技资源，发挥科技资源的最大效能。

第十二章 国外海关发展和国际海关交流

第一节 国外海关管理发展的新趋势

一、区域性关税和经贸组织的发展，削弱了海关的传统职能

由于全球经济一体化形式的优势已被公认，国际上不断出现新的关税同盟、经济同盟和自由贸易区等。一些老的区域性关税和经贸组织也不断发展，扩大范围，改善管理，健全功能。由于区域性关税和经贸组织新的组合和发展，影响和改变了海关工作的方向和方针。关境的改变削弱了海关传统的监管职能，甚至导致海关裁员。目前，亚太经济合作组织的活动内容已经涉及降低关税等海关领域。可以设想，将于 2020 年实现的环太平洋自由贸易区，对海关工作将会产生巨大的影响。

目前，世界上主要区域性关税和经贸组织中最具影响力的当属欧洲联盟。

欧洲联盟，简称欧盟，前身是欧洲共同体。它由 3 个独立的共同体组成：欧洲煤钢共同体（1951 年成立）、欧洲原子能共同体和欧洲经济共同体（均于 1957 年成立）。欧盟原有 15 个成员国：奥地利、比利时、丹麦、芬兰、法国、德国、希腊、爱尔兰、意大利、卢森堡、荷兰、葡萄牙、西班牙、瑞典、大不列颠和北爱尔兰联合王国。2004 年 1 月 1 日加入的有：塞浦路斯、捷克共和国、爱沙尼亚、匈牙利、拉脱维亚、立陶宛、马耳他、波兰、斯洛伐克共和国和斯洛文尼亚 10 国；2007 年 1 月 1 日加入的有保加利亚和罗马尼亚两国。至此，欧盟成员国已增加到 27 个，总人口达到 4.8 亿。目前已承认的候选国家还有克罗地亚和土耳其两国。

该联盟已经具备一个真正的“单一”市场，或者说共同市场的基本组成部分，人员、商品、劳务和资本可以自由流动，尽管有些部分仍有待于实施。欧盟成员国于 1991 年 12 月在荷兰的马斯特里赫特一致同意使这个联盟成为

更大的经济、货币和政治联盟，包括更加统一的外交和安全政策的欧盟条约的修正条款。《马斯特里赫特条约》于1993年11月3日生效。这一天，欧洲共同体委员会改为欧盟委员会。根据《马斯特里赫特条约》，成员国已正式开始就共同的外交和安全政策以及司法和国内事务问题进行政府间协调。2002年1月1日起，除英国、丹麦和瑞典以外，欧盟其他12个成员国全部使用欧盟的统一货币——欧元。2007年1月1日，斯洛文尼亚加入欧元区。2008年1月1日塞浦路斯与马耳他也一起加入了欧元区，从而使欧元区成员国从之前的12个增加至目前的15个。欧元纸币和硬币正式进入15国流通市场。这是第二次世界大战后，美元取代英镑成为全球最重要货币以来，国际金融中最重大的进展，一举改变了世界金融力量的格局和国际金融体系。

欧盟于1994年1月1日出台了人类历史上第一部超国家的海关法典——《欧共体海关法典》(以下简称《法典》)。在随后的数年里，鉴于欧盟成员不断增加以及国际经济政治形势的发展，欧盟对该《法典》进行了多次修改。欧盟作为一个超国家政治经济联合体，成员国之间关境已不复存在。但各成员国海关作业程序的不同给欧盟的贸易负责制带来了障碍和不公平竞争，欧盟委员会海关政策局出台了2000海关行动和2002海关行动方案。其目标是：在执行共同体法律时应注意保持良好的协调精神，使用标准海关工作方法，进一步改善信息传播，确保各海关之间工作质量和效果统一。

二、税率下调，关税作用降低

关贸总协定成立的45年中，先后举行了8次多边贸易谈判，其结果是各国相互降低关税，各自减少或取消部分保护性的非关税壁垒。最后一轮“乌拉圭回合”谈判要求所有工农业产品的关税平均减少40%；10年内所有非关税壁垒将逐步取消，进出口贸易将由关税来调节。

关税水平的降低带来贸易自由化。海关处在国际贸易循环进和出的两个重要环节。因此，贸易额的增长可能会增加海关的工作量。然而，非关税壁垒的减少或取消，直接减少了海关执行某些贸易法令的工作。关税水平的降低导致关税收入减少。关税的财政作用也将显得无足轻重。

非关税壁垒逐步取消，各种限制性管理法规也相应减少，违法走私活动除毒品和武器走私以外，也将会大大减少，对国家造成的危害也将相对减轻；关税税率下降，商业瞒骗也将失去其意义。因此，海关监管和打击非法贸易的职能作用也将下降。

三、国际竞争的加剧，要求海关提供便捷优质的服务

由于国际贸易的发展，国际竞争进一步加剧，政府顺应工商产业界的呼声，要求海关为工作对象提供更便捷、更优质的服务。大力促进贸易效率，已成为西方国家海关压倒一切的主要任务。如果海关不顺从政府的要求，将可能被改组、减少职能，甚至被抛弃。澳大利亚海关就是一个很好的例证。

澳大利亚海关，作为自1901年与澳大利亚联邦同时诞生的最早的政府机构之一，一直沿袭了传统的英国海关管理体制。时至当今，面对飞速发展的经济贸易新形势，传统的管理体制已经显得力不从心，管理方式陈旧、业务分工资源配置不合理、权力过于集中、办事效率低下。“行政为主”的工作方针已与新形势格格不入，社会各界对澳海关权力过大和在行政方面的独断专行颇有微词，政府和企业要求海关改进与他们之间的关系，对海关内部业务运转模式进行改革的呼声日高。

发生在1987年至1992年间的麦德弗特（MIDFORO）事件加速了澳海关被改组的进程，成为澳海关变革的导火索。1987年，新南威尔士海关因当地一家衬衣生产商麦德弗特公司涉嫌商业瞒骗，将案件诉诸法庭。在长达5年的案件审理期间，该公司因无力应付官司而宣告破产，公司董事长也因心脏病突发致死。旷日持久的法庭调查，使公众了解到海关的诸多阴暗面，加之舆论界的大肆渲染，一时间澳海关名声扫地，社会地位一落千丈。更严重的是，在审理中，海关向法庭出具伪证，遭到法庭的严厉批评，本来对海关有利的案件因此而败诉，赔偿麦德弗特公司及有关当事人经济损失2600万澳元。该案引起了政府对澳海关的极端不信任。来自国会、政府和企业等各界的指责、各种压力使澳海关步履艰难，正常工作也几乎陷入瘫痪状态。其他一些政府部门也落井下石，处处设障，各种名义对澳海关的监督、检查、审计和听证也剧增。致使海关署长福兰克·凯利被撤职，总署10个司被改组成3个，1993～1995年已有600多人因精简被迫离开海关，许多澳海关人士对海关的未来失去了信心。

在遭受挫折以后，澳大利亚海关以积极的态度听取各方意见，大胆进行改革。海关的性质决定了海关必须在严格执法管理和提高贸易效率两个方面发挥作用，海关生存和发展的首要问题，就是如何有效地处理这对矛盾，避免两者发生利益冲突。澳海关从管理观念、管理体制和管理模式等3个方面

进行了改革，并取得了初步成效。国会、政府对澳海关接受有关方面的建议，进行改革的做法表示满意，政府民主调查局、全国质量理事会以及海关顾问委员会对澳海关管理取得的进步给予了充分肯定，海关人员恢复了士气，坚定了对未来前途的信心。现任署长伍德澳得先生在1994～1995年度《澳大利亚海关年度工作报告》中称：在经历了一系列的震动和不稳定后，澳大利亚海关实现了历史性转折，未来之通道已经打开，我们有能力实现成为世界级海关的承诺。

四、随着形势的发展，海关面临许多新任务

集装箱的普遍使用，迫使海关改变了监管方法和手段，使集装箱运输的优势得以进一步发挥。

近年来，快递专送业务迅速发展，不少国家海关颁布了适应该业务特点的新的监管办法。世界海关组织对此亦制订了17条措施。

价格转让给海关估价带来了新难题。跨国公司贸易和有关联各方的成交额的增大，加大了海关在估价方面的难度，尤其是转让价格的调查和评估。转让价格长期以来是发展中国家不采用关贸协定估价协议的原因之一，因为海关所依据的发票价格，可由跨国公司母子公司之间任意填写，舞弊情况多，调查起来困难也多。如我国政府加入国际贸易组织，则意味着我国自动实施其10多个专业性协议，海关估价协议便是其中一个。

保护知识产权已成为海关的一项新任务。关贸总协定“乌拉圭回合”多边贸易谈判达成了“与贸易有关的知识产权协议”。根据协议条款，海关被赋予保护知识产权的新使命。诚然，各国情况有所不同，海关在这方面的权力和作用亦不同。但是，各签约国海关必须履行保护知识产权的新的国际义务。

“反恐”和“贸易便利化”对海关的双重要求。“9·11”事件以后，在全球“反恐”的大背景下，“反恐”和“贸易便利化”，对海关是一个新的课题。海关和商业机构已不仅仅局限于管理者与被管理者的角色定位，还可能是一起解问题的“好伙伴”。充分调动商业机构的主观能动性，在设置一定义务的同时，也要赋予他们相应的权利，这样会取得良好的效果。因此，各国海关在要加强国际合作的同时，还可能增加一些新的任务。

综上所述，近10多年来，国际经济、政治、贸易、金融以及运输等领域发生了重大变化，直接或间接地影响着海关工作，改变了海关管理的传统内容和模式，增加了工作的难度，赋予了海关新的使命。海关管理必须改革，

改革的焦点就是要处理好有效地履行职责与尽量地方便贸易二者间的关系。在新的挑战面前，各国海关只有两条路可走：一是无动于衷，维持现状，守住旧框框不放；二是顺应形势，大胆改革，建立新型现代化海关。走第一条道路的海关不仅严重地阻碍了经济贸易的发展，而且面临着被政府逐步取消其职权的危险。有的国家已经实施对旅客检查由移民局进行，边境检查由警察或军队管理，进出口货物由私人查验公司负责查验，关税由税务局征收。选择第二条道路的海关则是符合历史发展规律和要求的。因为政治需要一个高效能的海关，需要海关为发展经济贸易提供最便捷的服务。

为此，改革海关指导思想和传统的工作方法，建立新型的现代化海关，已成为国际海关组织和许多发达国家海关研究的中心课题。各国海关也纷纷制定发展战略规划、修订海关法规、实施机构重组。同时广泛应用风险分析、信用管理、绩效考核和海关稽查等先进管理方法和技术。海关改革出现“四个转变”的趋势，即：管理理念从“行政主导”向“客户导向”转变；管理对象从以物为主向物和人并重转变；管理方法从单一模式向分类管理转变；管理方式从各自为战向广泛合作转变。中国海关必须紧跟世界海关现代化的浪潮，按照国际通行规则实施管理改革。

第二节　美国海关及其重组

一、美国海关的创建

1789 年 7 月 4 日美国第一届国会通过，并经华盛顿总统签署了第一个关税法案，设置了美国早期的海关机构。1875 年，美国在财政部内设立了海关处，管理全国海关的行政业务活动。1927 年，将海关处改为海关局；1973 年 2 月，又将海关局改为海关总署，成为财政部的一个重要部门。

二、美国海关的机构和任务

（一）海关的机构

美国海关总署设在华盛顿。署内设有首席议官、国务事务、执法、监督管理、商务、审议以及内部事务等 8 个办公室，共有 1800 多人，约占全国海关总人数的 10%左右。

1965年以前，美国海关官员大多拥有军职。1965年总统第一号令规定对海关进行改组，撤销海关官员的军职，归入文官系列管理。

（二）海关的任务

美国海关是联邦政府专门负责进出境监督管理的机构。根据国会立法和总统授权，其职能为：在海关监管中，执行联邦法律，保证财政收入，制止违法行为，收集对外贸易信息，维护公众利益和国家安全。经过长期的发展，现行美国海关的基本任务为以下几个方面：

1. 征收关税

关税是早期美国政府增加财政收入的手段，后来逐渐发展成为贸易保护的工具。现在美国的关税主要作为缓解或阻止外国商品涌入美国的壁垒，用以保护国内制造商免受强大外国竞争的侵害。目前，美国关税的主要目的是为了体现贸易的产业政策。1999年，美国关税收入为250亿美元左右，占联邦财政收入的1.4%左右。

除征收进口关税外，海关对进口货物还负责确定征收反倾销税、反补贴税。

2. 进出口管制

(1) 进口管制。美国基于它的国家安全、国内消费者利益和保护本国制造商的原因，在进口方面采取了一些管制措施，这些管制措施都是由海关来执行。目前，美国法律规定的进口管制措施主要有配额、卫生、安全、技术和环境标准。

(2) 出口管制。美国为了促进其对外政策目标的实现，对货物和技术的出口实行管制。管制措施以出口许可证制度为基础，分为一般许可行为、产品资格和消费者资格三类，由海关负责实施。

3. 保护知识产权

美国关税法规定，进口中不公平贸易的作法为非法行为，进口时假冒美国注册商标，欺骗广告，模仿美国商品，侵犯美国专利权等行为，都被视为不公平贸易行为而受到禁止，因此，保护美国知识产权成为海关的一项重要职能。为了给美国国内知识产权提供更有效的保护，1988年美国关税法作出明确规定，进口侵犯美国专利、版权、商标等专利的货物是非法行为，对这类货物，海关根据国际贸易委员会的命令，实施禁止进口或者终止进口或者没收。

4. 查禁走私

根据美国法律，未向海关申报而进口货物的行为是走私，海关具有制止走私的法定职能。在海关监管区内发现有走私毒品或其他违禁品嫌疑的，海关有权拦截、搜查和检查怀疑装载或携带应税或以违法手段进入美国的货物或任何种类的运输工具或车辆、行人或负载牲畜；有权登临运输工具，搜查隐藏的走私物，并将之扣留。

5. 搜集统计信息

美国海关自设立以来，一直担负着收集外贸统计数据的职能，根据美国现行法律，海关按照美国商务部规定的方法收集信息，财政部、商务部、国际贸易委员会及美国统计局根据海关收集的信息编制进出口情况的统计数据，并对外公布。

近年来，随着世界经济一体化的进展，国际间经济贸易合作加强，竞争加剧。为适应国际经济领域美国利益的需要，提高本国产品在国际市场的竞争力，美国的对外贸易政策进行了新的调整，1993 年美国与加拿大、墨西哥等邻国建立了北美自由贸易区，把统一的关境扩展到墨西哥全境，与此同时，美国推出了海关现代化法案，确立了现代美国海关新的战略思想和战略目标，建立起美国现代海关制度。现代美国海关的战略目标重点在于求得促进贸易和严格执法的平衡，但是其基本职能并没有改变，仍然是依法确定和征收关税；办理人员、运输工具、货物和邮件进入美国的手续；制止税收欺诈；执行进出口管制；实施各种航海法律；制止毒品走私和其他违禁品走私；执行各种消费者保护法律；制止欺诈性进出口贸易行为；知识产权边境保护；实施银行保密法的规定，对免税销售的企业进行管制。

三、1994 年美国海关的改革①

（一）改革的主题

1993 年，随着美国新总统克林顿入主白宫，美国海关总署署长乔治·韦斯亦同时履任新职。新署长就职伊始，即面临三大难题：海关机构重组、海关现代化法的实施、落实政府在《乌拉圭回合》中签署的各项协议中要求海关予以执行的各种任务。为在 1994 财政年度内完成上述 3 项使命，作为组织上的保证，海关机构重组已成为当务之急。但是，根据《美国海关组织法》的规定，美国海关无权重组自身的机构设置，乔治·韦斯经过近 3 个月的游说，终于使国会同意暂时解除对海关的上述法律约束。

---

① 葛磊：《为下个世纪而变革海关管理》，载《中国海关管理干部学院学报》1995 年第 1 期，第 100 页。

此次美国海关全面改革的主题是：人员、程序、合作。人员即精干的人员；程序即实用高效的程序；合作即良好的外部关系。

（二）改革的成效

1. 理顺领导关系，减少中间环节

改革前的领导关系是：总署——7个大区——45个总关——256个口岸海关；改革后的新的领导关系是：总署——20个管理中心——256个口岸海关。减少了领导层次和中间环节，减少了不必要的行政干预，给口岸海关以更多的自由裁量权和现场直接决定权，减少了推诿，提高了工作效率。

2. 精简人员，充实基层

改革后，美国海关总署机关人员由1800人精简到1200人。1995年10月2日开始，精简总署机关的中级管理人员，充实到基层去，提高基层海关领导人员的素质。

目前，美国海关人员总数约19000多人，其基本构成是：

（1）现场检查人员6000多人，占35.5%。

（2）调查人员2500多人，占14.7%。

（3）进口管理专家（分布在部分海关）1200多人，占7%。

（4）外部审计人员1500多人，占8.8%。

（5）试验室工作人员（美国海关有7个试验室隶属于总署）近1000人，占5.8%。

（6）计算机人员约1000人，占5.8%。

（7）各类管理人员2000人，其中高级管理人员200人，最高级100人，占11.8%。

（8）其他人员如内务部门等200多人。

3. 设立了5个中心，在更大范围内起作用

新设立的5个战略贸易中心是：

（1）芝加哥战略贸易中心——负责加拿大等北美地区；

（2）纽约战略贸易中心——负责欧洲地区；

（3）迈阿密战略贸易中心——负责中美洲和加勒比地区；

（4）休斯顿战略贸易中心——负责南美地区；

（5）洛杉矶战略贸易中心——负责亚洲地区。

精干的人员、高效实用的程序、良好的外部关系，既是美国海关实施全面改革的主题，也是美国海关今后工作的发展方向。但是，美国海关的全面

改革涉及它的各个业务领域和海关内外部的各种复杂关系，更涉及人们传统管理思想的更新，其难度可想而知。正像预料中的那样，美国海关的全面改革，碰到了各种困难和阻力，甚至反对意见。但是，他们坚定信心，接受挑战，实行改革，取得了初步性的成效；要创造出跨世纪的辉煌业绩，尚须付出更大的努力，并接受时间的考验。

四、2003 年美国海关的重组

“9·11”事件的发生促使了作为美国联邦政府唯一边境统一执法部门的美国海关进行了里程碑意义的变革。2003 年 3 月 1 日，美国海关署正式从财政部分离出来，和原来的移民归化局、动植物检验检疫局以及边境巡逻队一起共 4 个部门被合并重组为海关与边境保护局（CBP）。CBP 成立的意义并不仅仅局限在美国海关组织机构的优化重组，还表现在其任务的重大转变。美国海关的首要任务就是阻止恐怖主义分子及其武器进入美国，其次是推动合法贸易和旅客的流动①。

（一）美国海关试图在“反恐”与“贸易便利化”两者之间取得平衡

“反恐”与“贸易便利化”分别是当今美国海关的两大任务。如果说“反恐”措施的贯彻执行是以牺牲贸易便利化为代价的话，这是美国所不能承受的。从根本上说，“反恐”的最终目的之一也是促使贸易的便利化。贸易便利化支撑的“反恐”与“贸易便利化”两者是一个辩证的互动关系。显然，在两者之间取得平衡，形成一种良性的互动关系，是美国海关唯一的出路。因此，美国海关采取了以下几项措施。

1. 整合机构资源，优化资源配置

“9·11”事件以前，负责美国边境执法的机构不仅仅是海关一家。他们分属于各个不同的部门，各自按照本身的职责在边境执法。人员以及货物的进出口商就需要在多个不同机构按照不同的步骤办理手续。这对于人员与货物的流动速度来说是一种多重的阻碍。所以，美国海关在整合了移民、检验检疫、边境巡逻等机构职能与资源的基础上，提出了“单一窗口”的理念，即对政府不同管理部门要求提供的进出口数据，应通过海关一个部门受理所有进出境申报手续。这样，既提高了“反恐”的效率，又促进了“贸易便利化”的发展。

① 为了行文方便，本节内容中仍将“美国海关与边境保护局”表述为“美国海关”。

2. 加大先进科技手段的运用

美国海关对科技手段的运用，已经不仅仅局限于某个业务流程或某个地区的自动化水平的提高，而是将科技手段渗透到整个业务流程，从货物与旅客入境前的筛选、审查，到入境后相关信息的维护监控，再到出境时的审查，都离不开科技手段的介入 。

3. 强调国内国际的合作

虽然美国是超级大国，但是，身处于经济全球化时代的美国清楚地意识到，无论是“反恐”还是“贸易便利化”目标，完全依赖于美国一国的努力是不可能实现的。为此，美国海关对内制定措施，调动商界的力量。例如，“海关—商界合作防范恐怖主义计划”。对外积极与墨西哥、加拿大等国合作，联合推出一系列措施，例如“内部遣返计划”。

（二）美国海关通过“权利”与“义务”进行置换的手段，获得了商界的支持

对商业机构来说，美国海关出台的一系列措施在短期内会加重它们的义务。义务的加重则意味着商业成本的上升和利润空间的减少。例如，根据“24 小时规则”的规定，所有运往美国的海运货物在外国港口装运之前，必须将该批货物的详细电子信息提供给美国海关。这种不分具体情况“一刀切”的做法，对那些海运大国尤其是发展中国家的出口商来说，无疑是一种沉重的负担。以印度为例，几乎 35％的印度出口商品是运往美国的，共计约 60 个万个集装箱，现在出口商必须向当地机构支付额外的成本来获得各种单据。即使大的制造商能够提供详尽的商品描述，小规模企业、乡村企业等，也不能提供符合与美国海关协调关税表的要求相统一的各种单据。事实上，美国海关在实施该规定的前 3 个月内，就对违反货物描述要求者签发了将近 400 份“不予装船”的指示①。

在全球“反恐”的大背景下，作为经济社会重要构成部分的商业机构，也应承担起自身的责任。社会公众自然会对那些勇于担负责任的商业机构，在客观上促进了他们的经济利益。因此，对商业机构来说，与其被动地去适应海关的要求，倒不如主动地配合海关，发挥自己的影响，将自身的利益诉求通过参与来影响规则的制定与实施，为自己争取更多的利益。而对海关来说，在“反恐”与“贸易便利化”方面，海关和商业机构并不仅仅局限管理

① 《全球经济展望 2004：履行多哈议程的发展承诺》，世界银行编写，中国财政经济出版社 2004 年版，第 174、190 页。

者与被管理者的角色定位，还可以是一起解决问题的“好伙伴”，即赋予商业机构一个相对平等的地位，充分调动的发挥他们的主观能动性，在设置一定义务的同时也要赋予他们权利，会取得良好的效果。

（三）美国海关在加强国际合作的同时，还积极拖动将有利于本国的做法演变为通行的国际规则

“9·11”事件的发生不仅给美国海关，也给世界其他国家海关与商业机构都带来了相同的挑战。一方面，各国海关所采取的防范与打击恐怖主义的措施会影响到贸易的流通速度，不利于经济的发展；另一方面，各国海关与商业机构也意识到，仅仅依赖于自身的力量是不可能实现防范与打击恐怖主义的目标。所以，加强国际合作是各国海关与商业机构的必然选择。但是，由于每个国家的经济发展差异很大，在一些具体问题与措施上的立场也各不相同。美国海关利用其强大的国家实力，极力地推动相关的国际组织制定有利于本国利益的国际通行规则。

2004 年 12 月 9 日世界海关组织在约旦安曼首次签署了一项“全球贸易安全与便利标准框架”。该框架的宗旨如下：

1. 制定全球范围供应链的安全与便利标准，促进稳定和预见性；
2. 形成所有运输方式适用的综合性供应链管理；
3. 增强海关应对 21 世纪挑战的机遇的作用、职能的能力；
4. 加强成员海关之间合作，提高筛选高风险货物的能力；
5. 加强海关与商界的合作；
6. 通过保护国际贸易供应链来促进货物畅通无阻的流动。

显然，从框架写明的宗旨中处处反映出美国海关现行措施的“影子”，当然也就代表了美国的现实利益要求。从这个意义上说，美国海关在“9·11”事件后所采取的措施似乎都已经成为他国海关的“先范”，而有成为国际通行规则的趋势。①

第三节 世界海关组织

世界海关组织（World Customs Organization，以下简称 WCO）的前身

① 周阳：《“9·11”事件后美国海关应对措施的回顾与法律分析》，载于《上海海关高等专科学校学报》2005 年第 1 期。

是1952年成立的海关合作理事会（Customs Co-operation Council，简称CCC)，这是该组织的正式名称。1994年，为了更明确地表明该组织的世界性地位，海关合作理事会年会通过了一项有关该组织工作名称的议案。因此，该组织获得了一个工作名称，即“世界海关组织（WCO)”，从而使该组织与“世界贸易组织（WTO)”相对应。

WCO是世界范围内唯一的专门研究海关事务的国际政府间组织，它的使命是：加强各成员海关工作效益和提高海关工作效率，促进各成员在海关执法领域的合作。

一、WCO的发展历史

从20世纪初以来，国际上就一直在不懈地努力，促进海关制度标准化和协调化，便利国际贸易发展。1947年9月12日，在遭受了第二次世界大战战火毁坏的欧洲，有13个国家在巴黎签署了一项联合声明，同意为实现促进海关制度标准化和协调化及便利国际贸易发展的目标，研究在布鲁塞尔建立一个负责研究协调海关制度的专门机构的可能性。此后，欧洲关税联盟成立了一个专门小组，负责此项研究工作。

第二年，这个研究小组又成立了一个经济委员会和一个海关委员会。海关委员会主要负责三个方面的工作：包括对一些国家的海关技术问题进行比较研究，使这些国家的海关制度协调化和标准化；制订一个统一的商品分类目录和采用一个统一的海关估价的价格定义；同时，它还研究其他方面的海关法规。

海关合作理事会因此于1952年在比利时首都布鲁塞尔诞生。该组织的第一次理事会全体会议于1953年1月26日举行，共有17个成员的代表团参加会议。后来，1月26日就被定为“国际海关日”。截至目前，WCO总共有161个成员，每个成员都拥有同样的权利和义务。第一个加入该组织的非欧洲国家成员是巴基斯坦。中国于1983年成为该组织的正式成员。香港和澳门分别于1987年和1993年作为单独关境区（非主权国家的身份）加入WCO。

二、WCO的职责

WCO是唯一在世界范围内专门研究海关事务的政府间国际组织，为了履行使命，WCO承担以下职责：

1. 负责制定、维护、支持和推广有关其制定的国际性文件，以协调和统一各成员采用协调和简化的海关制度和手续，对货物、人员和运输工具的进出境活动进行监管，促进各国的经济贸易发展和社会安定。

2. 加强对各成员的工作，使各成员通过有效的监管和执法保证各国的法律得到遵守，特别是通过努力，最大限度地提高各成员之间及各成员与其他国际组织之间合作水平和成效，打击各种违犯海关法规的行为。

3. 通过促进成员之间及其他国际组织之间的交流和合作，注重人力资源的开发，改善海关的管理、工作方法和交流好的做法，帮助各成员努力应对现代环境的挑战和适应新形势的变化。

三、WCO 的目标

1. 从技术角度对海关制度和相关的经济因素进行审议，以便提出获得最高程度协调和统一的实际方式；

2. 起草公约；

3. 提出建议，确保公约的统一解释和实施；

4. 从调解的角度出发提出建议，协调解决涉及公约解释和实施方面的争议，但 WCO 不是法院，不能偏袒任何一方和实行裁决；

5. 主动或应请求，向有关成员政府提供海关事务方面的资料或意见；

6. 就其主管范围所涉及的事务与其他国际组织进行合作。

四、WCO 的组织机构

（一）理事会

理事会是 WCO 的最高权力机构，每年举行一次全体代表会议，来自所有成员的海关署长或署长代表参加理事会会议。理事会主要由财政委员会（17 个成员）和政策委员会（24 个成员）协助工作。

（二）政策委员会

政策委员会按照要求，负责对所有重要的政策问题进行研究和向理事会提供咨询性意见或建议，在该组织中起着政策导向作用。WCO 划分的 6 个地区是：北非及中近东地区，西非及中部非洲地区，东部及南部非洲地区，远东、南亚和东南亚、大洋洲和太平洋群岛地区（简称亚太地区），南美、北美、中美和加勒比海地区，欧洲地区。我国是亚太地区的成员，曾于 1993 年 7 月至 1995 年 6 月当选 WCO 政策委员会成员，同时也是 WCO 亚太地区的地区代表。

（三）技术委员会

WCO 主要通过各个技术委员会对涉及海关专业领域的技术性问题进行研究，这些技术委员会按海关专业领域划分为：

1. 协调制度委员会
2. 估价技术委员会
3. 常设技术委员会
4. 执法委员会
5. 原产地规则技术委员会

（四）秘书处

理事会的日常工作主要是通过秘书处完成的。秘书处设在布鲁塞尔，总共有 115 个职员。其中，一位秘书长、一位副秘书长和两位司长须由 WCO 所有成员通过理事会年会选举产生，任期五年；他们下属的副司长和技术官员由秘书长任命，任期五年。此外，各成员还可在一定时期内派遣官员到秘书处工作，这些官员被称为技术随员，由各成员自己支付工资。WCO 雇佣的职员并不代表他们所属国家的海关，他们只为 WCO 工作，保持中立态度。

秘书处下设几个司和分司：

1. 关税及贸易事务司；
2. 守法及便利司，该司由执法、守法分司和手续、便利分司组成。

五、WCO 的工作特点

（一）开展贸易政策和国际政治色彩的课题项目研究

WCO 的工作重点一度侧重于传统的海关业务技术。随着商业贸易国际化和国际经济相互依赖性的加深以及科学技术的发展，WCO 所开展的项目亦逐渐由传统技术性质转为有较大贸易政策和国际政治成分的方向发展。

（二）重视海关管理和治关原则问题

近年来，WCO 部分成员海关，特别是在发展中国家，由于腐败过于严重，导致某些国际信贷机构如国际货币基金组织在提供货款时向受援国提出附加条件，要求有关国家在进口时向专营公司申请办理“装运前检查”（PSI）。WCO 对此引起高度重视，认为此举将会削弱海关职能等并最终由私营公司替代海关行使对进出口的管理。另外，对于现代海关管理以及管理模式，WCO亦开展了一定程度的研究。如前秘书长海斯先生曾提出过海关的监管人员空间是应充当守门人还是乡村警察的角色，两者在监管模式上有本质的区别。对于稽查手段在反商业瞒骗中的作用，WCO亦开始给予高度重视。

（三）加强与商界的合作（MOU）

近年来，国际海关界开始将与商界的关系视为伙伴关系，并提出以企业为导向的口号，这在一定程度上对传统的监管客体的要领提出了挑战。至今，WCO已与13个非政府间国际组织签订了MOU协议，绝大多数与稽查相关。

（四）强调信息技术在海关工作中的作用

WCO大力推行计算机在海关监管中的运用，开发研制海关EDI监管系统，并为发展中国家培训和推广ASYCUDA系统，此外，WCO还加强情报信息作用，在税则归类方面建立协调制度数据库，以利于用户通过计算机迅速正确解决归类问题，减少结关时间与成本，便利贸易。

（五）执法工作重点转向社会保护

执法工作由过去以反商业瞒骗和缉毒为主转向社会保护。WCO执法工作的覆盖面极广，所涉及的范围远远超过传统的走私物品，如：知识产权侵权行为、精神药物、武器、核材料、有害废物、文化遗产以及濒危野生动植物等。

（六）重视培训与公共关系

WOC认为培训是提高海关人员素质、扩大生产力的最有效的途径。

六、WCO制定的国际海关公约

海关合作理事会成立以来，先后制定了《关于设立海关合作理事会公约》、《海关商品估价公约》、《海关税则商品分类目录公约》、《关于包装用品暂准进口海关公约》、《关于专业设备暂准进口海关公约》、《关于货物凭ATA报关单证册暂准进口海关公约》、《关于在展览会、交易会、会议等事项中便利展出和需用货物进口海关公约》、《关于简化和协调海关业务制度国际公约》（简称“京都公约”）、《关于协调商品名称及编码制度国际公约》（简称“HS”公约）、《关于防止、调查和惩处违反海关法行为的行政互助国际公约》（简称“内罗毕公约”）、《海关暂准进口公约》等14个国际海关公约。

第四节　中国海关参与国际海关交流与合作

一、我国海关参与区域合作

（一）中国参加曼谷协定

“曼谷协定”，全名为“亚太经济社会理事会发展中成员国之间贸易谈判第一协定”。1975 年 7 月，经过近两年谈判，孟加拉、印度、老挝、韩国、斯里兰卡、菲律宾和泰国在曼谷就一系列产品达成了降低关税的协议。正式议定书获得孟加拉、印度、老挝、韩国和斯里兰卡 5 国的批准，它是在联合国亚太经济社会理事会（ESCAP）主持下，发展中成员国之间达成的贸易优惠安排。曼谷协定的核心内容和目标是：通过相互提供优惠关税和非关税减让来扩大相互间的贸易，促进成员国经济发展。

1993 年，我海关总署派团对“曼谷协定”的部分成员国进行了考察，提出了为发展我与周边国家经贸关系，加强互补，发挥中国在地区事务中的作用，海关总署会同外交部、外经贸部上报国务院，建议国务院批准中国申请加入“曼谷协定”。自 1997 年年初开始，我谈判代表团分别与孟加拉、印度、斯里兰卡和韩国举行了数轮双边谈判。1997 年 7 月中国与斯里兰卡达成协议并签署了谅解备忘录后，1999 年 6 月和 2000 年 3 月，中国分别与孟加拉和韩国结束谈判签署了谅解备忘录。虽然还剩印度一家未与中国签署双边协议，但印度表示积极支持中国加入曼谷协定，同时中国加入“曼谷协定”已获得所需的 2/3 多数票支持。“曼谷协定”秘书处于 2000 年 4 月 3 日至 5 日召开第 16 次常设技术委员会。在第 16 次常委会上，与会成员国一致通过了关于中国加入“协定”的决定。为进一步扩大成员国之间的贸易，第 16 次常委会决定在中国成为正式成员后将启动第三轮谈判。会议就第三轮谈判的原则、范围和模式等问题达成了一系列共识。

（二）中国东盟海关合作

为落实 2002 年中国—东盟领导人会议上签署的《中华人民共和国与东南亚国家联盟全面经济合作框架协议》中有关加强海关合作的要求，中国—东盟在 2003 年正式启动了双边海关的合作。

1. 东盟海关专家委员会第 10 次会议

中国海关代表于 2003 年 6 月 3 日至 6 日赴印尼参加了东盟海关专家委员

会第10次会议，这是中国海关第一次被邀请参加上述会议。此次会议着重讨论了东盟海关自身的能力建设、与中国海关的合作以适应中国—东盟自由贸易区的建立以及与日本海关的合作。

2. 东盟—中国海关署长会议

经国务院批准，2003年7月8日至10日海关总署龚正副署长应东盟秘书处和泰国海关的邀请率团赴曼谷参加东盟—中国海关署长会议，来自东盟10国海关的署长和东盟秘书处的官员参加了此次会议。龚副署长在大会发言中就下一步双方的合作提出5项倡议：一是建立定期会晤机制，协调中国和东盟海关在国际海关事务方面的立场；二是积极务实地推进中国—东盟自由贸易区原产地规则的谈判；三是尽早启动中国和东盟海关各国合作的优先领域；四是启动东盟—中国（10+1）《海关行政互助协议》的谈判工作，不断拓展全方位、多层次的合作；五是研究探讨为区域内四个东盟新成员提供技术援助问题。

3. 中国—东盟海关专家委员会第二次磋商会议

中国海关代表2003年于9月17日在印度尼西亚参加了中国—东盟海关专家委员会第二次磋商会议。会议讨论了中国与东盟海关合作的职责任务：通过加强海关之间的合作，提高海关法规的透明度，有效实施框架协议，最大限度地减少与海关工作有关的壁垒；便利国际贸易和经济交流，支持中国与东盟自由贸易区的建立；建立海关合作的优先领域，如：确定货物的原产地、海关估价、简化海关手续、海关自动化、货物分类；加强海关执法合作，特别是信息和情报交流；加强人力资源的开发和能力建设，建立本地区海关现代化的架构。

4. 第一次中国—东盟《京都公约》海关研讨班

2003年12月，中国海关在昆明举办了“中国—东盟《京都公约》海关研讨班”，此次会议是为履行在同年7月召开的中国—东盟海关署长非正式会议上确定的中国海关将在今后几年为东盟各国海关提供一系列的海关培训和研讨班的承诺而举办。会议目的：一是提高东盟成员国海关对于修订后的《京都公约》的认识；二是交流各国在加入《京都公约》进程中的经验和做法；三是进一步寻找海关合作领域；四是促进相互理解，加强本地区海关间的合作关系。

5. 中国—东盟海关专家委员会第三次磋商会议

中国海关代表于2004年2月19～20日在马尼拉参加了中国—东盟海关

专家委员会第三次磋商会议。来自东盟10国海关的代表，东盟秘书处经济合作局局长和专家共20多位代表参加了会议。

6. 中国—东盟原产地规则

2004年5月24日至27日，中国东盟原产地规则研讨会在中国厦门召开，与会代表们讨论和交流了各自实施WTOfWCO非优惠和优惠原产地规则的经验和教训，探讨了东盟—中国自贸区的框架下，制定和完善东盟—中国优惠原产地规则的经验。

（三）大湄公河次区域海关合作

大湄公河次区域（Greater Mekong Sub-region，GMS）包括柬埔寨、老挝、缅甸、泰国、越南和中国（云南）。该次区域总面积230万平方公里，2.5亿人民共同居住在世界第12大河澜沧江—湄公河畔。自1992年以来，次区域各国开始一项旨在通过更紧密的联系来促进其发展的经济合作GMS经济合作计划，该合作计划涉及交通、能源、通信、环境、人力资源开发、旅游、贸易和私营部门投资等领域。2002年以前，GMS经济合作计划主要依托于各国部长级和工作级的磋商和对话，2002年时值GMS经济合作计划实施10周年，首届大湄公河次区域国家领导人会议在柬埔寨首都金边召开，体现了各国最高领导人对GMS合作的重视。在2003年云南大理召开的第12次GMS部长经会议上，中国代表团提出建议，建立各国海关总署层面的专门分委员会，替代当时贸易便利化工作组项下的海关分工作组。

为配合国家的外交和外经贸大局，中国海关积极参与了GMS合作。在2001年的第10次GMS部长级会议上，当时的中国政府代表团，提出由中国海关与亚洲开发银行共同出资向GMS国家提供为期3年的培训项目。中国海关于2002年5月在云南昆明成功举办了便利跨境海关管理研讨班。2004年6月22日至24日，经与亚洲开发银行（ADB）协商，中国海关将与ADB共同出资在云南再次举办GMS跨境运输协定有关海关问题研讨班。另外，还研究便利跨境客货运输框架的协定和一站式海关检查等问题。

（四）中亚8国海关合作

2002年3月，中亚5国财长会议在菲律宾马尼拉召开，会议将发展海关现代化和开展海关间的相互合作作为中亚区域贸易便利化的优先领域，同时批准成立中亚8国海关合作委员会（CCC）机制。

2002年8月在中国的乌鲁木齐召开了中亚8国海关合作委员会第一次会议，会议确定了中亚8国海关合作委员会为中亚海关合作的最高决策机构，该委员会由各国海关的署长、副署长或其授权的代表组成，每两年（或一年）定期在各成员国轮流召开一次 CCC 会议，讨论并决定区域内海关合作的战略问题，其成员国包括：阿塞拜疆、哈萨克斯坦、吉尔吉斯斯坦、土库曼斯坦、蒙古、塔吉克斯坦、乌兹别克斯坦和中国。会议上确定了未来中亚海关合作的框架，并制定了今后两年中亚海关合作集体行动计划（CAP），该计划共涵盖以下 7 个领域：

1. 简化与协调海关单证和手续；
2. 发展边境口岸监管点和设施；
3. 简化转运制度；
4. 发展数据和信息共享与海关业务相关信息技术；
5. 发展风险管理和后续稽查技术；
6. 发展地区情报交换系统；
7. 区域海关的能力建设。

为更好地实施上述计划，CCC 决定成立两个工作组，即：简化与协调海关制度工作组和海关监管、风险管理及信息通讯技术工作组。前一个工作组由我国海关牵头，后一个工作组由乌兹别克斯坦海关牵头。

二、我国海关与国际海关的业务合作

在国际交往合作中，中国海关重视学习引进外国同行的管理经验和先进技术。中国已在进出境旅客较多的海关和航空港海关普遍推行了国际通用的符合中国特点的“红绿通道”制度；在海关总署和部分海关专门设立了反直径贩毒的情报机构；并同香港海关和一些外国海关互通情报，增强了打击走私贩毒活动的能力，加速了我国现代海关建设。

（一）中英海关合作破获国际象牙走私大案

2001 年 4 月 3 日，伦敦海关得到消息，有人企图从肯尼亚内罗毕假道伦敦，向中国首都北京走私非洲象牙。伦敦海关在机构发现两个发往北京的包装箱，开箱查验发现除了皂石雕刻工艺品之外，箱内还有国际禁止买卖的象牙。英国海关将截获象牙拍照留存，然后复原包装，送上航班，发往中国，同时通报中国海关。中国海关办案人员经过缜密侦查，其走私进口的 58 根象牙及一批象牙制品被缴获。

（二）中俄首都国际机场海关签署合作意向书

2003 年 10 月 15 日，中国北京首都机场海关和俄罗斯莫斯科谢列梅捷沃机场海关合作意向书签字仪式在中国驻俄大使馆举行。这是中俄两国机场基层海关之间签署的第一项合作协议。根据这项协议，中俄两国首都国际机场海关将在共同打击走私、交换情报和人员培训等方面开展一系列合作。

（三）中巴双方同意加强海关合作以规范边境贸易

2004年10月，巴基斯坦拉瓦尔第海关主管与中方（新疆）海关官员就海关合作特别是通关文件方面的事宜进行了商谈，双方同意分享有关数据资料，提供完整的进出口单据文件，以促进边境贸易，制止在巴北部地区的走私活动。双方还讨论了如何在苏斯和塔什库尔干口岸制止酒类和烟花爆竹之类商品的过境问题，中方建议可将其列入边境贸易明令禁止商品清单。巴方建议双方海关官员应定期过境召开会议，以商讨并改进在海关合作方面存在的问题。

（四）扩展希中合作，简化海关程序

2005年11月29日，我商务部副部长与希腊外交部副部长在北京共同主持召开了中国—希腊经贸混合委员会第9次会议。2006年双边贸易额达22.83亿美元，同比增长12.9%。高科技含量和高附加值产品在希中双边贸易中所占比重正逐渐加大。以大理石、珍珠岩为主的建筑材料、塑料制品和卧室家具等逐渐成为希腊在华投资的新行业。中希双方已就海关方面的合作达成协议，从而简化检验等有关程序，使产品更快进入市场。

（五）中美知识产权海关保护合作

2006年5月25日，中国海关总署与美国贸易发展署在北京举行知识产权保护合作项目签字仪式。根据项目安排，中美两国政府将派出知识产权保护专家，向中国海关管理层和口岸海关一线关员，就有关知识产权保护国际规则、中美以及其他国家知识产权保护的法律法规等作系统介绍；企业界的代表也将有机会就具体产品的知识产权边境保护问题与中国海关关员进行直接对话。2007年5月22日至23日，第二次中美战略经济对话在华盛顿举行，中国海关总署署长牟新生作为中方代表之一参加了此次对话，并代表中国海关与美国国土安全部海关与边境保护局局长拉尔夫·巴沙姆签署了中美海关《关于加强知识产权执法合作的备忘录》。该备忘录的内容具体而可操作，主要从开展执法实践技术交流、加强人员往来、交换执法数据、通报案件信息等方面加强合作。

（六）中欧海关加强合作促进贸易安全便利

2006年9月19日，中国海关总署、欧盟税务和关税联盟总司以及荷兰、英国的税务海关部门19日在布鲁塞尔签署了一项启动智能化安全贸易航线试点计划的文件，将中欧在贸易安全与便利领域的合作向前推进了一步。根据该试点计划，有关部门将首先对中国深圳和荷兰鹿特丹、英国费利克斯托港之间的集装箱运输建立自动化跟踪和检测系统，将港口、收发货人和海关等货物供应链各环节的参与者紧密结合起来，实现货运和报关信息共享。中欧试点计划是在贸易安全和便利领域合作的一项突破，双方将在对等互利的基础上交换信息，加强共同风险分析，建立统一的安全标准，逐步探索实现双方海关监管标准的相互认可，从而对经过认证的企业快速放行。

（七）中国和荷兰海关的教育培训合作

20世纪90年代初，中国和荷兰海关开始了培训合作，签订了《荷兰海关为中国海关培训关员的双边合作换文》。后来又多次续签了《中荷海关关于1992～1993年培训合作换文》、《中荷海关关于1994～1997年培训合作的协议》等和《中荷海关2007～2012年技术合作计划》。近20年来，30多期中荷海关研讨班在荷兰举行，500多名中、高级关员赴荷兰参加管理培训，跟班作业和业务研讨。他们中间包括两位现任总署副署长、多位司局长和直属海关局长、众多隶属海关关长和业务部门的负责人。在此期间荷方先后派出了17批近50名专家来华讲学和参加业务研讨。在培训形式上，既有一般性培训和专家授课，又有跟班作业和业务研讨；既有多种专题的培训模式，又有单一专题的培训类型。在合作内容方面，涵盖了现代海关管理、海关估价、通关管理、风险分析、审计、人力资源管理、廉政建设、反价格瞒骗和情报交流等海关工作的所有领域。

在中荷海关逐年深入的合作过程中，双方不仅尊重和理解彼此和合作方式、需求和承受能力，珍惜取得的合作成果，而且真正以负责任的、积极的态度在合作过程中寻求利益结合点。在推动双方海关有效履行各自海关职能提升管理水平的同时，对保障国际贸易安全与便利等方面做出了积极的贡献。所以，中荷海关合作真正意义上实现了互利双赢的结果。

在教育培训合作的同时，中荷海关共同关注"上海—鹿特丹海关关际合作"、"中欧绿色航线试点计划"和"中荷海关双边行政互助协定"等重要问题，为下一步推动合作向纵深发展打下了坚实的基础。

（八）重点加强与主要贸易伙伴和周边国家地区的海关合作

在2009年，中国海关加大海关国际合作对企业开拓市场的支持力度，推进贸易便利化取得实效。中国海关在国际海关合作中率先倡导"监管互认、执法互助、信息互换（3M）”合作模式，重点加强与欧盟、美国、日本、东盟、韩国、俄罗斯、中亚等主要贸易伙伴和周边国家地区的海关合作。在第六届中国—东盟博览会和2009欧亚经济论坛上，会同地方政府成功举办了海关专题论坛和海关领导人峰会，与东盟和俄罗斯、中亚等国家就推进贸易便利化达成广泛共识。中俄总理定期会晤委员会海关合作分委员会成立后，把治理俄“灰色清关”作为主要任务，确定了9个方面的合作措施，取得了初步成效。在世界贸易组织、世界海关组织多边框架内积极发挥中国海关的作用，努力维护我国企业经贸利益。

三、参加国际会议

对外开放以来，中国海关的国际交流合作也随之增多，显示出它在国际海关事务中不可忽视的作用及影响。中国海关广泛地与有关国际组织和许多国家（地区）的海关建立发展了友好合作关系，每年出访人员由几十人发展到两三百人，来访的外国海关团组由一两个发展到七八个。通过同外国（地区）海关负责人的互方和参加有关国际海关或地区性活动，在广泛的接触与会晤中，既宣传了自己，也了解了别人，增进了相互之间的友谊，展现了新中国海关的风貌，发挥了自己应有的作用和影响。

（一）亚太经合组织海关手续分委会会议在中国召开

2001年2月来自21个成员的海关代表及观察员出席。会议围绕“贸易便利化—简化海关手续”、“无纸贸易—海关信息化”和“海关廉政”等议题进行讨论。2001年8月，亚太经合组织海关手续分委会第二次会议在上海举行。

（二）亚太地区海关联络会议在澳门举行

2001年11月13日，第十一届亚太地区海关联络会议在澳门举行。来自澳大利亚、柬埔寨、印度、日本、中国内地和香港等15个亚太国家和地区的代表出席了会议，世界海关组织、大洋洲海关组织和亚太地区情报联络办公室也分别派代表与会。这是澳门特区海关2001年11月1日正式运作以来第一次主办国际性会议。

（三）世界海关组织欧洲区海关领导人会议在阿拉木图举行

2005年1月20～21日，世界海关组织欧洲区海关领导人第一次会议在阿拉木图市召开，来自欧洲和独联体49个国家的代表出席了会议。我驻哈大使周晓渍也应邀参加了会议。此次会议讨论了一系列与海关监管合作有关的问题，如国际恐怖主义、跨国犯罪、毒品走私等。

(四) 第十一次WCO亚太地区海关署长会议

2006年4月3日，第11次世界海关组织亚太地区海关署长会议在京举行。作为世界海关组织副主席（亚太地区），中国海关在亚太地区海关合作事务中所发挥的积极作用，得到了本地区成员海关以及世界海关组织秘书处的肯定。讨论通过由中国海关起草的《亚太地区战略规划指南》，举行海关论坛，并对地区战略规划实施情况进行总结。

(五) 世界海关组织高级战略小组会议在沪举行

2006年4月26日，世界海关组织（WCO）理事会主席郭德汉、6个区域的副主席、各地区代表及秘书长等聚会上海，参加世界海关组织高级战略小组会议署长会议，力推《全球贸易安全与便利标准框架》，这是WCO第5次高级战略小组会议，前4次分别在欧洲和美国举办。中国海关总署署长在会议上表示，中国海关始终以积极的态度、务实的行动推动国际贸易的安全与便利。

(六) 香港海关承办世界海关组织地区会议

2007年2月13日，逾50名来自亚太区海关和国际物流业界组织代表到香港出席世界海关组织“保障及便利国际贸易标准框架”地区会议。此次会议为期4天，由香港海关承办，希望能让各地海关交流意见及分享执行框架的经验，特别是有关海关与企业界合作和“认可经济营运商”等内容。

四、参与国际海关交流和合作对我国的影响

中国是发展中的国家。对外开放以来，冲破闭关自守局面的中国已面向世界，中国海关的国际交流合作也随之增多，显示出它在国际海关事务中不可忽视的作用及影响。

(一) 加强理解，增进友谊

随着改革开放的深入发展，中国海关广泛地与有关国际组织和许多国家（地区）的海关建立发展了友好合作关系，每年出访人员由几十人发展到两三百人，来访的外国海关团组由一两个发展到七八个。中国海关还派遣专门宣传咨询团组出国开展活动。通过广泛的接触，真诚的交往，积极的活动和努力的探求，尤其是通过同外国（地区）海关负责人的互访和参加有关国际海关或地区性活动，在广泛的接触与会晤中，既宣传了自己，也了解了别人，增进了相互之间的友谊。瑞士联邦海关总局局长阿福尔特赞扬中国海关代表

团的访问“促进了相互的了解和友谊”。有的外国海关官员坦率表示：“希望中国海关在国际上为亚洲地区海关争取地位和发言权”，表达了对中国海关的信任和期望。

（二）引进先进管理技术，加速海关建设

在国际交往合作中，中国海关重视学习引进外国同行的管理经验和先进技术。中国已在进出境旅客较多的海关和航空港海关，普遍推行了国际通用的符合中国特点的“红绿通道”制度；1985年采用海关合作理事会的《海关税则商品分类目录》，1992年1月1日全面实施《商品名称及编码协调制度》，加速了中国海关国际规范化的进程；在海关总署和部分海关专门设立了反走私贩毒的情报机构，并同香港海关和一些外国海关互通情报，增强了打击走私贩毒活动的能力；中国海关统计的对外交流与合作，既宣传了自己，扩大了影响，又获得了满意的效益；通过借鉴和引进，中国海关的科技设备从比较单一和简陋的几种发展到初具现代化规模，包括计算机、通信、检查、监视、化验、录证6大类30多种。

（三）密切国际交往，扩大对外影响

中国海关对外交往的不断扩大和深入，不但在改进自身工作方面取到了显著成效，而且通过对外介绍情况，交流工作经验和参与有关海关业务技术问题的讨论、答辩，展现了新中国海关的风貌，发挥了自己应有的作用和影响。如中国海关对外介绍海关对经济特区建设所给予的优惠待遇、计算机应用的概况和上海、深圳海关计算机的应用等，都赢得了各国同行，尤其是发展中国家海关的好评。又如中国海关不断采取有力措施，坚决查禁贩毒活动，对外提供有关录像片，以及由中国海关举办的中国禁毒展览在联合国的会议上展出，得到了联合国和各国官员的赞扬。他们在留言簿上写道：“这是多么感人的展览!”“一个伟大国家在联合国应具有它的地位。”“谨对你们在同国际毒品走私的战斗中所取得的成就表示衷心的祝贺。”

主要参考书目

1 蔡渭洲编著．中国海关简史．北京：中国展望出版社，1989

2 陈诗启著．中国近代海关史·晚清部分．北京：人民出版社，1993

3 叶松年著．中国近代税则史．上海：三联书店，1991

4 ［英］莱特．中国关税沿革史．北京：三联书店，1958

5 卢汉超著．赫德传．上海：人民出版社，1986

6 郑俊田主编．海关实用全书．北京：对外贸易教育出版社，1993

7 端木君主编．海关调查学概论．上海：三联书店，1997

8 王意家著．海关管理论．广州：中山大学出版社，1996

9 袁建国主编．海关行政法．北京：中国人事出版社，1993

10 陈诗启著．中国近代海关史·民国部分．北京：人民出版社，1999

11 中华人民共和国海关法．北京：中国海关出版社，2000

12 王宏斌．赫德爵士传——大清海关洋总管．北京：文化艺术出版社，2000

13 田燕苗．海关法诠解．北京：中华工商联合出版社，2001

14 成卉青．中国海关法理论与实务总论．北京：中国海关出版社，2001

15 文松著．近代中国海关洋员概略——以五任总税司为主．北京：中海海关出版社，2006

16 阿里耶夫著．方宁、刘平译．海关业务与本界经济发展．北京：中国海关出版社，2006

17 左铁主编．前进中的中国海关．北京：中国海关出版社，2007

18 杨国勋主编．海关科技．北京：中国海关出版社，2008

19 詹庆华著．全球化视野——中国海关洋员与中西文化传播．北京：中国海关出版社，2008

书目介绍

乐 贸 系 列

书名	作者	定价	书号	出版时间
外贸操作实务子系列				
1. 外贸纠纷处理实务——案例与技巧	熊志坚	35.00 元	978-7-80165-789-3	2011 年 1 月第 1 版
2. 报检七日通	徐荣才 朱瑾瑜	22.00 元	978-7-80165-715-2	2010 年 8 月第 1 版
3. 实用外贸技巧助你轻松拿订单	王陶(波锅涅)	25.00 元	978-7-80165-724-4	2010 年 4 月第 1 版
4. 外贸业务经理人手册(第 2 版)	陈文培	39.00 元	978-7-80165-671-1	2010 年 1 月第 1 版
5. 外贸会计实务精要	疏 影	28.00 元	978-7-80165-633-9	2009 年 5 月第 1 版
6. 外贸实用工具手册	本书编委会	32.00 元	978-7-80165-558-5	2009 年 1 月第 1 版
7. 外贸实务经验分享 33 例	沱沱网中文站	28.00 元	978-7-80165-560-8	2009 年 1 月第 1 版
8. 外贸实务案例精华 80 篇	刘德标 吴珊红	29.80 元	978-7-80165-561-5	2009 年 1 月第 1 版
9. 快乐外贸七讲	朱芷萱	22.00 元	978-7-80165-373-4	2009 年 1 月第 1 版
10. 危机生存——十位经理人谈金融危机下的经营之道	本书编委会	22.00 元	978-7-80165-586-8	2009 年 1 月第 1 版
11. 外贸七日通(最新修订版)	黄海涛(深海鱿鱼)	22.00 元	978-7-80165-397-0	2008 年 8 月第 3 版
12. 金牌外贸业务员找客户——17 种方法·案例·评析	陈念祥 张思羽	35.00 元	978-7-80165-543-1	2008 年 8 月第 2 版
13. 出口营销实战(最新修订版)	黄泰山	38.00 元	978-7-80165-306-2	2008 年 5 月第 2 版
14. 出口营销策略(《出口营销实战》升级版)	黄泰山 冯斌	35.00 元	978-7-80165-459-5	2008 年 5 月第 1 版
15. 进口实务操作指南——步骤·实例·经验技巧	中国进口网	55.00 元	978-7-80165-493-9	2008 年 5 月第 1 版
出口风险管理子系列				
1. 出口风险管理实务(第二版)	冯 斌	48.00 元	978-7-80165-725-1	2010 年 4 月第 2 版
2. 50 种出口风险防范	王新华 陈丹凤	35.00 元	978-7-80165-647-6	2009 年 8 月第 1 版

外贸单证操作子系列

书名	作者	定价	书号	出版时间
1. 信用证审单有问有答 280 例	李一平　徐珺	37.00 元	978-7-80165-761-9	2010 年 8 月第 1 版
2. 外贸单证经理的成长日记	曹顺祥	38.00 元	978-7-80165-716-9	2010 年 3 月第 1 版
3. 外贸单证解惑 280 例	龚玉和　齐朝阳	38.00 元	978-7-80165-638-4	2009 年 7 月第 1 版
4. 信用证 6 小时教程	黄海涛（深海鱿鱼）	25.00 元	978-7-80165-624-7	2009 年 4 月第 2 版
5. 跟单高手教你做跟单	汪　德	32.00 元	978-7-80165-623-0	2009 年 4 月第 1 版
6. 外贸单证处理技巧（第 3 版）	屈　韬	42.00 元	978-7-80165-516-5	2008 年 5 月第 1 版
7. 进出口单证实务案例评析	袁永友　柏望生	33.00 元	978-7-80165-371-8	2006 年 8 月第 1 版

福步外贸高手子系列

书名	作者	定价	书号	出版时间
1. 小小开发信　订单滚滚来——外贸开发信写作技巧及实用案例分析	薄如骢	26.00 元	978-7-80165-551-6	2008 年 8 月第 1 版
2. 外贸技巧与邮件实战	刘　云	28.00 元	978-7-80165-536-3	2008 年 7 月第 1 版

国际物流操作子系列

书名	作者	定价	书号	出版时间
1. 货代高手教你做货代——优秀货代笔记	何银星	25.00 元	978-7-80165-696-4	2010 年 1 月第 1 版
2. 国际物流操作风险防范——技巧·案例分析	孙家庆	32.00 元	978-7-80165-577-6	2009 年 4 月第 1 版
3. 集装箱运输与海关监管	赵　宏	23.00 元	978-7-80165-559-2	2009 年 1 月第 1 版

通关实务子系列

书名	作者	定价	书号	出版时间
1. 如何通过原产地证尽享关税优惠	南京出入境检验检疫局	50.00 元	978-7-80165-613-8	2009 年 4 月第 3 版
2. 海关进出口商品归类基础与训练	温朝柱	36.00 元	978-7-80165-496-0	2009 年 1 月第 1 版
3. 最新报关单填制实用辅导	盛新阳　彭飞	38.00 元	978-7-80165-497-7	2008 年 10 月第 1 版
4. 最新商品归类技巧	赵　宏	38.00 元	978-7-80165-520-2	2008 年 9 月第 1 版
5. 报关实务一本通	苏州工业园区海关	28.00 元	978-7-80165-518-9	2008 年 6 月第 1 版

书名	作者	定价	书号	出版时间

彻底搞懂子系列

书名	作者	定价	书号	出版时间
1. 彻底搞懂中国自由贸易区优惠	刘德标　祖月	34.00 元	978-7-80165-762-6	2010 年 8 月第 1 版
2. 彻底搞懂贸易术语	陈　岩	33.00 元	978-7-80165-719-0	2010 年 2 月第 1 版
3. 彻底搞懂海运航线	唐丽敏	25.00 元	978-7-80165-644-5	2009 年 7 月第 1 版
4. 彻底搞懂信用证	王腾　曹红波	29.80 元	978-7-80165-639-1	2009 年 7 月第 1 版
5. 彻底搞懂提单	张敏　赵通	29.80 元	978-7-80165-602-5	2009 年 6 月第 1 版
6. 彻底搞懂关税	孙金彦	29.00 元	978-7-80165-618-6	2009 年 6 月第 1 版

外贸英语实战子系列

书名	作者	定价	书号	出版时间
1. 外贸英语函电实战	梁金水	25.00 元	978-7-80165-705-3	2010 年 1 月第 1 版
2. 外贸英语口语一本通	刘新法	29.00 元	978-7-80165-537-0	2008 年 8 月第 1 版
3. 英汉物流词汇精析——结合实务操作	应海新	68.00 元	978-7-80165-517-2	2008 年 5 月第 1 版

外贸谈判子系列

书名	作者	定价	书号	出版时间
1. 外贸英语谈判实战	王慧　吴旻　张海军　蒋晓杰　仲颖	32.00 元	978-7-80165-767-1	2010 年 9 月第 1 版
2. 外贸谈判策略与技巧	赵立民	26.00 元	978-7-80165-645-2	2009 年 7 月第 1 版

国际商务往来子系列

书名	作者	定价	书号	出版时间
国际商务礼仪大讲堂	李嘉珊	26.00 元	978-7-80165-640-7	2009 年 12 月第 1 版

贸易展会子系列

书名	作者	定价	书号	出版时间
外贸参展全攻略——如何有效参加 B2B 贸易商展(第二版)	钟景松	33.00 元	978-7-80165-779-4	2010 年 10 月第 2 版

区域市场开发子系列

书名	作者	定价	书号	出版时间
中东市场开发实战	刘军　沈一强	28.00 元	978-7-80165-650-6	2009 年 9 月第 1 版

国际结算子系列

书名	作者	定价	书号	出版时间
1. 国际结算函电实务	周红军　阎之大	40.00 元	978-7-80165-732-9	2010 年 5 月第 1 版
2. 出口商如何保障安全收汇——L/C、D/P、D/A、O/A 精讲	庄乐梅	85.00 元	978-7-80165-491-5	2008 年 5 月第 1 版

书名	作者	定价	书号	出版时间
国际贸易金融工具子系列				
1. 出口信用保险 ——操作流程与案例	中国出口信用保险公司	35.00 元	978-7-80165-522-6	2008 年 5 月第 1 版
2. 福费廷	周红军	26.00 元	978-7-80165-451-9	2008 年 1 月第 1 版
加工贸易操作子系列				
加工贸易企业关务作业统筹	熊　斌	29.80 元	978-7-80165-423-6	2009 年 3 月第 1 版
加工贸易实务操作与技巧	熊　斌	33.00 元	978-7-80165-423-6	2011 年 3 月第 1 版
乐税子系列				
1. 生产企业免抵退税实务 ——经验、技巧分享	徐玉树	35.00 元	978-7-80165-780-0	2011 年 1 月第 1 版
2. 生产企业免抵退税从入门到精通	中国出口退税咨询网	98.00 元	978-7-80165-695-7	2010 年 1 月第 1 版
3. 出口涉税会计实务精要（《外贸会计实务精要》第 2 版）	龙博客工作室	32.00 元	978-7-80165-660-5	2009 年 9 月第 2 版
专业报告子系列				
1. 国际工程风险管理	张　燎	1980.00 元	978-7-80165-708-4	2010 年 1 月第 1 版
2. 涉外型企业海关事务风险管理报告	《涉外型企业海关事务风险管理报告》研究小组	1980.00 元	978-7-80165-666-7	2009 年 10 月第 1 版
外贸企业管理子系列				
小企业做大外贸的四项修炼	胡伟锋	26.00 元	978-7-80165-673-5	2010 年 1 月第 1 版
国际贸易金融子系列				
国际贸易金融服务全程通	赵小凡 张丽君　张贝	39.80 元	978-7-80165-759-6	2010 年 8 月第 1 版

“实用型”报关与国际货运专业教材

1. 海关概论（第 2 版）	王意家	36.00 元	978-7-80165-805-0	2011 年 4 月第 2 版
2. 电子口岸实务	杨鹏强　林青	30.00 元	978 7 80165-771-8	2010 年 9 月第 1 版

书名	作者	定价	书号	出版时间
3. 国际集装箱班轮运输实务	林益松　郑海棠	43.00元	978-7-80165-770-1	2010年9月第1版
4. 报关实务(第2版)	杨鹏强	39.00元	978-7-80165-758-9	2010年7月第2版
5. 报检实务	孔德民	30.50元	978-7-80165-717-6	2010年5月第1版
6. 国际贸易单证实务	丁行政	45.00元	978-7-80165-706-0	2010年2月第1版
7. 国际货运代理操作实务	杨鹏强	45.00元	978-7-80165-709-1	2010年1月第1版
8. 航空货运代理实务	杨鹏强	37.00元	978-7-80165-707-7	2010年1月第1版
9. 进出口商品归类实务	林　青	39.50元	978-7-80165-667-4	2009年12月第1版
10. 进出口商品归类实务——实训题参考答案	林　青	12.00元	978-7-80165-692-6	2009年12月第1版
11. 现代关税实务	李　齐	30.00元	978-7-80165-643-8	2009年8月第1版

待出：

供应链管理实务

“精讲型”国际贸易核心课程教材

1. 国际贸易实务精讲(第4版)	田运银	45.00元	978-7-80165-764-0	2010年9月第4版
2. 国际贸易实务疑难解答	田运银	20.00元	978-7-80165-718-3	2010年9月第1版
3. 国际贸易单证精讲(第2版)	田运银	42.00元	978-7-80165-669-8	2010年1月第2版
4. 集装箱运输系统与操作实务精讲	田聿新　杨永志　汤　玮	38.00元	978-7-80165-642-1	2009年7月第1版
5. 国际货运代理实务精讲	杨占林	39.00元	978-7-80165-636-0	2009年6月第1版
6. 海关法教程(第2版)	刘达芳	40.00元	978-7-80165-605-6	2009年3月第1版

待出：

1. 国际贸易规则与惯例实务精讲
2. 国际营销实务精讲
3. 国际商务谈判实务精讲
4. 国际结算实务精讲
5. 报关实务精讲
6. 外贸业务员英语实务精讲
7. 国际投资实务精讲
8. 国际技术贸易实务精讲

电子商务大讲堂·外贸培训专用

书名	作者	定价	书号	出版时间
1. 外贸操作实务	本书编委会	30.00元	978-7-80165-621-6	2009年5月第1版
2. 网上外贸 ——如何高效获取订单	本书编委会	30.00元	978-7-80165-620-9	2009年5月第1版
3. 出口营销指南	本书编委会	30.00元	978-7-80165-619-3	2009年5月第1版
4. 外贸实战与技巧	本书编委会	30.00元	978-7-80165-622-3	2009年5月第1版